"十三五"国家重点出版物出版规划项目
体系工程与装备论证系列丛书

装备需求论证系统
柔性设计方法与应用

樊延平　赵　凯　郭齐胜　著

电子工业出版社

Publishing House of Electronics Industry

北京·BEIJING

内 容 简 介

本书主要阐述装备需求论证系统的柔性设计理论、技术与应用。第 1～2 章介绍装备需求论证系统建设的形势、任务及柔性设计的基本理论；第 3～8 章重点围绕装备需求论证流程柔性构建与信息资源的柔性服务两个目标，从装备需求论证环节模块化设计与建模、流程柔性设计与建模、信息资源结构化建模与柔性服务 3 个方面详细阐述装备需求论证系统柔性设计的关键技术；第 9～11 章介绍了装备需求论证柔性系统实现及应用情况。

本书适用于从事装备论证综合管理、需求研究和技术研发等领域的中级或高级研究人员，以及军事装备论证专业的高年级本科生和研究生。

图书在版编目（CIP）数据

装备需求论证系统柔性设计方法与应用 / 樊延平，赵凯，郭齐胜著. —北京：电子工业出版社，2019.11
（体系工程与装备论证系列丛书）
ISBN 978-7-121-37383-1

Ⅰ. ①装…　Ⅱ. ①樊…　②赵…　③郭…　Ⅲ. ①武器装备－军需生产－系统设计　Ⅳ. ①E075

中国版本图书馆 CIP 数据核字（2019）第 192967 号

策划编辑：陈韦凯
责任编辑：康　霞
印　　刷：天津千鹤文化传播有限公司
装　　订：天津千鹤文化传播有限公司
出版发行：电子工业出版社
　　　　　北京市海淀区万寿路 173 信箱　邮编 100036
开　　本：787×1 092　1/16　印张：14.75　字数：377.6 千字
版　　次：2019 年 11 月第 1 版
印　　次：2019 年 11 月第 1 次印刷
定　　价：89.00 元

凡所购买电子工业出版社图书有缺损问题，请向购买书店调换。若书店售缺，请与本社发行部联系，联系及邮购电话：(010) 88254888，88258888。

质量投诉请发邮件至 zlts@phei.com.cn，盗版侵权举报请发邮件至 dbqq@phei.com.cn。

本书咨询联系方式：chenwk@phei.com.cn，(010) 88254441。

体系工程与装备论证系列丛书

总　序

　　1990 年，我国著名科学家和系统工程创始人钱学森先生发表了《一个科学新领域——开放的复杂巨系统及其方法论》一文。他认为，复杂系统组分数量众多，使得系统的整体行为相对于简单系统来说可能涌现出显著不同的性质。如果系统的组分种类繁多，并具有层次结构，它们之间的关联方式又很复杂，就成了复杂巨系统；再如果复杂巨系统与环境进行物质、能量、信息的交换，接收环境的输入、干扰并向环境提供输出，还具有主动适应和演化的能力，就要作为开放的复杂巨系统对待了。在研究解决开放的复杂巨系统问题时，钱学森先生提出了从定性到定量的综合集成方法，这是系统工程思想的重大发展，也可以看作对体系问题的先期探讨。

　　从系统研究到体系研究涉及很多问题，其中有三个问题应该首先予以回答：一是系统和体系的区别；二是平台化发展和体系化发展的区别；三是系统工程和体系工程的区别。下面，我引用国内两位学者的研究成果讨论对前面两个问题的看法，然后再谈谈我自己对后面一个问题的看法。

　　关于系统和体系的区别。有学者认为，体系是由系统组成的，系统是由组元组成的。不是任何系统都能组成体系，但是只要有两个相互之间具有联系的组元就能构成系统。系统的内涵包括组元、结构、运行、功能、环境，体系的内涵包括目标、能力、标准、服务、数据、信息等。系统最核心的要素是结构，体系最核心的要素是能力。系统的分析从功能开始，体系的分析从目标开始。系统分析的表现形式是多要素分析，体系分析的表现形式是不同角度的视图。对系统发展影响最大的是环境，对体系形成影响最大的是目标要求。系统强调组元的紧密联系，体系强调要素的松散联系。

　　关于平台化发展和体系化发展的区别。有学者认为，由于先进信息化技术的应用，现代作战模式和战场环境已经发生了根本性转变。受此影响，以美国为首的西方国家在新一代装备发展思路上也发生了根本性转变，逐渐实现了装备发展由平台化向体系化的过渡。武器装备体系化的重要性已众所周知，起始于 35 年前的一场战役。1982 年 6 月，在黎巴嫩战争中，以色列和叙利亚在贝卡谷地展开了激烈空战，这次战役的悬殊战果对现代空战战法研究和空战武器装备发展有着多方面的借鉴意义，因为采用任何基于武器平台分析的指标进行衡量，都无法解释如此悬殊的战果。以色列空军各参战装备之间分工明确，形成了协调有效的进攻体系，是取胜的关键。自此以后，空战武器装备对抗由"平台对平台"向"体系对体系"转变。同时，一种全新的武器装备发展思路——"武器装备体系化发展思路"逐渐浮出水面。这里需要强调的是，武器装备体系概念并非始于贝卡谷地空战，当各种武器共同出现在同一场战争中，执行不同的作战任务时，原始的武器装备体系就已形成，但是这种武器装备体系的形成是被动的；而武器装备体系化发展思路应该是一种以武器装备体系为研究对象和发展目标的武器装备发展建设思路，是一种现代装备体系建设的主动化发展思路。因此，武器装备体系化发展思路是相对于一直以来武器装备发展主要以装备平台更新为主的发展模式而言的。以空战装备为例，人们常说的三代战斗机、四代战斗机都是基于平台化思路的发展和研究模式的，是就单一装备的技术水平和作战性能进行评价的。可以说，传统的武器装备平台化发展思路是针对某类型武器平台，通过开发、应用各项新技术，研究制造新型同类产品以期各项性能指标超越过去同类产品的发展模式；而武器装备体系化发展思路则是通过对未来战场环境和作战任务的分析，并对现有武器装备和相关领域新技术进行梳理，开创性地设计构建在未来一定时间内最易形成战场优势的作战装备体系，并通过对比现有武器装备的优势和缺陷确定要研发的武器装备和技术。也就是说，其研究的目标不再是基于单一装备更新，而是基于作战任务判断和战法研究的装备体系构建与更新，将武器装备发展与战法研究充分融合的全新装备发展思路，这也是美军近三十多年装备发展的主要思路。

关于系统工程和体系工程的区别。我感到，系统工程和体系工程之间存在着一种类似"一分为二、合二为一"的关系，具体体现为分析与综合的关系，就如同数学分析中的微分法（分析）和积分法（综合），二者对立统一的关系是通过牛顿-莱布尼兹公式体现的。它们构成数学分析中的主脉，解决了变量中的许多问题。系统工程中的"需求工程"（相当于数学分析中的微分法）和"体系工程"（相当于数学分析中的积分法），二者对立统一的关系就是钱学森的"从定性到定量综合集成研讨方法"（相当于数学分析中的牛顿-莱布尼兹公式）。它们构成系统工程中的主脉，解决和正在解决着大量开放的复杂巨系统的问题，我们称之为系统工程 Calculus（微积分）。

总之，武器装备体系是一类具有典型体系特征的复杂系统。体系研究已经超出传统系统工程理论和方法的范畴。我们要研究和发展体系工程，以便指导体系条件下的武器装备论证。

在系统工程理论方法中，系统被看作具有集中控制、全局可见、有层级结构的整体，而体系是一种松耦合的复杂巨系统，已经脱离了原来以紧密层级结构为特征的单一系统框架，表现为一种显著的网状结构。近年来，含有大量无人自主系统的无人作战体系的出现使得体系架构的分布、开放特征愈加明显，正在形成以"即联配系、敏捷指控、协同编成"为特点的体系架构。以复杂适应网络为理论特征的体系，可以比单纯递阶控制的层级化复杂巨系统具有更丰富的功能配系、更复杂的相互关系、更广阔的地理分布和更开放的边界。以往的系统工程方法强调必须明确系统目标和系统边界，但体系论证不再限于刚性的系统目标和边界，而是强调装备体系的能力演化，以及对未来作战样式的适应性。因此，体系条件下装备论证关注的焦点在于作战体系架构对体系作战对抗过程和效能的影响，在于武器装备系统对整个作战体系的影响和贡献率。

回顾 40 年前，钱学森先生在国内大力倡导和积极践行复杂系统研究，并在国防科学技术大学亲自指导和创建了系统工程与数学系，开办了飞行器系统工程和信息系统工程两个本科专业。面对当前我军武器装备体系发展和建设中的重大军事需求，由国防科学技术大学王维平教授担任主编，集结国内在武器装备体系分析、设计、试验和评估等方面具有理论创新和实践经验的部分专家学者，编写出版了"体系工程与装备论证系列丛书"。该丛书以复杂系统理论和体系思想为指导，紧密结合武器装备论证和体系工程的实践活动，积极探索研究适合国情、军情的武器装备论证和体系工程方法，为武器装备体系论证、设计和评估提供理论方法和技术支撑，具有重要的理论价值和实践意义。我相信，该丛书的出版将为推动我军体系工程研究、提高我军体系条件下的武器装备论证水平做出重要贡献。

汪浩

2017 年 5 月

湖南长沙

前　　言

装备需求论证作为装备发展建设的首要环节，是落实军事需求牵引，提高武器装备体系化、信息化发展的关键抓手，在武器装备发展建设中具有重要地位。科学先进、高效灵活的装备需求论证系统无疑是促进装备需求论证能力建设的重要依托。

随着综合国力和科学技术的发展，我国武器装备逐步由跟踪研制、仿制模式转向自主创新模式，其使命、任务复杂多样，装备体系构成灵活，作战运用敏捷多能，并要求装备需求论证必须适应武器装备发展需要，满足多样化的装备需求论证实践要求，对装备需求论证的科学化、规范化和精确化提出了更高的要求。装备需求论证系统作为提高装备需求论证质量与管理效益的基本支撑，重组装备需求论证流程，重构装备需求论证系统，重用装备需求论证资源，并依据装备需求论证任务或用户的要求提供敏捷、可定制的装备需求论证系统功能，成为当前装备需求论证系统建设的内在动力，亟待尽快突破以柔性理论为支撑的装备需求论证系统柔性设计的相关理论和关键技术，为新形势下装备需求的科学论证和高效论证提供有效支撑。

本书共 11 章，按照理论、技术和应用 3 篇组织。其中，理论篇（第 1 章、第 2 章）系统介绍了装备需求论证系统建设的形势、任务及柔性设计的基本理论；技术篇（第 3~8 章）适应多样化的装备需求论证应用需求，着眼于装备需求论证系统的柔性应用，从装备需求论证环节的元模型构建、装备需求论证流程的柔性设计与建模、信息资源的元模型构建与柔性服务 3 个方面，系统介绍了装备需求论证系统柔性设计的关键技术；应用篇（第 9~11 章）介绍了装备需求论证模型管理、柔性系统实现及应用情况。

本书由樊延平设计结构框架，樊延平负责撰写第 1、2、3、5、7、8、11 章，赵凯负责撰写第 4、6、9 章；郭齐胜负责撰写第 10 章，并参与撰写第 1、2 章。全书由樊延平负责统稿和修改，郭齐胜负责审稿。

本书编写过程中，得到了军内科研项目（2012ZB03）和军队院校科技创新工程项目（ZYX12040004）的资助；得到了许多专家的指导与帮助，战略支援部队航天工程大学罗小明教授、陆军航空兵学院胡国桥研究员、陆军装甲兵研究所张兵志研究员审阅了部分书稿内容，并提出了很多宝贵意见；参考文献中相关作者的研究成果也对作者起到了显著的启迪作用。在此，向指导帮助我们的领导、专家及参考文献作者一并表示衷心的感谢。

限于作者水平，书中不足或疏漏之处在所难免，希望读者不吝赐教。

著　者
2019 年 5 月

目　　录

理　论　篇

技　术　篇

应 用 篇

理　论　篇

第1章 概述

针对装备需求论证系统建设中存在的突出问题，在梳理分析装备需求论证系统相关领域研究现状的基础上，提出装备需求论证系统柔性设计问题。

1.1 装备需求论证的概念内涵

1.1.1 基本概念

1. 军事需求

在军事领域，一般将军事需求定义为能够满足武器装备力量建设的各种规则、因素和条件的集合，是面向作战指挥、装备发展、军事理论、编制体制等一系列国防建设问题的发展要求和趋势，是实现预定军事目标、达到预定军事目的所需条件及其要求的总称。它反映了为满足军事战略目标对所需要资源的要求，既包括作战的需求，也包括非作战的要求（如抢险救灾、反恐维稳等非战争军事行动）；既包括对武器装备及其保障设施的需求，又包括为保证武器装备功能正常发挥所必备的组织、管理、条令和法规制定等。

从工程技术的角度，借鉴软件工程领域的"需求"定义（IEEE1997），可将军事需求定义为：①用户为遂行军事任务或达到军事目标所需的条件或能力；②在特定的环境中，用户要求军事系统应具备的条件或能力；③军事系统或系统部件要满足合同、标准、规范或其他正式文档所需具有的能力；④一种满足上面①、②、③所描述的条件或能力的文档说明。该定义从三个角度来阐述军事需求，即作战应用角度、用户角度及系统开发者角度。从作战应用角度来说，军事需求就是"为完成或支持作战功能所需要的任务、作战要素和信息流的描述"；它强调作战要素、任务、活动及信息，是一个高层次的概念或目标；一般与技术无关，而与部队结构和组织有关。从用户角度来说，军事需求就是"支持用户遂行作战活动所需要的系统特点、功能及属性等"；它强调需要系统协助用户干什么事，并非强调系统是怎样设计、构造的。从系统开发者角度来说，需求就是"指明必须实现什么的规格说明"；它描述了系统的行为、特性或属性，是在开发过程中对系统的约束。

2. 装备需求

军事需求包括装备需求和非装备需求，军事需求与装备需求的关系如图 1-1 所示。因此，装备需求特指军事需求对武器装备提出的要求。

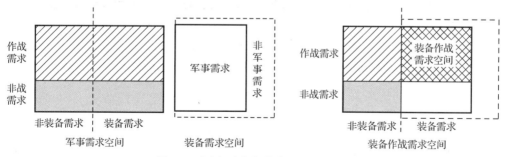

图 1-1　军事需求与装备需求的关系

一般地，将装备需求定义为：为实现预定军事战略目标和战争目的对所需的武器装备及其要求的总称。装备需求具体可以从宏观和微观两个层面进行界定。宏观上，装备需求包括武器装备的发展战略和政策需求、不同层次及种类的武器装备体制需求、武器装备的总体规模和结构需求、武器装备发展的规划计划需求、武器装备型号发展的数量与编配方案及发展顺序需求等；微观上，装备需求包括某一型号装备（系统）研制的战术技术指标需求、寿命周期及其保障性、适用性要求，采办的质量、进度和经费要求，以及对该型号武器装备（系统）加（改）装要求等。

装备需求的类型及其相互关系如图 1-2 所示。

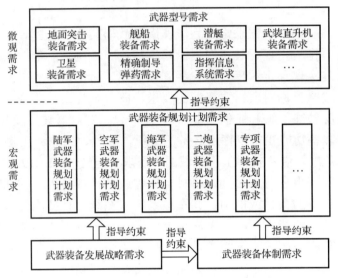

图 1-2   装备需求的类型及其相互关系

3. 装备需求论证

《辞海》中将论证解释为"证明论题和论据之间的逻辑关系"。论证通过推理形式进行，并且有时是一系列的推理形式，必须遵守推理的规则，即运用科学的理论、方法和手段，对论证项目中所涉的对象系统进行一系列的分析与综合，并在提出多种可行备选方案的基础上，进行优化，从而选出最满意的方案，为有关决策提供科学依据的过程。

装备需求论证是装备论证的重要组成部分，也是装备发展建设首要考虑的问题，重点解决"仗怎么打""装备怎么发展"的问题，突出强调作战需求对装备发展的牵引和推动作用。它以作战需求为根本遵循，采用科学分析、逻辑推理、仿真试验和评估优化等手段，以提出装备需求方案为目标，通过一系列组织有序的论证活动，将比较模糊、抽象、不确定的军事需求逐步明确为具体、清晰的武器装备功能要求及其作战性能指标，作为支撑装备发展建设决策的关键依据。装备需求论证的根本目标是提出科学合理的装备需求方案。

1.1.2   一般分类

主要从装备需求论证的目的和对象两个方面进行分类。

1. 根据装备需求论证的目的分类

将装备需求论证区分为装备宏观需求论证、装备型号需求论证、专题（或专项）需求论证三大类。

（1）装备宏观需求论证包括发展战略需求论证、体制需求论证、规划计划需求论证 3 种类型。发展战略需求论证是全面谋划装备发展的方略，围绕装备发展方向重大问题进行的高层次、超前性、整体性谋划研究。高层次是指从战略全局的高度，超前性一般应预测未来 15～20 年的时间范围，整体性是指提出装备发展的总体思路、方向重点、体系构成等。装备体制需求论证主要规范列编装备的种类、型号、作战使命、主要性能指标、编配对象、配套和替代关系等。从某种意义上讲，装备体制就是装备体系的制度化、规范化，种类、型号代表体系要素，作战使命和主要性能指标表征水平和能力，编配和配套表征体系结构和内在联系，替代关系表明动态发展。装备规划计划需求论证是装备发展战略和装备体制的全面展开、深化和具体化，是在一定约束条件下，通过合理安排资源，使装备发展整体效果最佳。规划计划论证，就是运用科学手段与方法，依托现有条件，准确预测未来，确定装备建设的思路、目标和分阶段建设任务，提出具体的发展步骤、型号项目和经费投入需求方案；其核心任务是对所有型号项目的整体筹划，同时对每个项目的使命任务、功能定位、战术技术特征等进行概括性描述，并安排项目实施的经费支撑和时间周期。

（2）装备型号需求论证是在装备宏观发展决策确定的前提下，对列入装备体制和规划计划的每一个型号项目进行的具体论证，论证成果成为项目研制的依据。其主要任务是以遂行多样化使命任务为目标，重点研究装备型号的潜在威胁、战场环境、作战任务、作战能力和作战性能指标要求。根据型号管理规定，型号论证又包括装备研制立项综合论证和研制总要求论证，前者是项目立项的依据，后者是装备设计定型的依据。

（3）专题（或专项）需求论证包括的类型比较多，通常上述包含不了的项目基本上可归纳为这种类型的论证。例如，现代化改造论证，引进论证，报废、退役及降级使用论证，军选民品论证等。

宏观论证从内容上看大体类似，均包含需求分析（威胁、使命任务、现状等）、拟制需求方案和对方案进行综合评估 3 个组成部分，但层次、重点、成果形式不同。发展战略层次最高，看得更远，主要确定发展方向和重点；装备体制重点确定装备整体结构及关系；规划计划是具体执行方案。预测时间由远到近，约束条件逐步明确，认识逐步深化，思路逐步清晰。型号需求论证是对某个型号系统进行的专项论证，确定其战术技术指标和总体技术方案，作为研制定型的依据。由此说明，需求论证是一个由笼统到具体、由模糊到清晰、由务虚到务实的反复迭代、逐次递进的过程。几种需求论证的比较如表 1-1 所示。

表 1-1 几种需求论证的比较

比较点 论证层次	特点	作用	内容	论证方法	论证模型
装备发展战略需求论证	前瞻性 预测性 全局性	是装备发展的总战略，是最高层次的顶层设计，具有宏观指导作用	战略思想和战略目标、重点发展方向	定性分析、预测法	低分辨率模型
装备体制需求论证	整体性 配套性 动态性	是装备体系的制度化和规范化，是装备发展的基本依据	装备整体结构、品种系列、编配配套关系、替代关系	定性、定量相结合	低分辨率模型

续表

比较点\论证层次	特点	作 用	内 容	论证方法	论证模型
规划计划需求论证	整体性协调性阶段性	是近期装备发展的总体安排，是在一定资源条件支撑下的实施方案	所有项目的具体任务、功能定位、战术技术特征等	定性、定量相结合	低分辨率模型
装备型号需求论证	系统性先进性可行性	是军事需求物化为装备需求的落脚点，是战术与技术结合的统一体，是装备研制和定型的依据	主要作战使用性能和战术技术指标、装备系统组成和技术方案	定性、定量相结合	高分辨率模型

2. 根据装备需求论证的对象分类

根据论证对象复杂程度的不同，可将装备需求论证分为装备体系需求论证和装备型号需求论证。

（1）装备体系需求论证：从宏观层面描述未来战争对各军兵种武器装备品种、数量、功能、能力的要求及条件的论证。

（2）装备型号需求论证：从微观个体层面描述未来战争对单个装备型号功能、能力和作战性能的要求及条件的论证。

1.1.3 主要内容

装备需求论证一般遵循"提出问题、分析问题、提出方案、评审方案、结论与建议"的基本过程。虽然装备体系需求论证与装备型号需求论证的侧重点具有明显不同，但是由于武器装备的体系化发展要求，装备型号需求论证必须在装备体系背景下开展论证，因此可以认为装备体系需求论证和装备型号需求论证在论证内容范围上具有高度的统一性，装备体系需求论证的内容包含装备型号需求论证的内容，但是装备型号需求论证的内容将比装备体系需求论证的内容更加详细和具体。另外，装备体系需求论证的内容，因装备论证类型的不同，在发展战略论证、体制论证、规划计划论证等中的侧重点也有明显不同。

装备需求论证要求装备论证人员不仅要提出装备需求方案，更要科学分析装备的多样化使命任务需求和作战能力需求，并建立装备需求与使命任务需求、作战能力需求的有机联系，实现使命任务需求、作战能力需求和装备体系需求的有机统一，并提出武器装备发展的技术要求。装备需求论证的主要内容包括装备作战概念设计、作战任务需求分析、作战能力需求分析、装备系统需求生成和需求验证与评估5个方面，如图1-3所示。

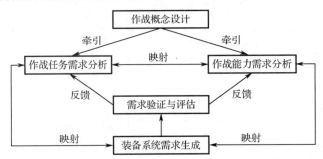

图1-3　装备需求论证的主要内容及其相互关系

1. 作战概念设计

作战概念设计围绕未来作战对武器装备的使命定位，以完成多样化使命任务为目标，以作战理论和装备技术创新为手段，创新武器装备的作战运用方式，提出未来战争中武器装备的作战使用模式和基本要求，是描述未来武器装备能打"什么样的仗"的问题。主要包括作战概念提出、作战概念建模和作战概念验证 3 部分内容。

（1）作战概念提出。以战争发展规律和装备技术发展趋势为基础，广泛采用经验归纳、头脑风暴等方法，对未来战争形态、兵力组成、交战方式和战场环境进行宏观的预测分析，形成未来作战概念的基本构想。

（2）作战概念建模。综合运用图示分析、结构化分析（如 IDEF0 方法、SysML 方法等）、运筹计算等方法，对作战概念的要素及其相互关系进行科学的分析设计，形成比较具体的作战概念设计方案。

（3）作战概念验证。对照作战概念设计目标，广泛采用逻辑验证、兵棋推演、仿真实验等方法，验证作战概念的科学性和有效性。

2. 作战任务需求分析

作战任务需求分析是指以武器装备作战概念为依据，明确提出完成各种使命任务的力量编组、作战运用方式及其主要任务，提出装备作战任务清单，形成装备作战任务需求。其主要包括作战活动分解和作战活动集成两部分内容。

（1）作战活动分解。以作战概念为依据，按照实战要求进一步细化武器装备的作战对抗过程，明确武器装备作战的对手、企图、编组、部署、行动及其交互方式，提出特定作战概念下武器装备的主要作战活动组成及其相互关系，并通过武器装备的作战运用效果检验武器装备作战活动的理性和科学性。

（2）作战活动集成。针对基于多个作战概念提出的作战活动集合，采用模糊聚类分析方法，可以依据作战活动的特征及其相似程度，利用模糊数学的方法定量表示作战任务间的相似关系，从而建立不同作战活动之间的模糊相似关系矩阵，并按照给定的聚类水平对作战任务进行分类与集成。

3. 作战能力需求分析

作战能力需求分析是指以装备作战概念为牵引，以体系整体能力为目标，研究武器装备的作战能力组成及其相互关系，并通过作战任务与作战能力的关联映射，明确武器装备的作战能力差距和能力需求重点，进而提出武器装备作战能力需求。作战能力需求分析主要包括作战能力需求、作战能力差距和装备能力需求 3 部分内容。

（1）作战能力需求。作战能力需求是武器装备需求论证的重要内容。它依据武器装备的多样化使命任务需求，通过作战活动与作战能力的关联映射，按照作战活动的指标要求提取作战能力需求及其指标要求，从而构建武器装备发展的作战能力需求内容体系。

（2）作战能力差距。武器装备发展立足于现有武器装备的改进、提高和飞跃。武器装备作战能力是一个逐步完善、提高、飞跃的进化过程。随着武器装备战术技术水平的提高，武器装备的作战能力将满足甚至超过预期的作战能力需求。作战能力差距是指武器装备作战能力需求与作战能力现状之间的差距，是衡量武器装备战术技术水平的重要指标，是确定武器装备需求重点和需求方向的主要依据，也是确定武器装备发展方式（如新研、技术革新、维持等）的重要依据。

（3）装备能力需求。装备能力需求是武器装备发展必须要达到的作战能力要求，是从武器装备的战术技术指标方面提出的武器装备作战能力要求，是武器装备发展的基本依据。

4. 装备系统需求生成

以使命任务需求和作战能力需求为牵引，研究武器装备系统的功能要求、结构组合、规模数量和作战使用性能需求，提出装备系统需求方案。装备系统需求分析分为装备体系需求分析和装备型号需求分析两类。

（1）装备体系需求分析主要包括装备体系功能需求分析、装备体系结构需求分析和装备体系数量规模需求分析等内容。其中，装备体系功能需求分析主要通过作战任务需求与装备体系功能的映射分析、作战能力需求与装备体系功能的映射分析，提出满足任务需求与能力需求的装备体系功能构想，并进一步分析，提出满足任务和能力要求的装备体系主要功能要求；装备体系结构需求分析主要以装备体系功能需求为基础，以具体任务背景中的装备体系编组使用为依据，科学提出装备体系的装备种类组成及关系，并明确装备体系组成对装备体系功能的支撑作用；装备体系数量规模需求分析，以装备体系功能与结构需求为基础，以装备体系任务需求为依据，主要通过分析完成不同规模任务需求的力量构成要求，提出装备体系的数量规模需求方案，进而提出包括功能需求、结构需求与数量规模需求的装备体系需求方案。

（2）装备型号需求分析主要包括功能需求分析、结构需求分析和主要作战使用性能指标分析。其中，功能需求分析的主要内容是为满足一定作战任务和能力，兼顾所属装备体系功能，单个装备系统应具备的功能要求，是定性需求描述；结构需求分析的主要内容是对单个装备系统的子系统或部件功能的结构分析，是定性需求描述；主要作战使用性能指标分析的主要内容是依据装备系统功能需求和系统结构，提出单个装备系统应当具备的作战使用性能指标，是定量需求描述。

5. 需求验证与评估

以装备需求方案满足度评估和装备体系贡献率为重点，兼顾作战能力评估、作战效能评估和结构评估，研究装备需求方案对使命任务需求和作战能力需求的满足程度，进而为调整优化和择优选择装备需求方案提供依据。比较有代表性的需求评估方法有面向任务的作战能力需求满足度评估、作战效能评估、装备体系结构评估和体系贡献率评估等。

（1）面向任务的作战能力需求满足度评估。以武器装备多样化使命任务为牵引，通过使命任务的逐层分解及其与作战能力的关联映射，提出武器装备完成多样化使命任务的作战能力需求；同时，以战术技术性能指标为基础，综合分析武器装备的固有能力满足其使命任务能力需求的程度，作为评价武器装备作战能力水平高低的基本依据，反映武器装备建设与运用的根本要求。

（2）作战效能评估。综合运用经验推算、解析计算和仿真实验等方法，在一定的作战背景下，对装备需求方案提出的装备体系（或装备型号）完成特定作战任务的程度进行度量，作为评价武器装备打赢程度的重要依据。

（3）装备体系结构评估。灵活运用复杂网络等方法，对装备体系的结构完整性、功能完整性、网络连通性及抗毁性进行综合评估，并将这个评估作为评价复杂装备体系结构稳定性、鲁棒性的重要依据。

（4）体系贡献率评估。以武器装备作战能力或作战效能为基础，对装备体系内其他各系统及整个体系的作战能力（或作战效能）的影响程度或涌现程度进行评估，从而得到武器装备对整个装备体系贡献率的大小，并将这个评估作为衡量武器装备在装备体系中作用的重要依据。

1.1.4　典型特征

装备需求论证是装备论证的首要环节，是着眼于未来战争发展规律和国家安全威胁对武器装备发展提出的作战要求，是指导装备论证其他环节的重要依据，也是引领装备发展方向的重要依据，在武器装备发展建设中具有不可替代的作用。由于装备需求论证的这种独特作用，在装备论证实践中，装备需求论证具有如下突出特征。

1．以作战需求为牵引

装备需求论证必须紧紧围绕武器装备的作战要求展开。作战需求和技术进步是推动装备更新换代的两大主要驱动因素，作战需求以其对武器装备发展方向指引性和需要性，在推动装备发展中往往处于主动地位，是推动装备发展的主动因素。特别是，在当前世界安全形势变幻莫测的形势下，非传统威胁和传统威胁的灵活变化，对处于相对和平时期的装备发展建设提出了更高、更全面、灵活的要求。研究未来军事威胁的发展趋势和主要特征，以适应未来应对各种作战威胁为牵引。加强装备发展的作战需求研究，是推动装备体系化、科学发展的必由之路。

2．以满足多样化使命任务要求为目标

由于未来威胁的多样性和多变性，面向威胁来发展武器装备必然会形成一大批功能单一的装备系统，不仅使用有限，而且会浪费了大量的经费和精力，费效比低。而以不变应万变，以不变的武器装备体系应对多样化的使命任务挑战，将是未来武器装备建设发展的主要方向。以武器装备体系为基础，根据使命任务要求的不同，按照武器装备的功能组合关系，科学编组武器装备力量，合理设计武器装备作战运用方式，是应对多样化使命任务挑战的必然选择。因此，装备需求论证，要着眼于完成未来多样化使命任务，从科学预测多样化使命任务的共同规律和要求入手，合理提出装备需求方案。

3．以能力建设为核心

多样化使命任务要求呼唤以能力为核心的装备发展建设模式，围绕武器装备多样化使命任务要求，提出武器装备发展的能力要求，以满足多样化使命任务的能力要求为依据，开展装备发展建设。因此，装备需求论证，应紧密结合装备建设的能力目标，通过对武器装备丰富、灵活的能力分析，合理提出装备需求方案。

4. 以体系结构框架为指导

体系结构框架是体系结构开发的顶层的、内容全面的架构和概念模型,为构建、分类和组织体系结构提供了指南与规则。采用体系结构框架思想与方法,能够进一步明确装备需求的组成及其相互关系,并以结构化的方式进行有效描述,提高装备需求产生的准确性和工作效率,进而提高装备需求可信度。随着体系结构框架思想和方法在我国装备需求论证领域的进一步理解和推广应用,正在逐步成为国内外装备需求论证的主要指导思想。

5. 以反复迭代为基本规律

装备需求论证的相关研究内容在发展战略需求论证、体制需求论证、规划计划需求论证、型号需求论证、专项需求论证与专题需求论证中的要求不同,但总体上呈现出逐步细化、求精、反复迭代的规律。通常,在发展战略需求论证中,装备需求还比较模糊,装备概念尚难以清晰描述,装备作战性能指标还比较粗略;而在体制需求论证、型号需求论证、专项需求论证和专题需求论证中,装备需求逐步清晰,装备作战性能指标要求也从粗到精,能够比较准确地描述出未来战争对武器装备发展的根本要求。

1.1.5　地位作用

装备需求论证作为装备发展建设的首要环节,是决定装备发展方向和装备建设质量的重要手段,对于推动武器装备科学化、体系化发展具有重要意义。装备需求论证在武器装备全寿命周期发展建设中的地位作用主要表现在以下 3 个方面:

（1）装备需求论证是装备发展建设的强力牵引,明确了装备发展建设的方向和重点。

装备需求论证用来解决装备发展建设的目标定位问题,即需要回答"武器装备发展方向是什么""发展哪些装备"的问题,是确定装备发展建设目标的关键依据,在武器装备发展建设中具有重要的地位,也是军方在武器装备发展建设过程中必须明确的问题。首先,在装备发展方向上,通过开展全面、深入的装备需求论证研究,科学预测未来战争形态及其对武器装备发展的要求,初步勾画未来武器装备的使命任务及其功能要求,能够为武器装备发展指明方向,从而为制定武器装备发展建设规划提供依据。其次,在总体结构上,以获得最优的作战效能为目标,通过科学假设武器装备的作战运用方式和预期效果,全面分析作战体系与装备体系的相互关系,能够进一步优化装备体系的结构与功能组成,提高装备体系的整体作战能力和对未来战场动态环境的适应性。最后,在装备发展进度上,能够综合权衡国防建设目标、国家经济实力、国防工业技术水平等因素,准确定位军队武装力量建设中的薄弱环节,科学确定武器装备发展建设的重点和难点,清晰制定装备发展建设路线图,为开展装备型号研制和装备关键技术攻关提供关键依据。

（2）装备需求论证以满足未来多样化军事需求为目标,增强了武器装备对未来战争的适应性。

传统的"基于威胁"和"基于效果"的论证,是着眼于当前军事斗争准备面临的作战威胁和预期的作战效果,围绕现阶段作战需求提出的装备需求。由于装备发展建设的滞后性,"基于威胁"和"基于效果"的装备需求已难以适应未来多样化的军事威胁和作战需求,不能满足未来作战运用要求。因此,装备需求论证必须采用"基于能力"的理念,着眼于分析未来多样化的作战威胁，科学提出适应未来作战要求的装备需求方案，才能满足未来作战的实战化要求。一方面，战争发展形式是连续性与跳跃性的有机统一，通过全面分析世界军事威胁的发展变化形态、武器装备的发展规律、科学技术的发展趋势和战争机理的演化过程，人们能够预测未来战争的发展形态并有针对性地设计未来战争。另一方面，由于未来战争威胁的多样化和不确定性，导致武器装备发展建设必须能够全面考虑未来战争的多样性与不确定性，从武器装备体系应具备的综合能力出发，应对未来威胁的多样性和不确定性，提高武器装备发展方案的针对性和有效性。同时，以未来战争的多样化的作战需求为牵引，科学构建未来武器装备体系的要素组成和相互关系，从作战运用角度对装备体系物质、能量和信息进行预先组织与设计，使武器装备具备未来战争的体系对抗特征，并能极大地适应未来战争的要求。

（3）装备需求论证是设计生产武器装备的重要依据，也是检验和评价武器装备质量的关键依据。

在装备研制领域，装备需求论证提出的装备需求功能要求及其作战性能指标要求，是进一步开展装备立项论证及装备系统方案设计的主要依据，对于提出科学合理的装备结构和功能组成具有重要意义。另外，在装备研制定型阶段，装备需求方案是评价装备研制质量和水平的重要依据，通过研究研制装备的功能及其战术技术性能指标与装备需求方案之间的满足程度，确定研制装备满足预期的使命任务，进而为研制装备定型和采购提供决策依据。

1.1.6 发展趋势

在当前和未来一段时期内，装备需求论证将主要呈现出以下发展趋势。

1. 基于能力将成为未来装备需求论证的主要指导思想

在不同的历史时期，随着人们对军事威胁及装备发展建设规律认识的不断深入，装备需求论证的指导思想发生了较大变化，先后涌现了"基于威胁""基于效果""基于全寿命周期""基于能力"等多种装备需求论证指导思想，成为某一特定时期或某些特点类型装备需求论证的基本指导思想。"基于能力"思想是美军 2003 年军事转型中提出的部队建设理念，重新诠释了军事威胁与部队建设目标之间的辩证关系，将武器装备发展论证的目标聚焦于未来的整体作战能力，也成为当前指导武器装备需求论证的最主要的指导思想，西方多个军事强国均继承并发扬了"基于能力"的装备需求论证思想。我国装备论证界也逐步接受了这种思想，并在近年来的部分重大装备论证中实践了这一思想。

2. 体系背景下的装备需求研究将成为未来装备需求论证的基本着眼点

现代战争是信息化条件下的多军兵种武器装备联合作战，强调多种武器装备的有机融合和相互支撑，以武器装备体系的整体优势取得作战优势。装备需求论证必然要着眼于武器装备的体系化应用与发展，以武器装备体系作战为基本着眼点，加强武器装备体系顶层研究与设计，统筹考虑各军兵种武器装备的种类、功能、数量与比例。即使开展装备型号需求论证，依然要把装备需求放置在体系作战的背景下进行研究，这样才能科学定位装备型号在装备体系整体中的地位作用和使命任务，有机协调装备型号与其他装备之间的交互方式和信息关系，合理提出装备型号的需求方案。

3．定性与定量相结合将成为未来装备需求论证的基本方法

以定性分析为基础，倚重定量分析模型，突出定量分析结果对评价装备需求论证结果合理性和置信度的作用，是当前装备需求论证方法论领域的重要特征。装备需求本质上反映的是装备在作战对抗过程中完成任务的要求。只有充分分析装备作战运用的动态关系和数量需求，才能比较准确地确定特定使命任务要求下的装备需求。随着仿真实验系统在装备需求方案验证与优化中的扩大应用，通过模型模拟装备的战术技术性能指标及其作战运用过程将成为验证和优化装备需求方案的主要方式。这都要求在装备需求论证时，采用更加多样的定量分析方法，并能够从武器装备的战术技术指标取值、装备数量、装备比例、装备种类等方面进行定量化的分析与判断。

4．装备需求联合论证将成为未来装备需求论证创新的重要方向

多学科交叉融合是现代装备需求论证的基本特征，多学科专家协同将是创新装备需求论证成果的重要基础。长期以来，我国装备需求论证机构与任务的军兵种"烟囱式"条块管理模式，导致我国装备需求论证力量与资源相对比较分散，任何一家装备论证机构都无法独立完成装备体系或装备型号的论证任务，都要有机协调作战与装备、装备与技术、技术与经济等领域之间，以及兵种之间的相关资源和论证能力。只有在体系作战牵引下，以装备体系需求论证为基本出发点，有机融合全军装备需求论证的优势资源，合理区分各军兵种装备论证机构的论证任务，才能协同开展装备需求论证。

5．装备需求论证工程化将成为未来装备需求论证的主要组织实施方式

随着装备需求论证理论与方法的不断完善，装备需求论证平台建设需求日益强烈。借鉴工程化的实施模式和经验开展装备需求论证，成为当前装备需求论证领域普遍的呼声。基于系统过程理论科学组织装备需求论证过程，基于信息技术构建流程规范、接口清晰、责任明确、成果结构化的装备需求论证支撑环境，利用支撑环境组织和规范装备需求论证实践，推动装备需求论证的标准化，提高装备需求论证的科学化和高效化，是装备需求论证工程化的主要目标，也是未来装备需求论证实施方式的主要模式。

1.2 装备需求论证的主要方法

根据武器装备发展的认知规律，适应不同阶段武器装备的发展形态，遵循从简单到复杂、从个体到整体的发展规律，按照装备单体、装备系统和装备体系 3 种发展形态，逐步形成了 3 种比较典型的方法体系。

1.2.1 装备单体发展形态下的需求论证方法

装备单体是指功能比较简单或单一的装备，如古代的弓箭、火器，早期的机械化兵器和部分信息化兵器。由于科学技术的制约，装备单体在武器装备的发展历史中占据了很长的时间，从古代一直持续到近现代，甚至在当前部分装备领域依然是装备发展的主要形态。

例如，坦克作为现代陆战场的骨干突击装备，自 1915 年英国人发明直到第二次世界大战前的 20 年左右时间内，坦克仅仅被认为是一种装备的单体，作为步兵突击的辅助装备；而随着德国人"闪击战"的成功，坦克才真正作为一种完整的武器系统展现在世人面前。

1. 主要方法

装备单体的发展，往往是单领域先进科学技术的集中体现，表现为武器装备部分（或单项）战术技术水平的跨越式发展，以武器装备物理效能的提高为根本目的。

装备单体发展时期，装备需求论证的重点是装备部/组件或简单装备单项战术技术指标的优劣，往往是以相对比较的任务为牵引进行的装备需求方案研究，采用的方法主要包括定性分析、解析计算等。

（1）定性分析方法。通过对装备发展内外部环境的全面分析，提出装备发展的有利因素和不利因素，通过装备发展相关因素的分析，提出装备需求的目标和重点。该方法是武器装备需求质的分析，主要包括逻辑分析、归纳总结、类比推理等方法。

（2）解析计算方法。根据武器装备的战术技术指标和作战运用方式构建解析模型，如武器装备的战斗力指数模型、火器的射击距离模型等。

2. 典型特征

装备单体发展形态下的需求论证方法的基本特征如下。

（1）以单项战术技术性能论证为重点。由于装备结构和功能相对比较简单，即使功能比较复杂的武器装备系统，装备需求论证的重点也是装备部/组件的战术技术性能指标或装备系统的某项战术技术性能指标。而对装备系统各项功能的集成融合及其整体效能的研究偏弱。

（2）技术进步是影响装备需求论证方法的主要因素。装备单体发展时期，其装备的作战效能主要体现为武器装备的物理效能，如武器装备的打击距离、毁伤精度、穿甲厚度等，主要依靠近代飞速发展的科学技术进步。因此，装备需求论证时，往往也比较关注新技术对装备物理效能提高的影响。

1.2.2 装备系统发展形态下的需求论证方法

装备系统研究的标志是 20 世纪 40 年代系统工程的兴起，发展完善于 20 世纪 60、70 年代，成熟于 20 世纪 80 年代，并一直持续至今。特别是 1969 年"阿波罗"登月计划的成功，进一步证明了系统工程理论与方法的有效性，也促使军事专家更加关注武器装备系统整体作战效能的研究。装备系统是指集多种功能于一体的复杂装备，而且其多项功能之间相互关联、相互影响。武器装备的整体作战效能成为武器装备发展的主要目标。武器装备强调多种功能的一体化设计，并已经从装备单体发展时期关注武器装备部/组件的战术技术性能指标上升到关注装备系统整体作战效能的提高。这样就要求武器装备同时具有机动、火力、防护、侦察、通信、指挥等多种作战功能，并能在不同的作战功能之间进行有机协同。

1. 主要方法

第二次世界大战以来，科学技术、战争形态和军事理论的繁荣发展，为装备系统的快速发展奠定了基础，装备需求论证的重点也从部/组件需求论证转向装备系统整体论证。特别是冷战和局部战争冲突的长期存在，"基于威胁"成为指导装备系统需求论证的主要思想，装备需求论证方法亟须综合集成多个领域的技术方法开展装备系统需求的综合论证。因此，装备系统需求论证应以系统理论与系统科学为指导、以系统工程方法为支撑构建论证方法框架。装备系统需求论证方法包括系统分析、系统评估和系统管控 3 类方法，如图 1-4 所示。

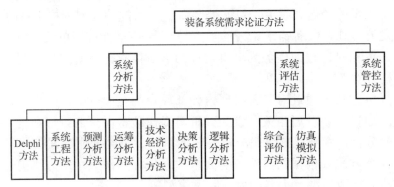

图 1-4　装备系统需求论证方法的分类

（1）系统分析方法。该方法以系统理论为指导，通过对装备系统发展背景的系统分析，提出装备系统的任务需求、能力需求和主要战术技术指标要求，主要包括 Delphi 方法、系统工程方法、预测分析方法、运筹分析方法、技术经济分析方法、决策分析方法、逻辑分析方法等。

（2）系统评估方法。该方法从不同研究视角对多个装备需求方案进行综合分析，为合理选择装备需求方案并进行装备需求优化提供方法支撑，主要包括综合评价方法和仿真模拟方法。

（3）系统管控方法。该方法以装备需求论证过程管理控制为内容，以更好分解装备需求论证任务为目的，有机协调不同装备需求论证任务之间的相互关系，监督装备需求论证工作的按期高质量开展，主要包括矩阵式管理技术、图解协调技术、网络计划技术等。

2. 典型特征

装备系统发展形态下的需求论证方法的基本特征如下。

（1）定性、定量相结合。定性分析偏重于对事物质的分析，定量计算偏重于对事物数量关系的分析，定量计算结果往往能够为形成定性结论提供数据支撑，提高需求论证结论的可信性与科学性。因此，要全面分析需求论证的内容及其影响因素，充分发挥专家经验智慧与工具计算科学高效的优势，实现装备需求论证定性分析与定量计算的有机结合。

（2）以系统整体研究为重点。系统思想是装备系统需求论证的基本着眼点，要求装备需求论证必须着眼于装备系统的整体作战效能进行研究，并指导装备需求论证工作的有机组织与实施。

（3）多种方法综合集成。一方面，随着装备系统结构与功能复杂性的提高，装备需求论证往往要综合运用多种方法有机权衡装备系统全寿命周期的作战能力、作战效能、技术水平和国防经费；另一方面，装备系统需求论证是以装备系统部/组件战术技术指标论证为基础，采用自底向上的方法综合集成装备系统部/组件需求，从而形成装备系统的整体需求。

（4）需求牵引与技术推动并重。装备系统发展时期也正是装备需求理论与方法蓬勃发展的关键时期，既重视科学技术进步对装备需求论证的推动作用，又非常重视军事需求对装备发展的牵引作用。"基于威胁""基于效果""基于全寿命周期"等理念正是这一时期装备发展的主要指导思想，进一步突出了未来军事需求对装备发展的牵引作用。

1.2.3 装备体系发展形态下的需求论证方法

20 世纪 90 年代初海湾战争中多军种联合作战行动的成功实施，各种武器装备之间的有机协同对战场进程和结果产生了重大影响，促使人们对武器装备的研究从系统逐步转向体系，进而掀起了装备体系的研究热潮。装备体系是指在一定的战略指导、作战指挥和保障条件下，为完成共同的作战目标，由功能上相互联系、相互作用的各类武器装备系统组成的更高层次系统。体系组分相互独立并具有独立的功能和行为，体系整体具有涌现性和演化性。装备体系是由装备系统有机组成的，强调装备系统科学运用基础上的装备体系整体作战效果。随着作战任务、战场环境的变化，装备体系往往应具有较强的动态调整和演化能力，以保证装备体系适应多种作战任务的灵活性。

1. 主要方法

装备体系的兴起源于作战力量体系化运用的成功。特别是随着作战威胁的非常规化和多样化，传统的面向特定威胁的装备发展模式，已不能满足武器装备体系化运用要求，基于能力的装备需求论证逐渐成为装备体系发展时期装备需求论证的主要模式。由于装备体系组成要素的多样性、交互关系的复杂性与演化发展的不确定性，装备体系需求论证应以复杂系统理论为基础，采用以体系工程方法为主体的复杂系统研究方法构建方法体系，进一步突出体系整体对武器装备发展的决定性作用。装备体系需求论证方法包括体系分析、体系评估和体系管控 3 类方法，如图 1-5 所示。

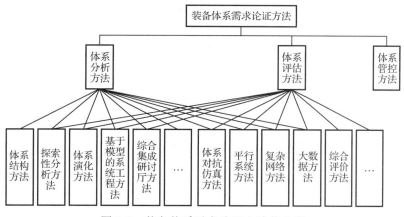

图 1-5　装备体系需求论证方法的分类

（1）体系分析方法。体系分析方法是对装备体系需求目标、内容及其相互关系进行分析、建模的方法。其目的是提出装备体系需求。

（2）体系评估方法。体系评估方法是对装备体系方案进行的综合评估与优化方法。其目的是对装备体系需求方案的优劣给出结论并指导装备体系需求方案优化、完善。

（3）体系管控方法。体系管控方法是对装备体系需求开发过程及其产品进行管理协调的方法，是保障装备体系需求论证取得预期效益的关键。

由于装备体系需求论证的复杂性与综合性，装备体系需求论证的相关方法往往具有综合性的特征，不仅能够支持装备体系需求的分析建模，还能够支持装备体系需求的评估优化。另外，由于装备体系需求论证方法的延续性，装备系统需求论证的相关方法在装备体系需求论证中依然有用。为此，下面以体系工程为指导，结合装备体系需求论证要求，重点介绍几种比较有代表性的装备体系需求论证方法。

（1）体系结构方法：借鉴美军体系结构框架及其方法论，从任务、能力、系统、技术等视角研究装备体系需求的要素组成、描述方法和相互关系，实现装备需求的统一描述与建模。

（2）探索性分析方法：着眼于解决不确定条件下的复杂问题，以多分辨率模型为基础，通过装备体系运用想定空间中不确定因素的综合分析，研究不同因素条件下的装备体系运行效果，是研究武器装备体系复杂性的有效方法。

（3）体系演化方法：研究随使命任务和能力需求调整变化而引起的装备体系功能、结构及其铰链关系发生变化的规律，通过建立武器装备体系演化模型，研究影响武器装备体系演化的因素，探索武器装备体系演化的路径和方向，提出武器装备体系优化与改造方案。

（4）基于模型的系统工程方法：用于支持装备需求论证中需求分析、建模、验证与确定的、贯穿于装备需求论证全寿命周期的格式化建模应用。它以装备体系任务、能力、系统和服务等需求模型为中心，通过模型分析、描述与验证确定装备体系需求，整合从体系到部/组件全寿命周期、多个领域的模型，帮助提高产品质量并降低风险，并实现跨领域的模型集成和信息统一表示。

（5）综合集成研讨方法：以综合集成方法论为指导，以装备需求论证系统为基础，构建由专家体系、计算机及软件体系和知识数据体系的综合集成研讨系统，形成以人为主、人机结合的需求分析、论证与研讨环境，充分发挥科学计算、信息资源、经验知识和专家智慧的综合优势，提高装备需求论证方案的科学性。

（6）体系对抗仿真方法：通过建立对抗双方的武器装备作战运用模型，构建武器装备体系对抗仿真系统，通过特定作战背景下的红、蓝双方武器装备体系对抗仿真实验，研究武器装备体系的要素组成、编配关系、使用方式与作战效果，是形成、评估与优化武器装备体系需求方案的有效方法。

（7）平行系统方法：构建装备体系运用人工系统与实际系统同时运行的平行系统，比照分析人工系统与实际系统的运行过程与效果，并通过人工系统与实际系统的交互实现对各自未来状况的"借鉴"和"预估"，从而实现武器装备体系的方案构建与评估。

（8）复杂网络方法：通过对武器装备体系要素之间信息关系、指挥关系和影响关系的全面分析，构建武器装备体系的复杂网络模型，有效分析武器装备体系的稳定性、抗毁性，并为研究武器装备贡献率提供方法支撑。

（9）大数据方法：以大量的装备体系编组和运用数据为基础，通过对装备体系过往编组和运用数据的综合分析，预测分析未来装备体系的要素组成、相互关系及其主要战术技术性能指标，为科学提出武器装备发展重点和构建武器装备需求方案提供有效支撑。

2. 典型特征

装备体系发展形态下的需求论证方法的基本特征如下。

（1）复杂性是基本特征。武器装备体系的根本特征是复杂性，包括结构复杂性、演化复杂性、行为复杂性及信息交互的复杂性。装备体系需求论证的核心就是寻找有效方法，从不同层次、不同角度研究武器装备体系的复杂性，进而为提出武器装备体系发展规律提供支撑。因此，复杂性是装备体系发展时期需求论证方法的基本特征。

（2）体系需求牵引系统需求。装备体系发展时期的装备需求论证不仅要研究不同类型、不同层次的装备体系需求，还要研究装备系统需求，并且系统需求应服从并服务于装备体系需求的形成。为此，在装备需求论证时，应着眼于武器装备体系的整体需求，先研究武器装备体系需求，再根据武器装备体系需求合理提出武器装备系统需求，保证武器装备体系需求的完整性与一致性。

（3）突出体系结构优化研究。装备体系发展是一个渐进的动态过程，也是武器装备体系要素及其关系不断调整、优化的过程。因此，在进行装备体系需求论证时，应以武器装备体系需求优化为重点，研究武器装备体系的需求方案和需求重点。

（4）还原论与整体论相结合。复杂系统研究的重点是整体涌现，但不能片面依靠整体理论来研究复杂性，还要通过还原论的方法来支撑整体论研究，即通过自顶向下的武器装备体系要素、功能和关系分解，建立武器装备体系仿真模型，并通过武器装备体系演化过程的仿真分析，研究武器装备体系的整体效果，实现武器装备体系需求方案的有效评估与优化。

1.3 装备需求论证的复杂性

基于能力的装备需求论证是面向装备体系整体应变能力的论证方法，一方面其研究对象具有非常高的复杂性，另一方面其研究过程也具有较高的复杂性。

1.3.1 研究对象的复杂性

装备需求论证的研究对象是复杂的武器装备体系，其结构、交互、功能高度集成与协同，呈现出典型的复杂系统特征，是引起装备需求论证复杂性的根本原因。

（1）体系结构复杂性。结构复杂性是武器装备体系复杂性的显著特征，表现为：一是功能与结构随战争形态和作战使命的变化而变化，具有明显的多样性和柔性；二是可形成不同的核心子网络和网络关键节点，具有鲜明的层次性和网络性特征；三是结构的任意改变，都会引起体系组元交互的剧烈改变。

（2）体系演化复杂性。武器装备体系演化源于两种动力，一是由武器装备体系发展目标、国防工业技术和指挥训练思想的变化引起的"内生"动力，二是由体系对抗引起的武器装备体系自我适应和自我调整的"外生"动力。武器装备体系演化的目的是适应作战对抗需要，圆满完成作战使命。作为开放的复杂系统，武器装备体系功能与结构的演化过程充满了未知与不确定性，增加了武器装备体系需求开发的复杂性。

（3）体系行为复杂性。体系行为复杂性是体系结构复杂性与演化复杂性的必然结果，是武器装备体系能动性的集中体现。一旦武器装备体系所处的环境、条件、对手发生改变，武器装备体系必然要做出调整和改变，并以崭新的运行机制和功能形态作用于外界系统，从而迸发出新的能力，而这种新的运行机制和功能形态并非事先都可以假定和设计的。

（4）信息要素的倍增性。在现代战争中，信息流成为主导物质流和能量流的第一要素，信息优势成为夺取作战胜利的关键。体系节点以信息终端的形式，充分发挥信息收集、处理、传递和使用能力，通过战场全局的信息融合，以战场信息的"精、准、快"辅助指挥员快速下定决心并采取恰当的作战行动，从而实现"观察—决策—打击"一体化，大大提高作战效率和效果，实现武器装备体系作战能力的倍增。

1.3.2 论证活动的复杂性

装备需求论证是多专家、多领域、多过程、多方法和多手段的综合集成，包括人的智慧和物的开发条件的结合，人的理论认识和实践经验的结合，不同类型、不同经历、不同领域专家的结合，定性分析与定量分析的结合，自然科学与军事科学的结合，宏观分析与微观分析的结合，实证研究与规范研究的结合，理性认识与感性认识的结合等。装备需求论证的综合集成性是复杂性的集中体现，因此可从方法维、知识维、过程维和目标维 4 个方面深入分析。装备需求论证复杂性的分析框架如图 1-6 所示。

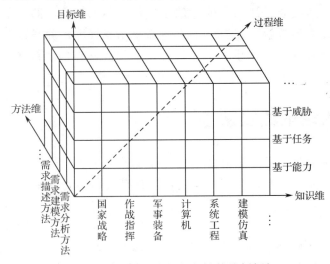

图 1-6 装备需求论证复杂性的分析框架

（1）论证目标的多样性。"基于能力"是当前武器装备体系需求开发的主要目标，但并非唯一目标。因为未来世界面临的非传统威胁多于传统威胁，如国际恐怖分子的非常规活动、网络攻击、网络电磁空间战等。为应对非传统威胁，"基于威胁"或"基于特定任务"的需求论证目标，无疑是能够快速形成需求论证目标的有效方式之一。因此，装备需求论证要能够适应不同开发目标的需要，合理确定论证内容，科学运用各种开发方法和手段，具备同时满足多种论证目标的能力。

（2）论证方法的集成性。装备需求论证是基于多视图的系统工程，研究领域涉及作战、能力、装备、技术、使用等领域，不同领域研究问题的角度差异较大，需求分析、描述、建模与验证的方法各不相同。为实现装备需求论证目标的统一和开发过程的有效融合，必须明确装备需求论证的流程及其方法和数据需求，构建以模型和数据为核心的论证方法体系，这样才能有效提高装备需求论证的可理解性和质量。

（3）论证过程的交互性。以模型和数据为核心的装备需求论证，更加强调多领域专家的协同工作，突出需求论证数据的交互和共享。较之传统的"各自为战"的论证模式，装备需求论证显得更加复杂，并且由于相关研究工作的滞后，论证过程的大量交互严重制约着装备需求论证的效率，主要表现在：一方面，由于当前这种论证模式还不成熟，论证环节还不统一，内容和标准还不准确，环节功能还不一致，论证过程随意性还比较大，为实施科学、规范、统一的装备需求论证增加了困难；另一方面，通过映射分析可将任务需求分析、能力需求分析和型号需求分析的不同环节关联起来，但是环节之间功能互存、信息流和控制流交织，在论证过程中要统筹不同环节之间的开发目标和信息需求、保证过程的合理性和信息的一致性等方面还缺乏必要的方法和手段。

（4）领域知识的融合性。装备需求论证是多学科交叉融合的系统工程，是由不同领域专家协同实施的创造性工作。它要求不同领域专家既能够按照开发目标要求尽可能将领域问题描述清楚，还能够针对领域之间的交叉和重叠互相理解，并找到一种可共同理解的表达方式，实现不同领域间工作和知识的融合，从而确保装备需求论证的目标。

1.4 装备需求论证系统建设的形势、任务

1.4.1 装备需求论证系统建设的紧迫性

装备需求论证是装备论证的重要组成部分，也是装备发展建设首要考虑的问题，重点解决"仗怎么打""装备怎么发展"的问题，突出强调作战需求对装备发展的牵引和推动作用。装备需求论证作为装备发展建设的首要环节，是决定装备发展方向和装备建设质量的重要手段，对于推动武器装备科学化、体系化发展具有重要意义。特别是，随着我军武器装备发展模式由"研制模仿"向"自主创新"的根本转变，如何有效协调作战需要与装备发展的相互关系，科学优化武器装备体系结构组成和能力结构，成为装备发展建设需要解决的关键问题，也是装备需求论证研究的核心问题。装备需求论证的起点是军队的历史使命及武器装备在军队历史使命中的功能定位。装备需求论证的终点是装备作战性能需求。装备作战性能需求是装备研制立项论证的重要组成部分。

装备需求论证系统是指辅助装备需求论证业务人员围绕装备需求论证标准中规定的论证内容，开展论证工作的支撑业务平台。其主要用户为各军兵种装备论证研究机构的论证人员，也包括部分装备需求论证项目管理人员。通过实现装备需求论证业务过程、模型、数据和文档的有效管理与规范，达到提高装备需求论证质量与效率的根本目的。迅速开展装备需求论证系统的研究与建设，形成以装备需求论证系统为支撑的、规范统一的、可相互理解的装备需求论证支撑环境，显得异常迫切，这主要表现在以下 4 个方面。

1. 装备体系复杂亟须借助工具和模型进行分析与管理

武器装备信息化、体系化发展是武器装备发展的必然趋势。装备体系的复杂性也空前提高，表现为体系组成要素众多、体系关系复杂、体系交互多样、体系涌现不确定等特征。

深入分析装备体系的复杂性，须要建立相应的体系结构模型、体系行为模型和体系演化模型。装备需求论证的数据需求及数据关系呈几何级增长，装备体系建模、分析与评估的难度空前加大，远远超出了人们仅仅依靠简易工具所能处理的信息数量，亟须构建能够支持装备体系需求建模、分析与评估的论证支持系统，帮助论证人员分析装备体系的复杂性并有效管理装备需求开发的"大数据"管理。

2. 论证方法综合集成亟须构建一体化的综合论证系统

随着装备体系复杂性的不断提高，在装备需求论证过程中，往往要综合运用逻辑推理、定性分析、解析计算、仿真实验、体系结构开发等多种方法，才能保证装备需求论证目标的科学合理。由于基本原理的不同，不同的论证方法往往在论证步骤、数据需求和计算复杂度上具有很大差异。例如，基于类比的装备需求分析方法融定性分析与定量计算于一体，由于可类比的因素有限，类比推理过程相对比较简单，其分析过程和分析计算难度相对较小；而基于体系对抗仿真的需求论证方法，则要从仿真设计、仿真数据、仿真模型、仿真实现、结果评估等多个方面进行详细的分析和设计，论证过程复杂，数据需求量大，模型计算要求高，往往难以在短时间内形成论证能力。这就要求：一方面应能够提供支持各类方法运用的工具系统，提高装备需求论证人员利用方法的积极性和工作效率；另一方面要能够将基于各种方法的论证结果进行有机融合。为此，亟须构建一体化的装备需求论证系统，有机梳理不同论证阶段和内容的方法需求，深入分析不同论证方法的过程步骤和数据需求，以统一规范的底层数据结构支持不同论证方法的有机连接，从而形成多种方法支持的装备需求论证业务系统。

3. 装备体系联合运用亟须明确区分各军兵种需求论证部门的工作界面

在联合作战条件下，由于武器装备体系对抗成为常态，所以任意装备的需求论证都必然要放置在联合作战的背景下进行分析与评估，才能确保提出的装备需求能够满足未来作战的使命任务需求及其与其他装备之间的联合运用需求。这就要求各军兵种的作战部门与装备部门密切合作，围绕共同的联合作战目标，科学区分武器装备的功能组成和技术指标，有机协调不同军兵种装备之间的铰链关系和协同方式。为此，在装备需求论证中，亟须构建相应的装备需求论证系统，明确不同军兵种需求论证部门的协作方式，区分不同军兵种需求论证部门的论证内容和论证目标，并通过系统底层数据的逻辑关联，实现各领域需求论证信息的一致，进而提高装备需求论证的工作效率。

4. 计算机信息系统的蓬勃发展为构建装备需求支持系统提供了技术支撑

随着信息技术的高速发展，各行各业都在通过构建企业级信息系统为自己插上腾飞的翅膀，从而实现业务数量和工作效率的快速提升，以应对迅速变化的市场需求。装备需求论证工作是一个涉及军事、技术等多门学科领域的复杂系统工程，经过多年的研究和实践，无论在理论方面还是在方法方面，都已经基本形成了共识，为进一步规范装备需求论证业务和实现装备需求论证业务的计算机化奠定了基础。因此，借鉴地方企业信息系统在复杂业务建模方面的成功做法，规范装备需求论证业务流程和数据需求，研究探索装备需求论证工作计算机化的技术途径，构建计算机支持的装备需求论证业务系统，顺应了装备需求论证手段建设的时代要求，具有非常积极的现实意义。

1.4.2 影响装备需求论证系统建设的主要因素

有统计表明，约 50%的软件项目失败是由需求分析失败引起的。装备需求论证系统作为一种支持装备需求论证业务的应用型软件系统，其建设核心是准确把握系统的需求并进行功能设计。目前，在长期的装备论证实践中，装备论证部门已经构建了一系列装备需求论证的软件和工具，初步实现了计算机化的仿真计算、逻辑推理和评估实验功能，为实现装备需求论证工程化奠定了基础。但是，由于装备需求论证理论与方法体系的不完善、系统应用需求的差异性及软件架构的不一致，因此不能满足相关领域不同部门的应用需求和装备需求论证对象与方法的灵活变化；由于缺乏对装备需求论证全过程、全要素的综合设计和有机集成，因此造成软件的适应性和可扩展性较差，不能满足装备需求论证实践的本质要求。具体地讲，影响装备需求论证系统建设成败的因素主要包括以下 6 个方面。

（1）装备需求论证方法论的不确定性。基于威胁、基于效果、基于能力的多种论证模式共存，定性分析、定量计算、定性与定量相结合等多种论证方法相辅相成，特点各异，各有优势。相同的论证内容可以采用多种论证方法来实现，不同论证方法的论证步骤、数据需求和计算需求不同，所需要的软件功能需求也不同。

（2）装备需求论证流程的不规范性。装备需求论证的相关标准法规规定了装备需求论证的基本目标和主要内容，但是并未明确装备需求论证的方法步骤及其内容之间的逻辑关系，导致不同的装备需求论证机构往往采用不同的论证过程，规范不同军兵种论证机构的需求论证流程难度较大。

（3）装备需求论证信息资源的异构性。装备需求论证信息资源与装备需求论证方法及其论证流程密切相关。以定性分析为主要手段的论证机构，其信息资源可能往往以描述型的文本资源为主；而以定量分析或仿真实验为主要手段的论证机构，其信息资源多以结构化、半结构化的数据资源为主。另外，由于不同论证机构对装备需求论证方法、过程及其详细程度的要求不同，装备需求论证信息资源在信息资源体系分类、粒度及其逻辑结构等方面都存在明显差异，往往难以共享重用或相互转化。

（4）装备需求论证内容描述的不一致性。我国装备需求论证比较重视装备需求的结果方案，即装备作战性能指标及其取值范围，而对装备需求论证中间过程及其过程产品的关注度不够，导致不同装备需求论证机构对中间产品的描述方式、描述重点、描述结构等方面存在较大差异，影响了装备需求论证系统对装备需求论证过程产品的有效描述。

（5）装备需求论证类型的多样性。我国装备需求论证包括发展战略、规划计划、体制系列和型号等需求论证。不同类型装备需求论证的重点不同，结果方案的描述方式不同，论证方法和手段也不尽相同，构建能够同时满足多样化论证类型要求的装备需求论证系统比较困难。

（6）装备需求论证应用模式的灵活性。根据装备需求论证的准确度和时效性要求，可能形成不同类型的装备需求论证应用模式，既有过程比较完备、分析比较详细的应用模式，也有过程简单、分析比较粗略的应用模式。装备需求论证系统应能够包含装备需求论证的多种应用模式，满足装备需求论证任务的完成要求。

1.4.3 装备需求论证系统建设中存在的困难

装备需求论证系统构建的关键在于综合考虑系统建设的各种制约因素进行系统设计，即通过对装备需求论证业务过程、内容、信息资源和协同方式的全面分析，科学设计装备需求论证系统的功能和结构，从而成为实现装备需求论证系统的基础支撑。

装备需求论证的工程化理论与方法为实现装备需求论证系统提供了有力的理论和方法支撑。但是，由于装备需求论证的工程化理论比较注重流程的规范化和信息资源的规范化，从一定程度上使得装备需求论证系统呈现出"刚性"特征，即装备需求论证系统的功能组成、操作模型和数据模型将具有较低的兼容性与适应性。即使装备需求论证系统建设时经过了周密、近乎完美的考虑，但随着时间的推移和应用的变化依然会表现出不适应性。经过分析，导致这种结果的主要困难包括以下 4 个方面。

（1）需求模型通用化问题。美军通过体系结构框架定义了作战视图、系统视图、能力视图等的产品形式和内容，为美军开展装备需求论证提供了通用化的需求模型，实现了不同装备需求论证机构之间的相互理解。而我国缺乏相应的权威标准，导致需求模型的通用化程度较低，难以获得装备需求论证机构的广泛认可。

（2）论证流程灵活性问题。构建适应不同类型论证任务与应用模式的辅助工具是装备需求论证系统建设的现实要求。如何针对不同应用需求中流程结构的不确定性，设计不同需求模型的功能模块，研究功能模块之间的组合规则进而实现功能模块的"随需组合"，成为提高装备需求论证系统灵活性必须解决的问题。

（3）信息资源重用化问题。"一次开发，重复使用"是实现装备需求论证信息资源建设的基本目标，如何构建装备需求论证信息资源体系、规范装备需求论证信息资源描述结构和组织管理方式，成为解决装备需求论证信息资源有效共享重用、构建"以数据为中心"的装备需求论证系统的关键。

（4）辅助决策智能化问题。信息技术和人工智能技术的不断成熟，为构建智能化的装备需求论证系统提供了可能。着眼于从烦琐的简单操作中解放论证人员，使论证人员聚焦装备需求论证核心问题。论证人员应充分分析装备需求论证的业务特征和辅助决策需求，研究装备需求论证系统辅助决策的内容及其辅助方式，尽可能提高装备需求论证系统的智能化程度。

1.4.4 装备需求论证系统建设的主要方向

由此可见，装备需求论证系统设计的关键在于解决装备需求论证业务的规范性、系统功能的适应性和系统应用的灵活性，即装备需求论证系统应具备一定的柔性特征，为此，要在系统设计阶段围绕系统柔性需求进行柔性设计。虽然在软件实现层次面向服务的架构（Service Oriented Architecture，SOA）为实现装备需求论证系统的灵活配置提供了技术途径，但是这种配置的灵活性依赖于装备需求论证业务模块组合的灵活性。

本章将重点围绕装备需求论证业务逻辑，研究装备需求论证系统柔性设计的理论与方法，并将其作为装备需求论证系统软件模块柔性组合的基础。装备需求论证系统柔性设计主要包括以下 4 个方面的问题。

（1）装备需求论证环节模块化设计与建模问题。如何根据装备需求论证业务过程，提取装备需求论证基本环节并进行规范描述与模块构建，解决装备需求模型通用化问题，是构建适应多种应用需求的装备需求论证系统应该首要考虑的问题。

（2）装备需求论证信息资源规范化建模问题。如何构建装备需求论证信息资源体系，规范装备需求论证信息资源描述结构和描述方式，实现装备需求论证信息资源对装备需求模型分析与评估的有效支撑，解决装备需求论证信息资源重用化问题，是装备需求论证系统解决信息资源共享重用问题的关键。

（3）装备需求论证流程柔性设计与建模问题。以装备需求论证基本环节为基础，选择装备需求论证的柔性论证环节并进行柔性化设计，以典型应用模式为牵引提出装备需求论证流程的柔性化设计方法与策略，是装备需求论证系统解决论证流程灵活性问题的技术基础。

（4）装备需求论证信息资源柔性服务问题。针对装备需求论证环节的信息资源需求，改变装备需求论证信息资源的服务方式，增强装备需求论证信息资源的服务效率，是装备需求论证系统满足多样化论证流程信息资源需求与解决辅助决策智能化问题的有效途径。

1.5 装备需求论证研究现状

装备需求论证系统的柔性设计涉及装备需求论证思想、方法、流程及信息资源等内容。国外以美国的研究最具代表性，这里重点对中美两国在上述领域的研究进展进行归纳分析，为进一步提高装备需求论证系统柔性设计有针对性地奠定基础。

1.5.1 装备需求论证思想的演变

论证思想是指导装备需求论证方向的根本出发点。在装备发展建设过程中，先后出现了"基于威胁""基于效果""基于能力"等多种论证思想，在当今世界各国的装备需求论证中依然发挥着作用。

1. 基于威胁的论证思想

基于威胁的装备需求论证，产生于冷兵器时代，其目标具有明显的针对性和指向性，首要考虑的是"对手是谁""战争会在何时、何地发生"。该思想从主要假想敌可能发起的军事威胁出发，以打赢或阻止战争为目的，以一个或几个主要的想定为背景，通过全面或局部力量间的对比分析，对所需的力量进行规划。该思想以单一的主要威胁为驱动力，以较少的想定为依托，在对国家利益构成的威胁比较容易识别时有效，其逻辑性强且易于决策人员完成任务。20世纪中后期，美苏争霸时，双方就是运用这种论证思想指导下的典型装备需求论证模式。

2. 基于效果的论证思想

基于效果的装备需求论证，其主要思路是：首先，确定战争或作战目的；其次，确定支持战略目的应达到的预期效果，初步确定达到预期效果的可能行动；然后，建模评估并优选行动方案，建立支持战争或作战目的的行动集和能力集。其特点为：一是强调"目标—效果—行动组合—资源（能力）"的因果关系过程分析；二是强调整体性，把政治、军事、经济、社会、信息和基础设施作为一个整体来考虑，作战效果不仅包括物理效果，还包括心理效果和社会效果等综合效果。

3. 基于能力的论证思想

基于能力的论证思想是基于威胁和基于效果的论证思想的创新发展与科学总结。它综合考虑军事威胁、作战效果和装备全寿命运用的整体能力要求，研究重点已从原来关注"敌人是谁""战争会在何时、何地发生"，转而关注"战争将以何种方式进行"。它从基于威胁转向基于能力，并从传统的单一装备论证转向聚焦装备体系整体能力论证。它着眼于提高武器装备体系的整体作战能力，可以应对多样化的常规战争威胁和非常规威胁，更加注重长远军事能力的建设，体现了更高的前瞻性，符合一体化联合作战对装备发展的基本要求，装备需求论证逻辑更加科学合理。

4. 发展趋势

随着武器装备的信息化体系化发展，武器装备的复杂性越来越高，装备需求论证的难度越来越大，传统的以装备型号为研究对象的需求论证方式已难以适应武器装备的发展要求。基于威胁和基于效果的论证思想为装备型号需求论证提供了明确的指导，但是对于体系背景下的装备型号需求论证却难以奏效。在当前和未来一段时间内，"基于能力、面向体系"的装备需求论证将成为装备需求论证的基本指导思想。

"基于能力、面向体系"，是指以基于能力的论证思想为基本指导，以装备体系需求论证或体系背景下的装备型号需求论证为主体，以获得武器装备体系的整体最优为目标而进行的装备需求论证活动。因此，要从武器装备体系所能担负的多样化使命任务出发，科学勾画武器装备体系的整体作战用途和运用背景，深入分析不同类型武器装备之间的相互关系和作用方式，合理确定武器装备系统的功能定位，科学制定武器装备的发展方向和技术解决方案。

体系背景下的装备型号需求论证将以装备体系需求为基础，从体系背景下的武器装备联合运用出发，从体系的任务要求中提取出装备型号自身的任务要求，从体系的运行过程中提取出装备型号之间的协同内容和方式，并将其作为装备型号需求论证的基本依据，以保证装备研制成功后能够有效融入武器装备体系。

1.5.2　装备需求论证方法的发展

装备需求论证方法的产生与发展，与运筹学、系统工程、系统分析、系统动力学、复杂系统理论等方法的发展与实践密切相关。装备需求论证方法经历了从简单到复杂、由零散到系统、由定性到定量再到多种方法综合集成的过程。世界各国武器装备发展需求的不同，不同国家装备需求论证方法的发展阶段也不完全相同，军事强国长期重视装备发展建设的科学性、系统性和前瞻性，装备需求论证方法体系相对比较完善，方法的复杂性与集成度往往较高；军事实力较弱的国家多采用引进外国军事装备的方式弥补本国武器装备的不足，装备需求论证方法的发展水平往往较低。总体看，世界各国装备需求论证方法的发展水平基本遵循了装备需求论证方法发展的一般规律，当前所处的发展阶段与本国的装备发展战略密切相关。下面重点介绍美国与我国装备需求论证方法的发展情况。

1. 美军确立了以体系结构框架为基础的装备需求分析方法论

IEEE STD 1471—2000（2000 年）将体系结构定义为"描述系统组成结构及其相互关系，以及指导系统设计与发展的原则"。体系结构设计方法作为一种重要的顶层设计方法，能够全面描述复杂系统的结构组成与相互关系，指导各类系统参与人员表达系统目标与需求，从而提高系统开发、设计与使用效率。体系结构框架是对体系结构设计方法的规范，是体系结构开发顶层的、内容全面的架构和概念模型，为构建、分类和组织体系结构提供指南与规则。由于体系结构通常仅针对特定的领域，并更加关注战略或全局方面的问题，为体系结构的发展演变提供指导，因此在不同应用领域，先后出现了多种体系结构框架标准。在民用领域，主要有用于指导美国联邦政府各个布局体系结构框架发展和板块体系结构开发的《联邦企业体系结构框架（FEAF）》《扎克曼框架》《开放组织体系结构框架（TOGAF）》《财经企业体系结构框架（TEAF）》《扩展企业体系结构框架（E2AF）》。在国防领域，美国国防部先后发布了《C4ISR 体系结构框架》和《美国国防部体系结构框架》系列标准，英国国防部颁布了《英国国防部体系结构框架 MoDAF》，北约发布了《北约体系结构框架（NAF）》，法国发布了《法国国防部体系结构框架 AGATE V3》，澳大利亚发布了《澳大利亚国防体系结构框架 ADAF》，以及挪威和瑞士的 MACCIS 等。

随着作战节点与功能的不断拓展，作战系统结构复杂性也越来越高，如何有效描述作战过程，实现作战系统之间的互连、信息互通和应用互操作日益困难，体系结构设计方法论以其多视角的系统分析、描述与关联，成为作战系统分析与建模的主要方法。20 世纪 90 年代，美军为了破除各军兵种之间信息系统的"烟囱"瓶颈，实现信息化作战系统互通、信息共享的要求，在联合作战需求的牵引下，将 C4ISR 作为一个整体系统按照系统互连、互通、互操作的要求进行统一的顶层规划与设计，先后制定了指导 C4ISR 系统顶层设计的《C4ISR 体系结构框架》1.0 版、《C4ISR 体系结构框架》2.0 版。随着体系结构设计方法在 C4ISR 系统的成功应用，美国国防部在 C4ISRAF 的基础上于 2004 年正式颁布了《美国国防部体系结构框架》1.0 版，用于指导美国国防部系统的体系结构设计与规划，并不断扩展优化，于 2010 年颁布了《美国国防部体系结构框架》2.02 版。

在美军武器装备采办领域，特别注重军事需求对装备发展的牵引作用，先后构建了"联合能力集成与开发系统（Joint Capability Integration and Development System，JCIDS）"、"规划—计划—预算制度系统（2003 年调整为规划-计划-预算-执行系统，PPBE）"和"国防采办系统（DAS）"3 大决策保障系统，分别从装备需求生成、资源经费约束和采办决策支持3 个方面，实现了美军基于能力的装备发展模式转变，保证了美国国防部采办工作的顺利开展。其中，JCIDS 作为提出作战需求与装备需求的主要系统，以体系结构框架为基本方法论，从武器装备的能力需求、作战需求、服务需求、系统需求、数据与信息需求等方面，实现了装备需求分析从能力需求到作战需求再到装备需求的有机分解与映射，促进了装备需求分析的科学合理性。

2. 我军初步形成了比较系统的装备需求论证方法体系

我国装备论证理论与方法的发展与我国武器装备发展方式密切相关。在我国武器装备引进购置、模仿研制和自主创新的不同发展阶段，装备论证的地位作用逐步增强，装备论证理论与方法体系也逐渐成熟完善。从装备论证理论与方法的发展特点看，可分为4个阶段。

（1）建国初期，由于武器装备匮乏、部队作战能力参差不齐、国防工业技术基础薄弱等原因，我国武器装备发展模式主要采用"引进购置"的方式，是典型的"拿来主义"政策，没有必要也没有时间进行充分的装备需求研究和发展规划，没有开展装备论证的需求，装备需求论证理论与方法研究基本处于"空白"状态。

（2）进入1960年以来，随着国防工业技术实力的提升，我国武器装备逐渐走上了"模仿研制"的发展道路，虽然开始考虑部队武器装备的使用需求，但是重点仍是将国外先进的武器装备作为我国武器装备发展的目标和方向，并依靠国外装备发展经验进行定性分析以确定我国武器装备的发展目标。该阶段已经形成了比较模糊的装备论证概念，能够主动开展一些论证研究工作，但是多是结合型号论证任务开展相关理论和方法研究，比较分散，系统性和连续性不强，侧重于定性分析，定量计算要求不高，并没有提出比较系统的装备论证理论和方法。

（3）进入20世纪80年代，随着总参谋部和各军兵种武器装备论证机构的相继成立，我国装备论证理论与方法发展进入了新的时期。专门研究装备论证理论和从事装备论证实践人员的出现，促进了装备论证理论与方法成果的大发展，使我国基本形成了以系统分析与逻辑推理为主要方法的装备需求论证理论和方法体系。特别是随着1998年总装备部的成立，装备论证工作的地位再次受到各军兵种部门的高度重视，纷纷加大了武器装备论证研究的力度和项目实践，产生了一大批装备论证理论和方法成果。该阶段已经初步形成比较完善的定性分析与定量计算相结合的装备论证理论与方法体系。例如，张明国等对宏观综合论证的类型、内容和方法进行了系统总结；赵全仁等系统总结了该阶段装备论证的理论与方法成果，有力地指导了装备论证的科学化和规范化水平；李明等从方法论角度系统分析了各类型装备论证的步骤、方法及其应用情况，建立了比较完善的装备论证方法体系；王良曦以装甲兵武器装备为例，系统提出了装甲兵武器装备论证的概念、分类、内容和方法，为开展装甲兵武器装备论证提供了比较系统的理论和方法支撑；杨利民针对指挥自动化系统的特点提出了指挥自动化系统作战需求分析的原则、内容、机制和方法，为我军作战需求分析与指挥自动化系统建设提供了有益的理论指导；杜汉华对装甲兵装备论证工作、武器系统作战使用论证、费效分析、发展论证等内容进行了系统归纳与总结；宋振铎系统总结了反坦克制导武器的论证内容、方法和程序，并出版了《反坦克制导兵器论证与试验》专著。

（4）进入21世纪，我军武器装备发展正逐渐进入"自主创新"发展的全新时期，"发展什么样的装备"成为武器装备发展面临的首要课题，武器装备论证作用的意义空前提高，装备需求论证理论与方法研究再掀高潮。特别是，美军陆军转型中明确提出了基于能力的装备发展建设思路，并发布了指导装备发展规划的体系结构框架标准，为处于"自主创新"发展期的装备论证理论与方法研究提供了很好的借鉴。为此，国内装备论证研究机构也积极借鉴美军体系结构框架研究经验，更加强调武器装备体系整体作战能力建设目标，有机协调装备体系与装备型号发展的相互关系，突出作战需求对武器装备发展的牵引指导作用，进一步丰富了装备需求论证理论与方法的相关内容，论证模式更加成熟，论证理论与方法体系更加完善，推动了装备论证的系统性、科学性和规范性。例如，张宝书在《陆军武器装备作战需求论证概论》中系统分析了陆军武器装备作战需求论证的一般规律、方法模型和支撑环境，提出了陆军作战能力和武器装备发展目标、体系结构、方向重点的分析方法，形成了比较完整的理论体系；王凯系统总结了宏观综合论证、型号研制论证和专项论证的内容、程序和方法，形成了比较系统的武器装备军事需求论证理论与方法体系；张兵志、郭齐胜等在《陆军武器装备需求论证理论与方法》中专门论述了装备需求论证的基本理论、需求分析及评估方法，为进行装备需求论证系统的柔性研究提供了扎实的理论基础。

另外，随着装备需求论证地位的不断提高，装备需求论证理论与方法的不断完善，装备需求论证研究过程也日益复杂，"如何提升装备需求论证质量和效率"成为装备论证机构普遍关心的重要问题。为此，多家研究机构按照系统工程要求，借鉴工程领域的管理实践经验，提出了装备需求论证工程化的概念。例如，王书敏等提出了武器装备研制作战需求工程的基本活动、内容及其方法论，为推动武器装备作战需求论证工程化提供了有益参考；郭齐胜、董志明等提出了装备需求论证工程化的基本概念和研究内容，并试图构建装备需求论证工程化系统，以提高装备需求论证的科学化和规范化水平；杨峰等以制造模式演化为参照系，提出了装备论证的机械化与信息化，试图从论证流程、论证资源、论证管理等方面提供工程化的方法与手段。

通过比较分析，可以发现美国由国防部主导，以 DoDAF 标准作为装备需求论证的方法论指导，装备需求论证的内容、程序和要求相对比较一致，有利于不同军兵种装备部门之间、不同装备需求论证部门之间的成果共享和相互理解。我国虽然有专门的装备需求论证管理机构，但缺乏对装备需求论证理论与方法指导的顶层设计，还处于"百花齐放、百家争鸣"的阶段，方法的普适性与互用性还须进一步加强。

3. 发展趋势

随着装备体系复杂性的不断提高，采用多种方法从定性与定量两个方面开展综合论证已成为装备需求论证方法的共识。以定性分析为基础，倚重定量分析模型，突出定量分析结果对装备需求论证结果合理性和置信度的决定作用，是当前装备需求论证方法论的重要特征。装备需求本质上反映装备在作战对抗过程中完成任务的要求，只有充分分析装备作战运用的动态关系和数量需求，才能比较准确地确定特定使命任务要求下的装备需求。随着仿真实验系统在装备需求方案验证与优化中的广泛应用，通过模型模拟装备的战术技术性能指标及其作战运用过程将成为验证和优化装备需求方案的主要方式。这都要求能够采用更加多样的定量分析方法，从武器装备的战术技术指标取值、装备数量、装备比例、装备种类等方面进行定量化的分析与判断。

1.5.3 装备需求论证流程研究

装备需求论证流程是围绕装备需求论证目标采取合适的方法与技术开展需求分析与评估的过程，是规范论证内容与控制论证质量的重要方面。要使装备需求论证流程规范、灵活，须实现装备需求生成内容、方法、标准与法规等各类论证要素的有机融合。由于装备需求论证指导思想和方法论的不同，因而装备需求论证流程往往具有较大的差异。装备需求论证流程成为影响装备需求论证质量与效率的重要因素。随着装备需求论证对象、目标与方法的日益复杂，要以信息网络为支撑来构建流程主导的装备需求论证组织管理模式，并通过系统的流程规划与优化，实现装备需求论证各种软硬件资源的有效配置和共享重用。这样，无疑将大大提高装备需求论证的质量与效率。

1. 美军建立了有机融合业务过程与管理过程的装备需求分析程序与机制

美军通过构建需求生成系统，形成了比较规范的装备需求生成机制。2003 年以前，美军长期利用需求生成系统（Requirement Generation System，RGS）确定军事需求，以军种为主导提出武器装备发展需求，实现了"自下而上"的军事需求生成程序。但是，由于机制和需求分析方法的原因，美国国防部对全军作战需求统筹力度不够，造成各军种武器装备之间重复建设，无法满足未来一体化联合作战需要。为此，美国国防部于 2003 年制定并颁发了参联会主席指令 3170.01 系列文件，提出了以国防部为主导的、"自上而下"的联合能力集成与开发系统，取代过去以军种为主导的"自下而上"的需求生成系统，如图 1-7 所示。

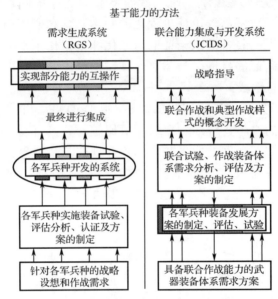

图 1-7　美军两种需求生成机制对比

2005 年，美国国防部进一步完善了联合能力集成与开发系统，更加突出联合能力需求的管理，确保装备"生而联合"。该系统贯彻了一种基于能力的方法和程序，通过美国参联会、各军兵种及国防部长办公厅的合作，应用多种有效可行的分析方法和技术生成一体化联合作战所需要的各种能力，从而充分实现各军种之间的互联、互通和互操作性。

联合能力集成与开发系统分析过程由功能领域分析（Functional Area Analysis，FAA）、功能需求分析（Functional Needs Analysis，FNA）、功能解决方案分析（Functional Solutions Analysis，FSA）和事后独立分析（Post Independent Analysis，PIA）4 个结构化步骤组成。在联合概念体系指导下，采用基于能力的军事需求分析方法，完成军事能力差距与能力需求的分析，给出覆盖联合条令、机构、训练、装备、领导和培训、人员及设施等全领域的非装备方案建议（DOTMLPF），进而以此为基础提出联合能力开发方案。联合能力集成与开发系统分析过程如图 1-8 所示。

依托联合能力集成与开发系统，不仅规范了美军装备需求分析的流程、步骤与方法，健全了装备需求生成的相关法规制度，而且明确了装备需求分析各领域部门的职责与协同方式，推动了美军装备需求生成的科学化和规范化水平，提高了美军装备需求生成的质量与效率。

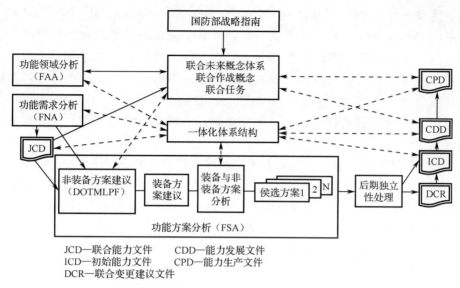

JCD—联合能力文件　　CDD—能力发展文件
ICD—初始能力文件　　CPD—能力生产文件
DCR—联合变更建议文件

图1-8　联合能力集成与开发系统分析过程

2. 我军以标准法规为基础开展了广泛的装备需求论证业务流程的研究

我军虽然具有完备的装备需求论证管理程序和制度，但是缺乏支持装备需求方案生成的业务流程。为此，以装备需求论证标准法规为基础，以装备需求论证方法为指导，国内研究机构开展了比较广泛的装备需求论证流程优化研究，为提高装备需求论证活动的有序性提供了有益借鉴。

1）制定了一系列论证标准，规范了论证的内容与相关要求

丰富、完善装备论证标准体系是推动装备论证规范化水平、提高装备论证质量与效益的重要手段。装备论证标准既是指导装备论证工作科学有序开展的重要依据，也是科学衡量装备论证成果质量的基本标准，在装备论证研究中具有重要的作用。装备论证标准化的工作将着重对装备论证的内容、过程、方法和成果形式等进行标准化，以便于装备论证人员能够遵守统一的装备论证规范，有序开展互相可以理解的具体工作。我国武器装备发展部门也非常重视装备论证标准的制定工作，逐步建立了比较完善的装备论证标准体系，包括通用类论证标准、专业装备论证标准两类。近年来，为适应武器装备的发展要求，进一步增强标准规范的指导作用，强化装备论证的规范性与科学性，装备综合计划部门牵头重新梳理并制定了装备论证标准草案，包括《武器装备作战需求论证》《武器装备发展战略论证》《武器装备建设规划计划论证》《武器装备研制立项综合论证》《武器装备研制总要求论证》等标准，并正式颁布实行了《武器装备作战需求论证》标准。

当前已经颁布或即将颁布的装备论证标准，规范了各种类型装备论证任务的目标、依据、内容、重点和可采用的方法，并从任务管理的角度规范了装备论证的工作程序，推动了装备论证的科学化和标准化，提高了装备论证的质量与效益。

2）围绕装备需求论证过程优化，开展了比较广泛的研究探索

由于我国长期以来主要根据国外先进武器装备战术技术指标，在考虑我军条件的基础

上进行装备需求分析，这样不仅缺乏必要的方法体系和论证机制，还缺乏清晰的论证流程，也没有形成实用的需求产生系统。罗军等人提出军事需求论证过程包括分析问题、形成方案、仿真模拟、评价方案、综合审查、确定需求 6 个步骤，具有装备需求论证过程的一般性，但是对于装备需求论证的内容、方法和约束描述不明确，也比较难以有效指导形成规范化的装备需求论证流程。王书敏等人按照相关问题分析、能力需求分析、装备需求分析、方案形成与评价 4 个阶段构建了陆军武器装备作战需求论证流程模型，比较粗略地描述了装备作战需求论证的主要环节，但是部分环节研究的内容还比较复杂，可操作性较差，各环节的内容要求也还有待于进一步明确。李巧丽等人根据使命—任务—能力—装备的相互关系，提出了需求分析、提出方案与方案评估的装备需求论证基本模式，该模式是装备需求论证流程的基本过程分析，缺乏对装备需求论证思想、内容、方法和约束等方面的分析与研究。于洪敏等人基于能力思想提出了武器装备体系需求生成的基本过程模型，明确提出将装备需求生成过程分为作战任务分析、能力体系需求分析和装备体系需求分析 3 个基本步骤，但是对需求验证与评估、装备型号需求论证、装备需求论证流程环节的方法、内容与要求等还需要进一步研究，该模型不能有效支撑装备需求论证系统对装备需求论证流程建模的要求。王凯等人按照发展战略、装备体制、规划计划、研制立项、研制总要求、专项论证的分类，分别提出了不同类型任务的军事需求论证过程，各类需求论证流程反映了相应类型论证任务的特征，但没有总结归纳出军事需求论证的普遍规律，还没有形成比较规范的装备需求论证过程，不能适应多样化应用需求对装备需求论证流程的规范性要求。李明等人将发展战略需求论证分为军事威胁分析、作战能力分析、装备现状分析、需求预测分析 4 个步骤，并提出了各个步骤的预测内容和步骤；将装备型号需求分析分为作战需求分析和装备需求分析两个方面，用于牵引装备型号作战使用性能论证、型号系统综合论证和战术技术指标论证，但是由于仅仅将需求论证作为装备论证大系统的"部分"内容，并没有对需求论证各个步骤的具体内容、方法进行深入分析，也没有有效协调发展战略需求论证与装备型号需求论证的内在联系，不符合当前联合作战条件下武器装备体系化的发展论证要求。张宝书等人将作战需求论证过程分为 7 个步骤，包括基本依据分析、军事形势分析、作战任务和能力需求分析、装备需求目标分析、装备体系需求分析、装备需求重点分析、装备结构需求分析，作战需求论证过程比较清晰，但是缺乏对各论证环节内容、方法和信息资源的研究，不能有效支持装备需求论证流程规范性要求。陈国柱等人借鉴美军 JCIDS 及其实施经验，提出了基于作战任务形式化描述和作战能力量化的武器装备体系作战需求分析框架，从宏观层面明确了武器装备体系作战需求分析的主要内容及其逻辑关系，但是流程描述粒度较粗，各步骤的规范化程度低，不能有效支持装备需求论证系统柔性流程的构建。

3. 比较分析

美军以体系结构框架标准和 JCIDS 工作程序为依托，逐步形成了融业务过程与管理过程为一体的装备需求论证程序，装备需求论证组织实施规范性较高。

我国装备需求论证管理部门历来比较重视装备需求论证结果，而忽视了对装备需求论证程序的约束与管理，没有形成比较明确的、可用于指导装备需求论证业务实践的流程模型。在装备需求论证研究机构中，虽然开展了广泛的装备需求论证程序研究，但是在装备需求描述方式、描述结构和描述顺序上存在较大的差异，尚没有形成比较权威的装备需求论证生成程序，严重制约了装备需求论证过程的规范性与科学性。

1.5.4 装备需求论证信息资源的建设情况

装备需求论证信息资源是指支撑装备需求论证工作的各类数据，包括支撑论证的基础数据、装备论证过程中产生的中间数据和装备需求方案数据等，是开展装备需求论证的必要基础。利用丰富、全面、翔实、准确的装备需求论证数据资源，能够大大提高装备需求论证效率，提高装备需求论证成果的质量和可行性。特别是，装备需求论证采用定性与定量相结合的方法且更加注重定量分析方法，更加凸显了装备需求论证数据对定量分析的支撑作用。

1. 国外装备需求论证信息资源的建设情况

美军从 20 世纪 60 年代开始了信息资源管理的研究与建设工作，先后经历了数据管理、信息资产管理和信息管理 3 个阶段，逐步形成了比较完善的国防信息资源管理制度和丰富的国防信息资源数据库。美军推行"自上而下"的信息资源标准建设制度，即由国防部首先发布网络中心数据战略，确定元数据控制方针，并制定一套军事元数据标准规范；然后由各军种部队制定相应的军种数据标准规范。美军在 2003 年发布的《网络中心数据战略》中明确指出，必须通过元数据控制来实现军事信息在特定范围内"可见、可检、可理解"的目标，并在随后发布的《国防部信息资源解释元数据标准》中明确定义了军用元数据的核心元数据模型和扩展元数据模型，有力地保证了美军信息资源的一致性和可理解性。美军 2000 年启动全球信息栅格（GIG）军事信息基础设施项目的目的是在恰当的时间、地点，将恰当的信息以恰当的方式交给恰当的信息需求者，并通过天基、空基、陆基、海基信息系统集成，把全球部署的美军作战人员与武器系统联系起来，以确保美军获取信息优势和决策优势。在此框架下，陆军部队通过实施陆军网络中心数据管理项目（ANCDMP）制定了适用于陆军自动化系统、实践运用、数据交换、数据库、记录文件管理及信息传输中的数据标准，实现了整个陆军范围内各组织与系统之间的顺畅传输与交换。在此基础上，美国政府又于 2012 年 3 月 30 日出台了《大数据研发倡议》，将大数据研发上升为国家战略，试图将美军的信息优势提升为认知优势，进一步提高美军的决策和行动优势。

在各军种信息资源建设的基础上，针对装备需求领域的信息资源需求，美军也开发了一系列的知识库和资源库系统。在体系结构研究方面，美国国防部开发了体系结构知识库系统（DARS），作为 DARS 的子系统，陆军开发了体系结构知识库管理系统（AARMS），海军开发了一体化体系结构数据库，促进了体系结构知识开发、集成及确认的一体化。美军在 C4ISRAF1.0 中定义了 9 种通用参考资源，包括核心体系结构数据模型（CADM）、信息系统互操作等级模型（LISI）、联合作战体系结构（JOA）、通用联合任务清单（UJTL）、国防数据字典系统（DDDS）、联合技术体系结构（JTA）、技术参考模型（TRM）、国防信息基础设施通用操作环境（DIICOE）及共享数据环境（SHADE），其中 LISI、CADM、DDDS支持作战视图、系统视图和技术视图，UJTL、JOA 主要支持作战视图，JTA、SHADE 主要支持技术视图，DIICOE、TRM 既支持系统视图也支持技术视图。通过信息资源数据标准及资源库的建设，美军逐步形成了比较完善的军事信息资源内容体系和丰富的信息资源，并通过网络中心计划形成了规范的信息资源共享机制，在提高信息资源重用能力、装备论证工作效率等方面起到了重要作用。

2. 国内装备需求论证信息资源建设情况

我国装备需求论证数据资源建设是随着装备需求论证实践的要求而逐步建立起来的，不同的装备论证机构根据自身的论证目标与要求，结合本军兵种或本部门的装备特征，构建了能够支持本单位装备需求论证的数据资源库，在一定程度上支持了本单位装备需求论证项目的顺利开展，如某装备技术研究所建立的《××装备战术技术指标库》等。但是由于缺乏顶层规划和综合统筹，以及装备论证部门和各军兵种的业务条块分割，没有形成统一的装备需求论证数据资源体系，不同资源库中数据标准不一致、数据来源可靠性差、数据取值不一致，造成各种数据资源往往难以共享，流失和浪费现象严重，不能满足装备需求论证的工作要求。为此，我军装备论证总体管理部门于 2012 年联合军内 20 余家单位开展了装备论证数据建设的需求分析，形成了相关的需求分析报告，并以"×××数据工程""××信息系统需求工程"建设成果为基础，重点开展了 11 个装备论证专用数据库和 6 个共用数据库建设，并按照积极稳妥、渐进提高的原则，制定了我军装备论证数据资源的"三步走"战略，即 20××年前为顶层设计与基础建设阶段，实现顶层技术设计、数据法规和标准体系框架构建、数据资源库系统构建等目标；20××年前为完善提高和深化应用阶段，建成全军装备论证数据中心和综合管理平台，建立完善的数据管理和共享交换机制等；20××年后为综合利用和持续发展阶段，持续优化装备论证数据资源体系，构建满足装备联合论证工作需要的数据综合应用和共享交换环境，促进我军装备论证模式转型和能力提升。

3. 比较分析

我国装备需求论证信息资源建设起步较晚，信息资源成果的系统性、完整性、通用性与共享能力还不能适应装备需求论证的应用需求。与美军相比，我军装备需求论证信息资源建设还存在比较明显的差距，缺乏明确、清晰的顶层规划和总体协调机构，导致装备需求论证信息资源重复建设且难以共享重用，主要表现为资源需求内容不一致、资源描述结构不一致、资源分类方式不一致、数据结构定义不一致，以及装备需求论证资源的重复建设，导致装备需求论证资源管理、维护难度大，并且无法共享和重用，造成装备需求论证资源建设的巨大浪费。

未来以元数据模型为基础，构建装备需求论证信息资源体系和存储结构，实现"以数据为中心"的需求开发、管理与重用能力，将是装备需求论证信息资源建设的主要方向。

1.5.5 装备需求论证系统研究

功能丰富、使用方便、科学有效的装备需求论证工具是提高装备需求论证水平和质量的重要保证，也是规范装备需求论证活动、提高装备需求论证标准化水平的重要依托。

1. 国外装备需求论证系统的开发与应用情况

国外装备需求论证多采用体系结构的方法，以美国国防部体系结构框架、英国国防部体系结构框架、北约体系结构框架等为基础，采用商用软件进行体系结构模型开发，并将之与体系结构开发资源和需求管理系统集成，形成比较完善的装备需求论证系统。下面介绍美国装备需求论证系统的开发和应用情况。

美国实施"需求革命"以前，美军主要采用联合C4I项目评估工具（JCPAT）进行装备需求的开发与评估。随着联合能力集成与开发制度的建立，美国逐渐建立起了比较完善的装备需求论证系统。该系统由一系列支持工具和系统组成，包括国防部体系结构数据库系统（DARS）、知识管理/决策支持系统（KM/DS），以及商用软件公司开发的体系结构建模工具等，如图1-9所示。利用这些工具集，美军能够顺利完成装备需求论证的大部分工作。

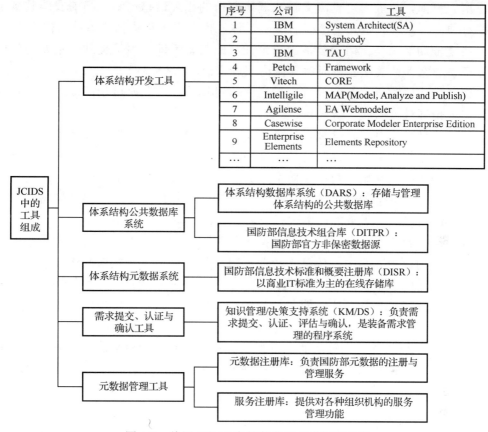

序号	公司	工具
1	IBM	System Architect(SA)
2	IBM	Raphsody
3	IBM	TAU
4	Petch	Framework
5	Vitech	CORE
6	Intelligile	MAP(Model, Analyze and Publish)
7	Agilense	EA Webmodeler
8	Casewise	Corporate Modeler Enterprise Edition
9	Enterprise Elements	Elements Repository
…	…	…

图1-9 美军JCIDS中的装备需求论证工具集

美军通过对国防部体系结构框架的不断完善，为装备需求开发规定了统一的产品，即作战视图、能力视图、系统视图等产品，并指明了不同视图产品的开发内容和开发顺序，为形成规范的装备需求论证程序奠定了基础。不管采用哪种体系结构建模工具，都必须能够支撑生成相应的视图产品。另外，美军通过体系结构核心数据模型（CADM）和元数据模型，进一步增强了视图产品之间的数据共享和重用能力，特别是在"以数据为中心"战略的不断推进下，所有入围的体系结构建模工具都必须采用相应的数据元模型标准，并支持生成相应的视图产品。同时，美军国防部结合陆军、空军、海军、海军陆战队等作战力量的建设需求，构建了丰富的体系结构开发数据库，为支持体系结构建模工具进行规范、高效的装备需求分析与评估提供了有力的工具支撑。

JCIDS工具集的这些特点保证了不同组织采用不同工具开发的体系结构产品能够实现很好的相互理解和共享，并保证视图产品开发的一致性。同时，由于体系结构框架的"适用"原则及视图之间的松耦合特征，允许装备需求论证人员随需选取合适的视图产品进行特定的装备需求论证，使得 JCIDS 工具集具备了适应不同任务的柔性。

2. 国内装备需求论证系统的开发与应用情况

根据我国装备论证理论的发展情况和装备论证实践的现实需要，不同单位分别从不同角度提出了支持装备论证或装备需求论证的应用软件，也在各单位完成相关任务中发挥了一定的作用。目前，从国内可查阅文献和调研获得的相关信息可知，当前我国装备需求论证工具既有独立开发、具备知识产权的国产软件，也有引进和仿制的体系结构建模工具。

（1）决策辅助类工具：用于装备需求论证（或装备论证）决策辅助，主要提供资料与方案的管理、方案评估等功能，而对具体论证过程研究较少。

（2）综合集成研讨类工具：偏重于对集成研讨体系结构和研讨功能的设计与实现，缺乏对装备需求论证过程的深入研究。

（3）仿真论证类工具：以某武器装备国防科技实验室为代表的各类装备需求论证（或装备论证）仿真系统，侧重于从装备体系（或装备）的作战行动效果提出和优化武器装备需求方案。这类系统的突出优势在于对需求方案的探索性仿真评估与优化。运用这类系统并不是提出装备需求方案的好方法。为了提出好的装备需求方案，还要从装备需求产生的本质需求出发，研究装备需求的产生过程及其产生结果。

（4）体系结构建模类工具。以体系结构思想为指导的建模工具，可以对需求的产生过程进行比较深入的分析。其中，信息系统业务流程结构建模工具是依照电子政务业务流程标准开发的，不适用于军事体系开发；国防科技大学研制的 C4ISR 体系结构产品工具和武器装备体系结构描述工具具备比较简单的视图绘制功能，属于原理性的演示系统，多集中于需求描述阶段，对装备需求论证的过程研究有待于进一步深入研究；IBM 公司的 System Architect 和 Raphsody 软件分别采用面向过程的分析方法和面向对象的分析方法支持装备体系结构的开发，目前在军内外装备需求论证和研制部门得到了广泛应用；TD-CAP 和 ArchModeler 为国内软件公司仿制的、面向过程的体系结构建模工具，功能与 System Architect 中的体系结构建模模块基本类似，已在部分单位进行了推广试用。

目前，基于体系结构进行装备需求论证正逐渐得到国内广大论证机构的认同，但是由于中美装备需求论证机制的不同和建设基础的差异，美军广泛采用的 System Architect 和 Raphsody 并没有在国内装备需求论证领域发挥应有的作用，其应用效果也正在经受着广泛质疑。究其原因，主要包括 4 个方面：一是装备需求论证业务流程与美军明显不同，System Architect 和 Raphsody 中缺乏对装备需求论证业务流程的清晰定义；二是缺乏顶层的装备需求产品定义，导致不同类型、不同装备的需求描述差异较大；三是缺乏底层的装备需求元数据支撑，导致装备需求数据难以共享重用和相互理解；四是缺乏必要的体系结构数据资源，导致体系结构建模困难重重，效率低下。

3. 比较分析

通过对美军 JCIDS 工具集的研究发现，美军以体系结构框架规范为基础，通过不同视图产品规范了装备需求论证的内容及其逻辑关系，通过核心数据结构模型（CADM）和元数据模型实现了装备需求论证信息资源的共享重用，从数据交互层为不同软件工具的集成提供了比较清晰的接口定义，保证了 JCIDS 相关工具软件的可组合性。JCIDS 工具集已经形成了一种流程耦合松散、模块功能内聚的柔性化应用模式，基本满足了多个层次、多个军兵种装备需求论证的要求。

与美军 JCIDS 相比，不管是采用传统的方法论，还是基于体系结构的方法论，我国装备需求论证系统的建设水平都存在较大差距。从总体水平看，当前国内已经开发并投入运用的装备需求论证系统受技术体制、需求观念等因素的制约，其灵活性相对较差，不能满足日益"个性化"的装备需求论证实践需求，主要表现在以下 5 个方面：一是缺乏对装备需求论证流程的清晰定义，导致装备需求论证操作困难；二是系统功能受限，仅能完成有限数量的装备需求论证功能，缺乏对完整功能体系的有效支撑，不能满足装备需求论证的主要功能要求；三是系统可扩展性差，不能满足装备需求论证对象的变化需求和装备需求论证人员的应用需求，由于系统构建技术的制约，往往也比较难以采用增加功能模块的方式扩展系统的功能和用途；四是系统适应性差，系统功能设计与军兵种领域紧密耦合，不同领域装备需求论证方法的差异性导致系统无法适应其他军兵种领域的装备需求论证要求；五是系统体系结构僵化，多以集中式结构为主，无法适应联合作战背景下武器装备体系化发展对装备需求论证提出的联合论证需求，不利于装备需求论证机构与人员之间的交互与协作，不能适应日益广泛的装备需求联合论证要求。

第 2 章 装备需求论证系统柔性设计的基本理论

　　科学理论是对丰富社会实践经验的系统归纳与总结，并指导社会实践迈向更高的层次和水平。装备需求论证系统作为开展装备需求论证实践的基础性环境，对提高装备需求论证实践的科学化水平和工作效率具有重要的支撑作用。如何满足多样化的装备需求论证目标、对象与用户需求，是研制开发装备需求论证系统的关键。为此，着眼于适应多样化的装备需求论证应用需求，以柔性理论为基础，开展装备需求论证系统柔性设计理论研究，包括装备需求论证系统柔性特征、柔性设计内容与框架等，是深入开展装备需求论证系统柔性设计方法研究的理论基础。

2.1 装备需求论证系统的柔性

2.1.1 基本概念

"柔性"一词最早出现在制造领域，使用"柔性制造系统"来表示制造系统适应各种制造需求的能力。为了有效改变刚性制造系统工艺固定、设备固定、可制造产品种类单一的不利局面，适应产品需求的多样化要求，在制造领域尝试借助计算机技术建立柔性制造系统，来提高制造系统及其部件对产品多样性和系统内外部各种变化和不确定性因素的适应能力。目前，柔性已被认为是一种适应变化的能力，并广泛应用于生产、物流、决策、仿真等领域。例如，工作流柔性是指流程运行过程中解决各种意外情况的能力；供应链柔性是指以客户为中心、以知识与资源共享为手段，能够对内外市场做出快速调整的能力。在软件工程领域，柔性被定义为在外界环境的作用、刺激和驱动下，软件在保证基本特征稳定的情况下其功能能够平稳、协调变化的性质，可以帮助解决一定范围内软件需求动态变化引起的软件开发问题，其研究重点是如何通过软件系统设计解决用户需求动态变化的问题。

装备需求论证系统作为一种服务于装备需求论证业务应用的软件系统，具备软件系统柔性的一般特征，能够适应装备需求论证系统外部环境的变化，满足装备需求论证业务应用需求。为此，装备需求论证系统柔性可以定义为装备需求论证系统适应装备需求论证任务、环节、信息资源和流程动态变化的能力，即当装备需求论证任务、环节、信息资源、流程发生调整或改变时，装备需求论证系统通过调整系统的业务流程、功能组合和支持数据，满足装备需求论证任务要求和内容变化的能力。

装备需求论证以装备需求论证人员的创新思维和战略思维能力为基础，强调装备需求论证人员的智力创造，其支持系统应为一种在丰富知识资源支持下的辅助决策系统。为此，对装备需求论证系统柔性的理解可重点把握以下4个方面：

（1）面向不确定性问题。装备需求论证目标是在装备需求论证相关标准法规约束下的确定性问题，但是装备需求论证的研究过程及其信息需求是不确定性问题。装备需求论证系统柔性设计的根本出发点就是装备需求论证应用的不确定性问题。装备需求论证系统柔性应能够在一定范围内解决装备需求论证应用的不确定性问题。装备需求论证系统的柔性与不确定性问题的关系可用图2-1表示。

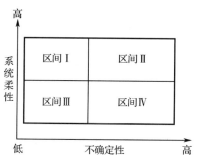

图2-1 装备需求论证系统的柔性与不确定性问题的关系

（2）快速适应变化。快速适应变化是装备需求论证系统柔性的具体体现，也是装备需求论证系统柔性设计研究的根本目的。由于论证对象、过程、要求及人员行为等方面的差异，装备需求论证系统往往具有多种应用模式，不同的应用模式往往需要由不同的业务过程模型及其支持软件进行支撑，大大增加了装备需求论证系统构建和维护的难度。一个具备柔性特征的装备需求论证系统应该能够满足上述应用需求变化引起的系统功能变化，快速形成支持装备需求论证应用的软件功能流程和模块。

（3）灵活重组知识。知识驱动是现代业务系统解决复杂业务问题的基本特征，也是装备需求论证系统必须具备的基本功能。面对装备需求论证研究对象和研究方法复杂程度的日益提高，装备需求论证系统不仅应具有丰富、可用的装备需求论证知识资源，还应能够围绕装备需求论证应用模式的变化快速进行知识重组，满足变化的装备需求论证业务活动知识需求。

（4）创造超预期价值。柔性系统是着眼于未来不确定性问题的解决方案，系统潜在的功能与用途远远超出了刚性系统有限范围的应用要求。当面临变化的应用需求时往往不需要调整系统的功能或重新进行系统设计与开发，从而可有效避免资源浪费，也可提升效率，为装备需求论证组织创造更大的价值。

2.1.2　主要特征

作为能够满足多种类型、多种应用需求的装备需求论证系统，其柔性可归纳为两个方面，一是系统整体的可变性，即以系统流程和信息资源的"变"化解应用需求的"变"；二是系统基本元素的不变性，即以系统基本功能模块和底层数据模型的"不变"化解应用需求的"多变"。具体包括 4 个方面。

1. 易变性

易变性就是指用较小的代价实现装备需求论证系统形态的变化，是表征系统能否"变化"的特征。当应用需求发生变化时，系统应能够在不重新进行编码和编译的情况下，实现装备需求论证业务流程、模块功能和信息资源的重组与优化，满足装备需求论证应用模式的变化需求。例如，在进行不同论证类型的论证（发展战略需求论证、体制需求论证、规划计划需求论证、型号需求论证等）任务时，系统应允许用户通过参数的设置改变系统的功能流程，满足相应类型的论证应用需求。当进行相同类型的装备需求论证时，系统应允许用户采用由不同论证环节组成的论证流程来完成论证任务。

2. 适应性

适应性是指利用装备需求论证系统的柔性可以满足应用需求变化的程度，表征了装备需求论证系统柔性的"有效度"。软件系统结构、模块功能、信息数据结构往往具有特定的形式和关系，而应用需求具有不可预测的灵活性与多变性，这是制约装备需求论证系统柔性适应性的一对矛盾。为此，必须采用合适的软件系统架构技术和程序模块化技术，在保证论证业务功能的基础上，尽可能提高装备需求论证系统的柔性适应性。例如，当同一类型论证任务采用不同的论证流程时，系统应具备对这种需求变化的适应能力。

3. 平稳性

平稳性是指装备需求论证系统基于应用需求变化调整后，系统功能模块和数据模型的基本特征应保持不变，表征了装备需求论证系统组成元素在柔性变化后的有效程度。例如，在不同的应用需求中，组成论证流程的环节发生了变化，部分环节同时出现在不同的论证流程中，但是环节的数据需求及其数据格式发生了变化，应保证该环节在不同流程中能够有效工作。

4. 可控性

可控性是指装备需求论证系统的柔性变化应在系统设计者的可控范围之内，即系统柔性变化是具有约束条件的相对柔性，而非"无边无际"的绝对柔性。例如，面向不同应用模式进行流程构建时应在规则的指导下进行；否则，系统可拒绝用户的柔性变化请求。

2.1.3　一般分类

不同领域不同类型的系统柔性有不同的分类方式，与具体研究对象的特征与运行规律密切相关。例如，约翰·舒卡克和科林·莫迪通过广泛的归纳总结将柔性分为操作柔性、范围柔性、反应柔性、行为柔性和状态柔性。根据供应链系统的柔性要素，将供应链柔性分为市场柔性、物流运作柔性、供应柔性、信息柔性和组织柔性等。生产制造系统的柔性分为机器柔性、人员柔性、物料运输方式柔性、选路柔性、操作柔性、扩张柔性、产量柔性、混合柔性、新产品柔性和变更柔性10类。就装备需求论证系统而言，其柔性也可以从不同的视角进行分类，主要包括以下几种。

从柔性的产生机制区分，装备需求论证系统的柔性包括外部柔性和内部柔性。外部柔性主要由装备需求论证系统外部环境或用户需求的变化引起，反映了装备需求论证系统适应外部变化的能力。内部柔性主要由装备需求论证系统内部功能模块和信息资源的变化引起，反映了装备需求论证系统内部模块的柔性及信息资源重组的能力。外部柔性是驱动系统内部柔性的动力，通过内部柔性的实现形成外部柔性能力。

从面向用户的角度区分，装备需求论证系统柔性包括方法柔性、信息柔性、流程柔性、配置柔性和任务柔性5种，其基本关系如图2-2所示。方法柔性从装备需求论证基本活动的角度，反映装备需求论证功能对基本活动所能采用方法的适应性能力；信息柔性从装备需求论证信息资源的角度，反映装备需求论证信息资源在不同应用模式中对装备需求论证基本活动及整体活动的信息支持能力；流程柔性从装备需求论证过程的角度，反映装备需求论证系统在满足不同应用需求时灵活构建流程的能力。配置柔性从软件系统物理结构的角度，反映装备需求论证系统可采用不同配置方式的能力，如集中式配置、分布式配置、多中心分布式配置等。任务柔性从装备需求论证任务类型的角度，反映装备需求论证系统可以支持的装备需求论证任务类型，如发展战略需求论证、体制需求论证、规划计划需求论证、型号需求论证和专项需求论证等。在这几种柔性中，方法柔性和信息柔性是基础，配置柔性和流程柔性是关键，任务柔性是目标。

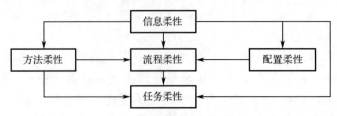

图 2-2 装备需求论证系统柔性分类及其相互关系

从柔性的潜在用户区分，装备需求论证系统柔性包括面向业务人员的柔性和面向开发人员的柔性。面向业务人员的柔性主要是指在面对不同应用需求时装备需求论证系统可被业务用户修改的能力，通常可以通过论证类型的设定、论证流程的规划或相关系统参数的设置，改变装备需求论证系统的主要功能和信息资源模型，其主要对象是利用装备需求论证系统进行论证业务分析的论证人员；面向开发人员的柔性主要是指装备需求论证系统的可扩展性和二次开发能力，允许系统开发人员在出现新的需求时，能够在尽可能保持原有系统架构的基础上进行相关功能的扩展或增加，避免软件系统的从头设计和重新开发，其主要对象是装备需求论证系统的设计人员。

2.1.4 影响因素

装备需求论证系统的柔性是在有限范围内的相对柔性，是多种影响因素共同作用的必然结果。

（1）业务活动的稳定性。正处于快速成长状态的行业往往没有固定的业务模式，新的、更加成熟的业务模式层出不穷，业务的创新性远远大于业务的稳定性，支持此类业务的计算机系统往往不可能具备较强的柔性；而业务模式逐渐成熟的行业，其业务活动的目标、内容、特征和方法都形成了比较成熟的模式，表现为相对比较固定的业务组成和运行方式，所构建的计算机系统往往比较容易满足多种业务需求的计算机支持功能。因此，在进行装备需求论证系统构建时，装备需求论证业务的稳定性程度将直接影响装备需求论证系统柔性变化的能力，包括应用模式、信息结构、论证流程、论证方法等方面的变化能力。

（2）系统设计人员水平。计算机支持的业务系统本质上反映了业务系统自身的要素关系及运行规律，是系统设计人员对业务系统认知结果的计算机描述。计算机支持的业务系统适应变化的能力，与系统设计人员认知变化并清晰地描述变化的能力密切相关。对业务柔性的认识越深刻，设计出的计算机系统越有可能具有更高的柔性。提高系统设计人员认知能力的关键是缩小系统设计领域与业务领域之间的鸿沟，而在实际的系统构建中，系统设计人员往往难以完全跨越这种鸿沟，必然导致系统功能及其柔性能力大打折扣。装备需求论证系统柔性水平的高低也同样受制于系统设计人员对装备需求论证业务类型及其活动规律的认知水平。

（3）软件系统实现方案。软件技术的飞速发展促进了软件系统应用需求的实现。软件系统从集中式逐步发展到分布式，从紧耦合的绑定式逐步发展到面向服务的订购式，对于实现软件系统的功能实现和柔性配置起到了关键支撑作用，但是应用需求的不可预测性往往会使现有的信息技术及其实现方案捉襟见肘。装备需求论证系统的结构、功能实现和数据模型都制约着装备需求论证系统的柔性。如果采用合适的系统结构技术、功能模块化技术和数据共享模型，系统的柔性将大幅提高，甚至超出系统设计人员的预期柔性水平；反之，则使系统的柔性大打折扣，甚至不具备基本的柔性特征。

2.1.5 度量标准

装备需求论证系统的柔性被定义为适应变化的能力。人们对系统柔性的理解视角具有多样性，往往难以准确把握系统的柔性。为了更好地衡量装备需求论证系统的柔性，通常可从敏捷性、有效性和稳定性3个方面进行研究。

（1）敏捷性：指装备需求论证系统是否具有对装备需求论证应用需求变化做出响应的能力，是对装备需求论证系统柔性范围的界定。

（2）有效性：指装备需求论证系统对装备需求论证应用需求变化做出响应的快慢及其好坏程度，是对装备需求论证系统柔性能力大小的界定。

（3）稳定性：装备需求论证应用需求变化时，装备需求论证系统各项功能保持正常工作的能力，是对装备需求论证系统可靠性的界定。

2.2 装备需求论证系统柔性设计

以构建具备一定柔性的装备需求论证系统为目标，以装备需求论证业务功能需求为基础，开展装备需求论证系统柔性设计研究，主要包括设计目标、设计理念、设计内容、设计原则、设计依据、设计步骤等内容。

2.2.1 设计目标

装备需求论证系统柔性设计不同于一般意义上的系统设计，它以装备需求论证系统设计为基础，其主要目的是增强装备需求论证系统满足不同应用需求的柔性，其设计重点是采取合适的方法实现装备需求论证系统数据、功能与业务逻辑的灵活配置和按需组合。因此，装备需求论证系统柔性设计目标可归纳为以下方面。

（1）在内容上，设计提出统一的装备需求描述模型。

装备需求论证的具体内容规定了装备需求论证"能做什么"与"不能做什么"，是装备需求论证研究的重点，必须进行全面并有针对性的分析研究。长期以来，由于各军兵种装备需求论证部门发展水平不均衡，不同类型装备的需求论证重点、方法不统一，所以不同装备需求论证部门提出的装备需求论证方案具有较大差异。装备需求论证系统柔性设计的基础就是规范装备需求论证内容的要求组成和相互关系，构建装备需求论证工作模板，明确装备需求模型组成和描述方式，确保各军兵种领域装备需求论证人员能够对装备需求论证内容具有相对统一的理解与认识，确保装备需求论证结论具有较高的可比性，提高装备需求论证的规范性，为设计具备一定柔性的装备需求论证业务模型奠定基础。

（2）在流程上，适应不同应用需求功能流程的灵活构建。

流程是组织管理体系的核心，决定着组织的价值。好的战略仅能保证组织做"正确的事情"，并不能保证组织"正确地做事"，而流程通过对组织战略的分解与细化，有机协调组织战略不同层次目标的实现途径与方法，可以确保企业"正确地做事"。装备需求论证系统柔性设计的关键就是要梳理装备需求论证的典型业务流程，分析装备需求论证业务流程的变形特征，研究装备需求论证业务流程的柔性构建方法，建立能够适应多种应用需求的装备需求论证流程规划方法和规则，为实现装备需求论证系统的功能柔性提供支撑。

（3）在数据上，以数据元模型为基础实现知识共享重组。

装备需求论证是多学科、多领域交叉的综合系统工程，不同学科领域的装备需求论证数据在数据结构、描述方式、描述粒度和描述视角上都存在较大差异，这是制约装备需求论证信息资源有效重用和快速重组的核心因素，也是影响装备需求论证系统柔性的关键因素。通过装备需求论证系统柔性设计，建立装备需求论证数据元模型，统一装备需求论证数据的要素组成和相互关系，定义装备需求论证数据的描述结构和描述方式，研究面向不同应用需求业务流程的数据重组和集成方法，提高装备需求论证系统数据模型的适应能力，满足多样化装备需求论证应用需求。

（4）在应用上，快速响应多样化的装备需求论证应用需求。

适应外部环境的快速变化是装备需求论证系统柔性设计的根本目标，也是应对种类繁多、形式灵活的装备需求论证应用实践的根本措施。不管是装备需求论证模型与数据的统一描述，还是装备需求论证流程的灵活构建，其根本目的都服务并服从于装备需求论证应用需求的快速变化。因此，在装备需求论证系统柔性设计时，应透彻分析不同应用需求的特点与规律，以共性流程为中心，以装备需求模型与数据统一描述为基础，以满足不同应用需求的装备需求论证环节柔性化设计为重点，为柔性化的装备需求论证系统实现提供理论与方法支撑。

2.2.2　设计理念

装备需求论证系统本质上是辅助装备需求论证人员开展论证研究的工作流系统，业务过程中蕴含的各种业务活动及其规则以模型与数据的形式固化在系统功能模块中。为实现装备需求论证系统柔性设计目标，应立足于系统用户的业务应用需求，采用业务过程驱动的设计理念，实现装备需求论证业务流程逻辑与系统功能的分离，从而满足装备需求论证系统的柔性构建要求。

业务驱动的系统设计理念是通过对多样化装备需求论证业务过程的综合分析，建立适应各种不同论证需求的装备需求论证业务流程，进而以流程为中心，进行装备需求论证系统的功能设计和数据设计。业务驱动的系统设计理念打破了传统的基于功能分解的系统构造方法，聚焦系统用户的业务需求，并且能够以业务流程的灵活变化促进系统组织结构的调整与优化，进而达到提高运行效率、优化资源配置与协作关系的目的。

业务驱动的系统设计理念通常需要对装备需求论证的业务过程进行抽象，建立装备需求论证业务活动的层次化分解结构，直到能够充分描述每个业务活动为止。然后，采用合适的方法和技术，通过自底向上的组合操作实现装备需求论证系统的柔性设计目标。业务驱动的系统设计包括业务功能、业务过程和业务任务3个层次的设计，如图2-3所示。

业务功能层主要解决系统整体层次对不同类型业务应用的适应能力，如装备需求论证系统能够支持发展战略需求、体制需求、规划计划需求和型号需求等的论证业务功能。业务过程层是围绕不同类型的业务功能对装备需求论证系统功能流程的设计，是保证装备需求论证活动有效开展的基础。业务任务层是对装备需求论证基本问题的分析与设计，通过任务层功能操作模型的建模与组合分析，支持业务过程层的业务功能流程设计。

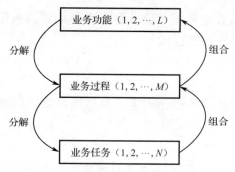

图 2-3 业务驱动的系统设计层次

2.2.3 设计内容

装备需求论证系统柔性设计的核心是面向不同应用需求的装备需求论证流程设计，并以流程为中心，牵引系统功能、需求模型、数据模型和系统架构的设计。围绕装备需求论证流程设计，着眼于满足不同应用实践的业务功能需求，采用基于业务驱动的系统设计理念，按照装备需求论证系统解决问题的层次，将装备需求论证系统柔性设计内容分为业务过程设计、任务操作设计和支持数据设计 3 个方面，其相互关系如图 2-4 所示。

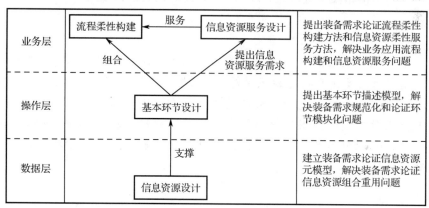

图 2-4 装备需求论证系统柔性设计内容及其相互关系

（1）基本环节设计。通过对不同类型、不同应用模式装备需求论证业务过程的共性分析，提出装备需求论证的基本环节，建立面向基本环节的装备需求描述模板，研究装备需求论证基本环节的模块化封装方法，为规范装备需求模型和提供可重用的系统功能模型提供基础。

（2）信息资源设计。以装备需求论证业务过程信息资源需求为牵引，提出装备需求论证信息资源的种类及其描述结构，研究装备需求论证信息资源的共享重用机理及其模型结构，为实现信息资源的统一描述和共享重用提供基础。

（3）流程柔性构建。以不同类型装备需求论证任务中多样化应用需求为牵引，以装备需求论证基本环节为基础，研究装备需求论证柔性环节的特征和模型结构及面向不同应用模式的装备需求论证流程柔性构建方法，为实现装备需求论证业务流程的灵活构建提供方法支撑。

（4）信息资源服务设计。以服务于装备需求论证流程信息资源需求为目标，从环节、子流程、流程等多个层次研究装备需求论证信息资源的集成重组与服务方法，提高装备需求论证信息资源服务的针对性与准确性。

2.2.4 设计原则

为实现装备需求论证系统柔性设计内容，应遵循以下 3 项原则。

1. 模块化原则

实现装备需求论证操作功能和数据模型的模块化，是实现装备需求论证流程柔性构建和信息资源柔性服务的前提条件。这就要求构成装备需求论证业务功能过程的基本元素必须是功能独立的可装配模块。当面向不同应用需求构建业务过程时，系统能够根据用户需求快速选择模块类型，组装形成适应应用需求的业务功能系统。装备需求论证系统的模块主要包括基本环节模块和数据模块两类，基本环节模块用于描述组成装备需求论证过程的基本活动的功能并规范其数据结构和接口关系；数据模块用于为装备需求论证过程中用到的各类信息资源进行建模，以期形成全局范围内统一描述、统一管理的数据资源体系。

遵循模块化原则，装备需求论证系统将具备较高的柔性。不管是装备需求论证流程还是装备需求论证环节的改变，都不会引起系统中其他元素的改变。

2. 分离性原则

与刚性系统相比，装备需求论证系统的柔性是为了适应应用需求的易变性。在装备需求论证中，应用需求的变化必将导致论证流程、功能和数据需求的变化，但这种"易变性"是相对于装备需求论证流程、功能与数据的不变性而言的。因此，在进行装备需求论证系统设计时，应深入分析应用需求变化对装备需求论证系统设计的影响，确定哪些因素将导致系统设计变化，并尽可能按照系统要素的变化特征分离出不变要素和变化要素，进而通过变化要素的柔性化设计，实现装备需求论证系统的柔性目标。

3. 松耦合原则

装备需求论证系统的模块化设计要求各个模块之间的关联关系最小化。系统模块之间的关联性或相互依赖性越低，系统柔性就越高。应用需求变化的直接结果是导致装备需求论证系统业务过程、功能与数据需求重新设计，模块之间的关联关系决定了装备需求论证系统变形设计的成败。因此，在基本功能模块和数据模型保持功能独立的前提下，应尽可能减少模块之间的关联关系和交互关系，增强装备需求论证系统变形设计的灵活性。

2.2.5 设计依据

（1）战争发展规律。世界军事威胁的演变和未来战争的发展规律是推动军队发展建设和武器装备发展论证的基本指引，是检验军队建设和武器装备建设质量的唯一标准。装备需求论证作为指导武器装备发展战略和装备体系顶层设计的关键步骤，也必须遵循推动军队和武器装备发展建设的要求，以未来军事威胁和战争发展规律为基本依据，科学统筹装备需求论证与未来战争发展规律之间的关系，反映未来战争对武器装备发展建设的迫切需求，有针对性地提出适应未来战争要求的武器装备体系。因此，装备需求论证系统柔性设计必须要遵循未来战争的发展规律，科学分析装备需求论证的多样化应用模式及其功能需求，才能实现装备需求论证系统柔性设计的最终目的。

（2）国家安全战略。国家安全战略是制定本国军队发展战略和武器装备发展战略的基本依据，军队建设目标和武器装备建设目标都必须要以能够实现国家安全战略为基本目标，这就要求装备需求论证必须紧紧围绕国家安全战略开展装备需求研究，突出国家安全战略的重点和急需，有机协调实现国家安全战略的长远目标和当前利益，科学提出支撑国家安全战略实现的武器装备基础。因此，装备需求论证系统柔性设计要能够突出国家安全对武器装备发展建设的约束作用，科学引导装备需求论证人员准确把握和科学分析国家安全战略需求，有针对性地提出满足国家安全战略要求的装备需求方案。

（3）装备需求论证内在需求。装备需求论证系统柔性设计的根本目的是为了满足不断变化的装备需求论证应用需求。不同应用需求要求的论证内容和论证重点都有较大差异，如何有效集成各种应用需求的论证内容及其论证要求无疑是装备需求论证系统柔性设计急需解决的关键问题。为此，装备需求论证系统柔性设计必须要以装备需求论证的相关内容为根本依据，通过对装备需求论证相关内容内在逻辑的科学分析，有机协调装备需求论证活动的串行、并行、协同等关系，科学构建装备需求论证支撑资源体系，从而确保装备需求论证系统的广泛适应性。

（4）装备需求论证标准法规。装备需求论证活动是依据装备需求论证相关标准法规开展的创造性工作，但又不能脱离或超出装备需求论证标准法规的规定范围，这是由标准法规的法律效力所决定的。装备需求论证系统设计必须遵循标准法规的相关规定。当然，由于装备需求论证的发展性和标准法规内容及其适用范围的滞后性特点，在进行装备需求论证系统柔性设计时，应在遵循标准法规基本约定的同时，能够结合当前武器装备发展趋势和装备需求论证时代性要求，创造性地开展理论、方法与实践研究，确保装备需求论证系统对未来变化的适应性。

（5）装备需求论证实践。实践是检验理论的唯一标准，唯有将装备需求论证系统柔性设计与装备需求论证实践现状有机结合，充分发挥装备需求论证现状优势资源，有效弥补装备需求论证现状的短板和不足，科学调配装备需求论证现有资源，科学统筹装备需求论证现有能力与未来能力的建设问题，才能保证装备需求论证系统的可行性和持续生命力。因此，装备需求论证系统柔性设计应着眼于装备需求联合论证的科学、高效，立足于当前我军各军兵种装备需求论证能力建设现状，使装备需求论证系统柔性设计研究成果既具有理论的前瞻性，又能够接地气，准确反映装备需求论证现实情况，推动装备需求论证力量逐步走上科学、高效的道路。

2.2.6　设计步骤

围绕装备需求论证系统柔性设计内容，通过规范化、模块化和柔性化 3 个步骤实现装备需求论证系统柔性设计目标。

（1）规范化。规范化包括装备需求规范化和信息资源规范化两个方面，主要目标是实现装备需求与信息资源的统一描述。装备需求规范化以装备需求论证相关标准法规为依据，通过对装备需求论证业务活动的分解，确定装备需求论证的基本环节组成，明确各个环节的主要功能、研究方法和数据需求，建立规范一致的装备需求论证基本环节描述模板，为装备需求论证人员共同理解和统一描述装备需求提供依据。信息资源规范化以有效支持装备需求论证业务过程分析为目标，采用自底向上的方法，通过基本环节、业务过程和功能领域的信息资源需求分析，定义装备需求论证信息资源元模型结构及其模型描述模板，为实现装备需求论证系统全局范围内的数据一致描述提供基础。

（2）模块化。模块化的核心是建立结构化、参数化的装备需求模型和信息资源模型。按照功能相互独立的模块化原则，根据装备需求论证基本环节描述模板和信息资源描述模板的相关内容，研究模板中相关内容的逻辑关系，设计装备需求论证基本环节和信息资源的参数化模型，为进行面向流程的装备需求论证基本环节组合设计与信息资源重组奠定基础。

（3）柔性化。柔性化包括基本元素柔性化和基本元素组合化两个方面。基本元素柔性化包括基本环节柔性化设计和信息资源柔性化设计；基本元素组合化包括流程柔性构建和信息资源重组与柔性服务。基本环节与信息资源的柔性化以基本环节和信息资源参数化模型为基础，依据基本环节与信息资源的参数变化情况，进行基本环节和信息资源模型的多态设计。流程柔性构建以装备需求论证基本环节模型为基础，研究装备需求论证流程的组合规则和组合方法，分析不同应用模式下装备需求论证流程的构建方法。信息资源重组与柔性服务以装备需求论证业务流程信息资源需求为出发点，研究信息资源的重组方法及其服务方式，增强信息资源服务的针对性与准确性，从而提高信息资源建设效益。

2.2.7 与传统设计的区别

软件系统的柔性能力最初是通过对已有软件系统进行功能模块的扩展或冗余实现的，采用的是"愚公移山"式的工作方式，企图通过局部功能模块的改进和优化来提高软件系统整体的适应能力。随着软件系统规模的不断扩大及用户需求的急剧变化，这种"打补丁"式的柔性实现方法在快速变化的用户业务需求面前日益显得无能为力。为此，系统设计人员逐步开始转变观念，从原来主要关注稳定性系统的功能需求转向发现系统用户业务需求的变化规律，并尝试采用自顶向下分解与自底向上组合的综合方法，从系统整体上考虑软件系统的柔性能力。装备需求论证系统柔性能力的实现也遵循上述规律。通过研究发现，系统柔性设计与传统设计存在明显差异，如表2-1所示。

表2-1 系统柔性设计与传统设计的区别

项 目	传统系统设计	柔性系统设计
研究对象	当前或过去的确定性系统	现在和将来的不确定性系统
关注重点	系统功能需求组成	用户业务需求变化
设计方法	自顶向下的功能分解法	自顶向下分解与自底向上组合的业务驱动法
系统特征	精确性和稳定性	适应性和灵活性，能够有效促进用户主观能动性的发挥
系统结构	刚性	灵活可变
系统功能	功能模块强耦合，通常难以调整改变	功能模块相对独立，可按需灵活调整
系统流程	固定	可按需进行流程规划与优化
扩展能力	扩展性较差，通常需要重新进行系统编译	扩展性较好，可按照规定的数据接口增减或修改模块

2.3　装备需求论证系统柔性设计的作用意义

1. 满足多样化应用需求，提高装备需求论证系统的适应性

满足多样化装备需求论证应用的业务功能需求，是装备需求论证系统柔性设计的根本目标，对于提高装备需求论证系统的适应性具有重要意义，也是提高装备需求论证效率和创造超预期价值的有效途径。

（1）论证目的的多样性。装备需求论证通常包括任务需求分析、能力需求分析、系统需求分析、需求评估验证等内容。在装备需求论证实践中，根据研究目标的不同，装备需求论证的具体内容既可以是上述全部内容，也可以是部分内容，而针对不同内容的论证功能需求和数据需求既有相似性又有较大差异，功能模块之间的关联关系和数据接口也不尽相同，如果采用刚性装备需求论证系统，有时难以很好地处理这些多样化应用需求，难以满足论证人员的研究目的。通过装备需求论证系统柔性设计，规范装备需求论证基本过程，构建模块化的装备需求论证环节和信息模型，增强系统模块关联的灵活性和适应性，可以部分或全部解决由于论证目的多样引起的装备需求论证系统变化需求，对于提高装备需求论证系统的应用范围和寿命周期具有重要意义。

（2）论证类型的多样性。装备需求论证包括发展战略需求论证、体制需求论证、规划计划需求论证、型号需求论证、专项工程需求论证等类型，不同类型装备需求论证的研究目标、重点、流程和方法既有共同特点，又有较大差异，往往难以在一套系统软件中进行综合实现。通过装备需求论证系统柔性设计，着眼于发现不同类型装备需求论证的共同规律，分离不同类型装备需求论证的变形特征，并按照模块化和组合化的方法，实现以共性模块为基础、变形模块为补充的系统流程与功能构建，从而满足不同论证类型的装备需求论证系统应用需求。

（3）论证方法的可选性。针对同样的论证内容，往往可以采用多种论证方法来实现，如定性推理方法、解析计算方法或仿真实验方法。不同方法的数据需求和计算过程不同，装备需求论证系统应能够提供相应的方法模块或允许用户按照一定的接口规则与其他系统进行互联。比如，将仿真实验的结果导入装备需求论证系统。装备需求论证系统柔性设计应能够通过基本环节模块的多方法设计或接口设计，支持装备需求论证对方法多样性选择的需求。

（4）论证过程的灵活性。由于论证类型、论证内容与论证要求不同，即使相同类型的装备需求论证也可能具有不同的论证业务流程及其功能模块。任意流程的改变都将为装备需求论证系统提出新的需求，导致装备需求论证系统不断增减功能模块或修改系统功能流程，从而造成系统开发工作的重复和时间的浪费。通过装备需求论证系统柔性设计，应能够有机分析不同应用模式下装备需求论证流程的变化规律，提供装备需求论证流程变形设计的方法和相应的业务功能模块，增强系统适应装备需求论证流程变化的能力。

2. 构建统一模型，提高装备需求论证的科学化与规范化水平

通过装备需求论证系统柔性设计，规范装备需求论证活动及其需求描述模型与数据描

述模型，能够增强装备需求描述和数据描述的一致性和共享重用能力，从而提高装备需求论证的科学化和规范化水平。

（1）规范装备需求描述。不同类型装备需求论证标准法规中规定的装备需求论证内容，缺乏细致的说明和规范的描述，导致不同人员的理解差异较大，也导致不同系统对相应内容的描述与结构不一致，从而影响装备需求内容的共同理解和共享重用。通过装备需求论证系统柔性设计，规范装备需求论证基本活动及其描述方法与结构，建立规范一致的装备需求论证环节模型，能够从根本上解决装备需求描述不一致的问题，提高装备需求论证的科学化与规范化水平。

（2）规范信息资源描述。规范化的装备需求描述必然要求有规范化的支持信息资源。以装备需求描述模型为基础，研究装备需求论证信息资源的要素组成和描述结构，建立装备需求论证信息资源描述模型，能够增强装备需求论证信息资源的共享重用能力，提高装备需求论证信息资源的建设效益。

（3）规范论证交互方式。不同论证人员、不同论证环节之间的交互方式受装备需求论证流程的形态制约。通过装备需求论证基本环节的规范化描述，能够规范论证人员之间、论证环节之间的交互方式和交互接口，提高装备需求论证交互的有效性与准确性及装备需求论证的工作效率。

2.4　装备需求论证系统柔性设计框架

面向多样化的装备需求论证应用实践需求，基于业务驱动的设计理念，采用自顶向下分解与自底向上组合相结合的设计方法，按照装备需求论证系统规范化、模块化、柔性化的研究步骤，可构建如图 2-5 所示的装备需求论证系统柔性设计框架。

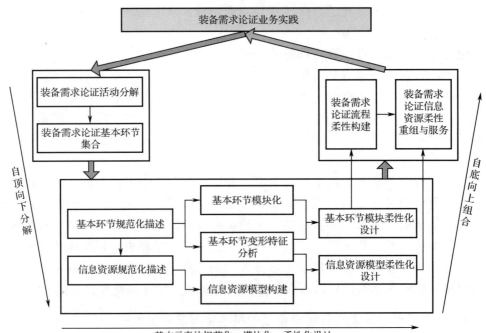

图 2-5　装备需求论证系统柔性设计框架

（1）自顶向下的装备需求论证活动分解。根据装备需求论证领域要求，分解提出装备需求论证的活动组成，明确各项活动的具体要求，回答装备需求论证"由哪些活动组成"、"每个活动如何分析"的问题，作为确定装备需求论证基本环节的依据，并为统一装备需求描述和数据描述提供基础。

（2）基本元素的规范化、模块化与柔性化设计。以构成系统的最小元素（基本环节和信息资源元模型）为研究对象，研究基本元素的规范化描述方法、模块化设计方法及其柔性化设计方法，为适应多样化应用需求变化的业务流程构建和信息资源需求提供基本组件。

（3）面向应用、自底向上的模块组合。以多样化装备需求论证应用需求为牵引，以基本元素模块化与柔性化设计结果为基础，研究装备需求论证系统的流程柔性构建方法和信息资源柔性服务方法，满足装备需求论证的业务应用需求。

2.5　装备需求论证系统柔性设计支撑理论

2.5.1　柔性建模理论

柔性建模理论是针对仿真系统互操作性差、可扩展性差与资源重用性差等问题提出的、适应多用途仿真应用的仿真建模理论。它要求采用统一的体系结构和一致的描述规范，提高仿真系统的集约化、规范化水平，通过武器装备全寿命周期的数据、工具和技术共享，增强建模仿真面向多领域应用的可扩展性、可重用性和可操作性，是仿真建模发展的主要方向。装备需求论证系统柔性设计同样是针对装备需求论证系统可扩展性差、灵活性差和资源重用性差的问题，借助柔性建模思想，进行装备需求论证功能模块和信息资源的统一化描述与建模，能够有效提高装备需求论证系统的适应性，满足不同应用模式下的装备需求论证需求。

2.5.2　体系工程理论

体系工程来源于系统工程，目的是解决系统工程解决不了的体系问题，通过对多学科领域的系统分析，综合协调系统研发、生产、维护等全寿命周期活动，实现对系统整体的规划和有效实施。体系工程理论作为指导复杂系统问题研究的有效方法，以整体论为指导，实现对复杂系统组成及其相互关系的分析，已成为需求研究的支撑方法，如体系结构框架思想就是体系工程理论在军队能力建设中的应用理论、方法、框架与规则。装备需求论证系统设计需要有机处理多个军兵种领域的论证活动，研究装备需求论证业务的变化特征，学科交叉特征明显，交互关系复杂，需要借助于体系工程的相关理论和方法加以研究，以厘清装备需求论证系统柔性设计的内容及其方法。

2.5.3　流程再造理论

流程再造指"对企业现有业务流程进行根本性思考，对其进行彻底改变并设计新的业务流程，以期在业绩上取得显著提高"。它采用系统论的观点，从企业战略整体的角度进行流程整合与改造，突出企业核心竞争力的全面提升，是改善企业绩效的有效手段。装备需求论证系统柔性设计的核心是流程柔性构建，目的也是重新梳理、整合装备需求论证活动流程，优化装备需求论证资源配置，提高装备需求论证的质量与效率，也是流程再造理论在装备需求论证领域的尝试和应用。在进行装备需求论证系统柔性设计时，应充分借鉴流程再造理论的管理理性化特征和技术化特征，充分借助现代管理理念，规范装备需求论证业务过程，加强装备需求论证的科学化水平；同时，积极利用现代信息技术成就，打造以计算机系统为核心的流程管理系统，帮助装备需求论证人员更好地理解、组织论证流程并科学、高效地开展论证活动。

2.5.4　知识工程理论

知识工程是以知识本身为处理对象，研究如何使用人工智能的原理和方法来设计、构造和维护知识系统的理论与方法，其目的是以知识为基础促进企业创新，提高企业在市场变化中的竞争力。通过对装备需求论证过程中各类信息资源的系统梳理，研究装备需求论证信息资源体系的知识构成、描述方式和组织结构，能够为积累装备需求论证信息资源、拓展装备需求论证人员知识储备、支撑装备需求论证研究的科学开展奠定坚实基础。因此，在进行装备需求论证系统柔性设计时，应充分借鉴知识工程领域的知识分类、建模和服务理论与方法，深入挖掘装备需求论证信息资源需求，科学设计装备需求论证信息资源模型结构和组织方式，系统分析面向应用的装备需求论证信息资源服务模式，从而提高装备需求论证信息资源建设的有效性和服务的及时性与针对性。

技术篇

第3章 装备需求论证环节的模块化设计

环节建模是装备需求论证系统柔性设计的关键，是实现装备需求论证信息资源设计与柔性流程构建的基础，也是促进装备需求论证统一理解的关键。通过自上而下分解装备需求论证业务活动，提取装备需求论证基本环节，研究装备需求论证流程描述方法，提出装备需求论证环节模块构建方法，建立典型装备需求论证环节模块化模型，可以有效解决装备需求描述不一致和系统功能模块化的问题。

3.1 面向任务的装备需求论证活动分解

装备需求论证活动分解借鉴工作分解结构（Work Breakdown Structure，WBS）方法，采用系统工程思想，将比较复杂的论证活动自上而下逐级分解，形成层次化的活动结构体系，从而达到定义系统工作范围和相互关系的目的，能够有效体现系统的整体性、有序性和相关性特征，是开展装备需求论证活动研究与管理的有效方法。

3.1.1 WBS 概述

1. 概念

WBS 最早是由美国国防部提出的一种针对范围管理的工具。工作分解最初的定义来自于美国国防部国防系统开发工作手册，即描述并确定要生产或研发的产品，并将要完成的工作单元与最终产品建立相关的联系。美国项目管理学会（PMI）制定的 2000 版项目管理知识体系指南（PMBOK Guide，2000 Edition）中指出：WBS 是面向项目可交付成果并确定项目整体工作范围的组成要素。每细分一层表示对项目组成要素更进一步的描述，其中，项目组成要素既可以是针对项目进行的服务活动，也可以是项目中可交付的产品。WBS 有三个重要的组成要素：工作（Work），即对工作任务的定义，涉及任务的范围（项目范围）、独立性和关联性；分解（Breakdown），即对整个项目进行细化分类的过程；结构（Structure），即对项目进行分解后得到的各层级及相互之间的关联状态。WBS 可以帮助项目管理者、相关参与者及相关的利害关系者明确定义项目的可交付成果或项目的最终产品，即 WBS 明确了项目工作内容。WBS 将项目范围分解为不同层次易于管理的、可定义的工作包，从而为项目管理层提供数据指导，有利于管理层实现对项目的控制管理。

2. 基本分解原则

对项目进行不断工作分解的前提是将工作分解建立在可控原则之上，整个分解要能百分之百地控制项目整个过程中涉及的进度、成本和质量、资源等各要素。在 WBS 的分解过程中常常要遵循的原则如下：

（1）可操作性。

在进行项目分解时，最终形成的是包含了对应活动的工作包，但是需要分解到什么程度才是对这个项目最优化？此时应该考虑分解的可操作性，按照活动的性质进行分解，这样形成的分支工作的难易程度应当适合相应的团队或个人胜任。

（2）百分之百原则。

经由 WBS 分解的项目的父层内容必须能够由下一层解释，并且要百分之百地代表父层，如果 WBS 的分解结构不在同一个范围内，即无法达到百分之百，那么这样的分支活动就不属于同一个项目。

（3）充分必要原则。

进行项目的 WBS 分解需要满足"充分"的原则，即为了实现项目目标的活动都必须包含在内；"必要"原则，即所有不是为了实现项目目标的活动都不能包含在内。

3. 分解方法

常见的 WBS 编制方法有模板法、大纲法、组织结构图法、鱼骨图法、头脑风暴法、自上而下法、自下而上法等。项目管理者根据不同项目的具体要求或约束条件来选择适合的方法，可以选择按照项目的产品结构或功能，或者物理形式、工作类型等不同侧重点由上到下地进行适当工作分解，将复杂的项目分解为各个不同层次的可控子项目、可控子任务、可交付工作包等。WBS 的分解采用自上而下、从总体到局部、由粗到细的分解方法，要充分考虑实际情况，综合项目过程中的各个主体元素才能最终获得既全面又适用的项目 WBS 结构图。

（1）模板法，即选择与所要分解的项目相近的工作分解结构作为模板，根据项目约束及项目需求的不同，对所参照的模板进行适当修改，增加或删减原有模板中的某些项目工作，从而得到适合目标项目的工作分解结构。

（2）自上而下法。自上而下法是工作分解中最常用的方法之一，首先设定项目的最终交付产物或交付成果为目标，然后逐层向下进行分解归类，分解得到下一层次的子项目或子任务等，从而得到符合项目目标、可交付成果等所需要的整个项目不同层次的工作。自上而下法是按照项目结构或程序步骤、项目制造过程进行分解的，最终得到符合当前项目需求及约束的工作分解结构。

（3）自下而上法。为了从底层开始，将项目所确定的具体任务一一整合，然后归总成一个活动的整体，或者将下一级的工作分解结构归总到上一级内容中去，需采用自下而上的分解方法。该方法的创建效果良好，自下而上可以使项目的团队很好地协调与合作，但是由于逆向构建，操作烦琐，比较耗费工时。

（4）过程分解法和结构分解法。过程分解法和结构分解法常常适用于订单工程量相对较小的项目。前者通常以生产工艺或工种为导向（将相同类别的加工工艺作为一个工作包）。后者通常以项目的结构或产品功能为导向。虽然项目在构成上与订单量的大小无关，但具体到细层次的组成或零部件的数量和质量就可能产生很大差别。流水化作业的企业在生产过程中工序的转换相对频繁，并不适合采用以结构组成为导向的分解，而更适合采用按相同的生产工艺或工种进行分解。针对订单工程量较大的项目，通常选择将结构分解法与过程分解法结合起来应用，先根据项目的结构进行纵向分解，然后再针对生产过程进行横向分解。

3.1.2 装备需求论证活动分解原理

由于当前装备需求论证活动的多样性与不一致性，难以准确提出一个比较权威的装备需求论证流程，也难以基于现有的装备需求论证流程进行工作分解，但是不管装备需求论证流程如何，由于装备需求论证任务目标具有高度的一致性，所以装备需求论证任务目标的实现并不会因为论证部门的差异而有所改变，这是由装备需求论证技术标准和管理制度规定的。因此，进行装备需求论证活动分解时，可面向装备需求任务，按照完成装备需求论证任务的活动要求，开展装备需求论证活动分析，并逐步细化形成装备需求论证活动体系。

面向任务的装备需求论证活动分解的基本思路如图 3-1 所示。

图 3-1 面向任务的装备需求论证活动分解的基本思路

（1）装备需求论证领域分析。通过对不同类型装备需求论证任务的目标、内容、要求及特征的全面分析，重点提出相对统一的装备需求论证的主要内容及其相互关系，构建装备需求论证的目标任务集，即装备需求论证必须完成的论证任务集合。

（2）面向任务的装备需求论证活动分解。通过对装备需求论证任务条目的详细分析，提出完成相应任务条目的装备需求论证活动组成，并根据装备需求论证活动的复杂程度，按照自上而下的原则，将比较复杂的装备需求论证活动逐层分解为功能比较单一、协同要求较低的基本活动，明确各项基本活动的功能、内容、方法、信息需求和约束等，并初步提出各项基本活动之间的相互关系，包括串行、并行、依赖关系等。

（3）装备需求论证活动领域分析。按照装备需求论证活动的领域特征，分析不同论证活动的领域属性，为明确不同部门的活动需求提供依据。

（4）装备需求论证活动验证。构建装备需求论证活动、领域及内容的关联矩阵，验证装备需求论证活动对装备需求论证任务的整体满足情况。

3.1.3 装备需求论证活动分解

1. 分解原则

根据装备需求论证的领域特点和协同要求，装备需求论证活动分解应遵循以下原则：

（1）任务独立性原则。根据装备需求论证的任务目标与层次，确保分解生成的每项基本活动所完成的任务目标应相对独立，父活动不同的子活动之间的关系原则上只能通过父活动之间的关系导出。

（2）资源集中性原则。应根据装备需求论证资源的集合特性和分布特征，科学确定各项基本活动的资源使用需求（包括硬件资源、软件资源和知识资源等），应尽可能地确保每项基本活动所需的有形硬件资源和软件资源相对比较集中，符合当前装备需求论证参与部门的管理体制，以利于实现协同基础上的各参与部门独立作业。

（3）整体性原则。分解后的各项活动应能够百分之百地覆盖所有的论证活动，保证装备需求论证目标的实现，做到分解后的活动目标之和应等于或大于整体目标。

（4）同步性原则。应充分考虑不同领域的活动目标与特点，有机协调不同领域的活动关系，保证各项论证活动在时间轴上的同步，以提高装备需求论证的工作效率。

（5）重要性原则。应根据各项活动所能产生成果的重要程度，优先将重要度高的活动作为装备需求论证的基本活动，以满足进度控制和里程碑管理的要求。

2. 分解方法

（1）论证内容分解法。按照装备需求论证任务所包含的内容进行活动分解，如装备需求论证包含装备作战概念设计、作战任务需求分析、作战能力需求分析、装备系统需求生成和需求验证与评估 5 个方面，装备需求论证的宏观活动就可以表示为装备作战概念设计活动、作战任务需求分析活动、作战能力需求分析活动、装备系统需求生成活动和需求验证与评估活动 5 类，如图 3-2 所示。

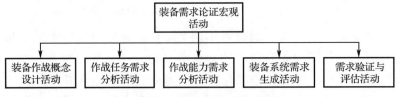

图 3-2　论证内容分解法举例

（2）论证领域分解法。按照装备需求论证所涉及的作战、能力、装备 3 个基本领域，根据装备需求论证任务的内容要求，分析完成相应内容所涉及领域，进而根据领域特征分解提出装备需求论证子活动，如装备作战概念设计，既涉及联合部队、合成分队或单一兵种分队的作战运用问题，又涉及武器装备的操作使用和战术动作，在进行装备需求论证时，前者更多属于武器装备的作战域问题，后者更接近于武器装备的装备域问题，为此，装备作战概念设计活动就可以分解为装备作战运用概念设计活动与装备操作使用概念设计活动两类，如图 3-3 所示。

图 3-3　论证领域分解法举例

（3）军兵种特征分解法。军兵种特征分解法是按照装备需求论证任务的军兵种属性，进行装备需求论证活动分解的方法。当前，我国分为陆军、空军、海军、火箭军和战略支援部队 5 个军兵种，不同军兵种又进一步分为作战功能相对比较单一的专业兵种，如陆军分为装甲兵、炮兵、步兵、防空兵、陆军航空兵、侦察兵等专业兵种，不同专业兵种特征与作战运用明显不同。以某装备体系需求分析，若要构建该装备体系的作战能力指标体系，则有必要采用先分解后综合的分析方法，先由各军兵种提出该装备体系的军兵种作战能力指标体系，再综合提出该装备体系的完整作战能力指标体系。此时，构建作战能力指标活动就可以按照装备体系所涉及的军兵种类型，进一步分为军兵种作战能力指标构建活动。

（4）分析手段分解法。随着装备需求论证手段的不断丰富，定性分析、定量计算、仿真实验、作战试验等多种手段成为开展装备需求论证活动的基本方法。由于这些方法中分析人员、信息资源、软硬件平台、分析方法的不同，采用不同方法的组织实施过程差异很大。为便于组织协调装备需求论证活动，在明确装备需求论证手段时，可按照分析手段进行装备需求论证活动分解。以需求验证与评估为例，可以按照分析手段分解为静态验证与评估（如指标体系法）、动态验证与评估（如仿真实验或作战试验等）两类活动，如图 3-4 所示。

（5）论证功能分解法。论证功能分解通常可采用自上而下的功能树法和 FAST（Function Analysis System Technique）法。按照装备需求论证活动功能性要求，可包含分析功能、验证功能和评估功能。对于不同的装备需求论证任务，均应包含相关内容的分析、验证和评估 3 项功能。以作战任务需求论证活动为例，则应包含作战任务需求分析活动、作战任务需求验证活动与作战任务需求评估活动 3 类，如图 3-5 所示。

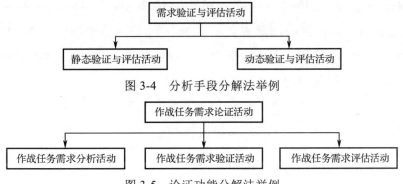

图 3-4　分析手段分解法举例

图 3-5　论证功能分解法举例

上述 5 种方法是装备需求论证活动分解的主要方法，应根据装备需求论证活动的具体要求选择合适的活动分解方法。

3．分解结构

装备需求论证活动具有鲜明的层次性特征。根据装备需求论证活动任务的复杂程度，可将装备需求论证活动分解为装备需求论证子活动，直到分解为论证任务与功能比较单一的基本活动为止。装备需求论证活动的分解结构及其相互关系如图 3-6 所示。

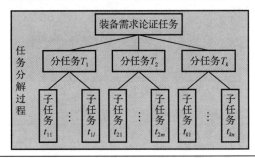

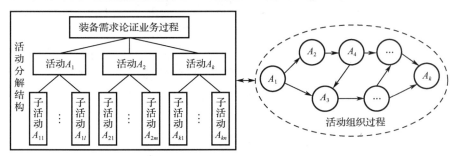

图 3-6　装备需求论证活动的分解结构及其相互关系

由图 3-6 可知，装备需求论证需要多项活动组成的序列完成，每个论证活动又由多个子活动完成，每个子活动又由多个基本活动完成。需要指出的是，基本活动与上层活动之间不构成简单的树形结构关系，一个基本活动可包含在多个上层活动中。

4. 活动关系表示

装备需求论证活动可表示为：$ACT = (Act, Rel, Res, Time, Dep)$，其中，$Act_i(i=1,2,\cdots,n)$ 表示装备需求论证的活动；$Rel_{ij}(i,j=1,2,\cdots,n)$ 表示活动 Act_i 与 Act_j 的结构关系；$Res_i(i=1,2,\cdots,n)$ 表示活动 Act_i 所使用的资源集合；$Time_i(i=1,2,\cdots,n)$ 表示活动 Act_i 的工期；Dep_{ij}^m $(i,j=1,2,\cdots,n;m=1,2,3,4)$ 表示活动 Act_i 与 Act_j 的逻辑关系，Dep_{ij}^1、Dep_{ij}^2、Dep_{ij}^3、Dep_{ij}^4 分别表示并行、串行、串行依赖与并行协同关系。

同一层次装备需求论证活动间的关系可采用关系矩阵来表示，如图 3-7 所示。

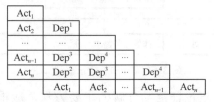

图 3-7 装备需求论证活动关系分析矩阵

3.1.4 装备需求论证活动领域分析

1. 装备需求论证领域

通常，按照完成装备需求论证任务的领域特征，装备需求论证涉及作战、能力、装备 3 个领域，其定义如表 3-1 所示。

表 3-1 装备需求论证领域分析

名　称	特　征	分 析 人 员
作战域	以作战理论创新、作战力量运用和体系对抗为主要内容，获取武器装备的作战运用需求	作战研究人员、作战运用人员
能力域	获取武器装备的作战能力需求及其需求差距	作战研究人员、装备使用人员、装备论证人员
装备域	获取武器装备功能、结构与作战性能需求	装备使用人员、装备论证人员

同时，考虑到我国装备论证的"军兵种条块分割"现状，本章将装备需求论证的军兵种属性作为另外一种论证领域，不同军兵种论证领域与当前我国装备论证机构具有较高的一致性。例如，海军舰船需求论证可以以海军舰船研究所为主体开展论证；陆军火炮需求论证可以以炮兵防空兵装备技术研究所为主体开展论证。由此，可以提出如表 3-2 所示的装备需求论证领域体系。

表 3-2 装备需求论证领域体系

名　称	陆　军				海　军		空　军		火　箭　军	
	装甲兵	炮兵	防空兵	…	舰艇	…	航空兵	…	战略导弹兵	…
作战域	装甲兵作战域	炮兵作战域	防空兵作战域	…	舰艇作战域	…	航空兵作战域	…	战略导弹兵作战域	…

续表

名 称	陆 军				海 军		空 军		火 箭 军	
	装甲兵	炮兵	防空兵	…	舰艇	…	航空兵	…	战略导弹兵	…
能力域	装甲兵能力域	炮兵能力域	防空兵能力域	…	舰艇能力域	…	航空兵能力域	…	战略导弹兵能力域	…
装备域	装甲兵装备域	炮兵装备域	防空兵装备域	…	舰艇装备域	…	航空兵装备域	…	战略导弹兵装备域	…

2. 装备需求论证活动领域分析模型

装备需求论证活动领域分析采用关联矩阵法，构建装备需求论证活动与装备需求论证领域之间的关联关系。根据装备需求论证实践的需要，装备需求论证领域可以是任务域，也可以是军兵种域，还可以是融合任务域与军兵种域的领域。以任务域为例，装备需求论证活动领域分析模型如表 3-3 所示。图中"√"表示该项装备需求论证活动属于对应的任务域，"×"表示该项装备需求论证活动不属于对应的任务域。

表 3-3 装备需求论证活动领域分析矩阵

名 称	装备需求论证活动 1	装备需求论证活动 2	…	装备需求论证活动 m
作战域	√	×	…	√
能力域	√	√	…	×
装备域	×	√	…	×

3.1.5 装备需求论证活动验证

装备需求论证活动验证是以装备需求论证任务及其细分条目为依据，研究分解获得的装备需求论证活动集是否能够满足装备需求论证任务的要求。当任意一项装备需求论证任务都可以从装备需求论证活动集中选择一组活动来完成论证研究时，则说明该活动集能够满足该项装备需求论证任务的活动需求。为有效分析装备需求论证活动是否满足装备需求论证任务的活动需求，采用关联矩阵方法进行分析。表 3-4 所示为由装备需求论证活动、任务与领域所构成的三元关联矩阵。

表 3-4 装备需求论证活动、任务与领域所构成的三元关联矩阵

名 称	Act_1	Act_2	…	Act_n
$Task_1$	$Field_{11}$	$Field_{12}$	…	$Field_{1n}$
$Task_2$	$Field_{21}$	$Field_{22}$	…	$Field_{2n}$
…	…	…	…	…
$Task_m$	$Field_{m1}$	$Field_{m2}$	…	$Field_{mn}$

表中，$Task_i(i=1,2,\cdots,m)$ 表示第 i 项装备需求论证任务；$Act_j(j=1,2,\cdots,n)$ 表示第 j 项装备需求论证活动；$Field_{ij}(i=1,2,\cdots,m;j=1,2,\cdots,n)$ 表示完成第 i 项装备需求论证任务的第 j

项装备需求论证活动所属的领域。由于每项装备需求论证任务的完成仅需要有限数目的装备需求论证活动，因此，并非每项装备需求论证任务都要对应 n 项论证活动。当某项论证活动不是完成相应任务的所需活动时，在矩阵中应将对应的单元格赋值为 0。

当某项装备需求论证任务所需要的装备需求论证活动恰好为矩阵中关联的论证活动时，说明支撑该项论证任务的作战活动分解合理；当某项装备需求论证任务所需要的装备需求论证活动数量多于矩阵中关联的论证活动时，说明根据当前任务进行论证活动分解时，丢失了部分任务；当某项装备需求论证任务所需要的装备需求论证活动数量少于矩阵中关联的论证活动时，说明装备需求论证活动分解不够合理，部分活动出现了重复或二义性，需要重新进行调整。

3.2   装备需求论证环节的确定

3.2.1   装备需求论证环节的定义

"环节"的本意是指某些动物，如蚯蚓、蜈蚣等的躯体中许多相连接而又能伸缩的环状结构，被人们用来比喻相互关联的事物中的一个事物。在社会经济领域，环节常常被认为是一系列有机联系的活动中的一个活动或完成任务的某个阶段，如销售环节、流通环节、建模环节、评估环节等，每个环节具有相对比较独立的主体、客体、方法和内容等，环节之间是一种松耦合关系。

在装备需求论证领域，将装备需求论证环节定义为在装备需求论证过程中有必要与其他活动区分的、相对独立的论证活动或论证活动的组合，是反映装备需求论证问题必不可少的基本单元。

装备需求论证环节的标志性特征是能够解决某个方面的装备需求论证任务或问题。根据装备需求论证任务可知，装备需求论证任务或问题有大有小，较大的论证任务或问题可以分解为较小的论证任务或问题，直到分解到不可再分为止。每一层次的装备需求论证任务或问题均可以被认定为一个环节。

3.2.2   装备需求论证环节的分类

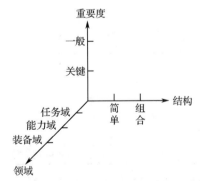

图 3-8   装备需求论证环节的分类视图

根据装备需求论证环节的定义和特征，通常可以从环节结构、环节领域和环节重要度 3 个维度，来进一步认识和把握装备需求论证环节。装备需求论证环节的主要分类如图 3-8 所示。

环节领域是指装备需求论证中不同环节的研究领域，通常包括任务、能力、装备等领域。因此从总体上可将装备需求论证环节区分为任务需求论证环节、能力需求论证环节、装备需求论证环节等。

环节结构是指装备需求论证环节结构的复杂程度。由装备需求论证环节的层次性特征可知，按照装备需求论证环节的结构可以有不可再分的基本环节，也可以有由多个基本环节组成的组合环节。

环节重要度是指装备需求论证中不同环节对于实现装备需求论证目标的重要程度。有的环节是实现装备需求论证目标必不可少的环节，对于装备需求论证结果有直接影响，则其重要度相对较高；否则，对于装备需求论证过程中可有可无的论证环节，其重要度则相对较低。按照环节重要度，可将环节区分为关键环节和一般环节。

3.2.3　装备需求论证环节的选择方法

1. 选择过程

装备需求论证环节的选择与装备需求论证活动的分解结果密切相关，即装备需求论证环节应从装备需求论证活动集合中选择，其基本过程如图3-9所示。

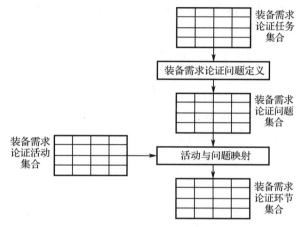

图 3-9　装备需求论证环节的选择过程

（1）装备需求论证问题定义。根据装备需求论证任务的分解结果，确定不同任务对应的论证问题。目前，各种类型（发展战略论证、体制论证、规划计划论证、型号论证和专项工程论证等）的装备需求论证可依据相应的标准法规中明确的论证任务，确定装备需求论证的主要问题，再根据装备需求论证任务的分解情况，确定装备需求论证的子问题。

（2）装备需求论证活动与问题映射分析。建立装备需求论证活动与装备需求论证问题之间的关联矩阵，确定解决装备需求论证问题的装备需求论证活动集合，可将与装备需求论证问题对应的装备需求论证活动确定为装备需求论证环节。

由上述选择过程可知，装备需求论证环节来源于装备需求论证活动，但是装备需求论证环节并不包括全部装备需求论证活动。由于装备需求论证活动的分解粒度可能比装备需求论证问题的分解粒度细得多，因此，与部分装备需求论证环节对应的装备需求论证活动还可以分解成更多的下一层活动，而这些分解得到的活动并非问题层次的活动，不应列为装备需求环节。以装备需求论证中的"作战能力与作战活动映射分析"为例，可分为作战能力与作战活动矩阵构建、作战能力与作战活动关系类型定义、作战能力与作战活动关系定义3项子活动；作战能力与作战活动矩阵构建子活动又可以区分为矩阵设计、矩阵元素定义两项子活动。此时，认为作战能力与作战活动矩阵构建活动具有装备需求论证的领域目标特征，可以被认为是一个环节，而矩阵设计、矩阵元素定义两项子活动仅仅为作战能力与作战活动矩阵构建活动的操作步骤，装备需求论证的领域特征不突出，因此不作为环节对待。

2. 选择原则

装备需求论证环节是装备需求论证相关活动的集合，环节中相关活动的开展是为了提出假定或形成结论，以支撑装备作战任务、作战能力、功能和结构方案的提出。由于装备需求论证环节是针对装备需求论证业务中不可再分的问题提出的，所以进行环节选择时，既要按照步骤依次选择，又要考虑装备需求论证环节对于装备需求论证业务的影响。因此，论证环节的识别应围绕环节及其活动对装备需求论证目标的重要程度展开，同时兼顾不同环节之间工作任务的划分和信息交互要求。具体可概括为以下 4 个方面。

（1）重要性原则。若某个论证环节相关活动的开展，是提出装备作战任务、作战能力、功能和结构方案的重要步骤，并且该环节的缺失会对论证结果的准确性、可信度、完整度等方面造成重大影响，则应将该环节确定为装备需求论证的基本环节。

（2）成果独立性原则。若某个论证环节的工作输出相对比较独立，是装备需求论证中比较关注的标志性或重要性成果之一，即使该环节放置于装备需求论证流程之外，仍然具有一定的应用价值，则应将该环节确定为装备需求论证的基本环节。

（3）功能集中性原则。若某个论证环节及其相关活动均围绕某项或某类论证功能，并且与其他论证功能交互较少，则应将该环节确定为装备需求论证的基本环节。

（4）交互简单性原则。环节间的信息交互建立在环节功能良好封装的基础上，论证环节的功能集中程度越高，相应环节间的信息交互关系将越简单；同时，交互关系的简化也有利于不同论证环节之间的分工与协作，从而提高装备需求论证工作效率。

3. 关键环节的确定

围绕装备需求论证目标和特点，按照识别原则，确定装备需求论证基本环节。具体方法为：通过对装备需求论证目标及过程的深入分析，确定影响装备需求论证成败的关键因素，构建论证环节与关键成功因素之间的关联矩阵，分析不同论证环节对关键成功因素的重要程度，并将重要度高的论证环节确定为装备需求论证的关键环节。影响装备需求论证研究成功的主要因素包括论证任务的完整性、论证方法的科学性、论证手段的有效性、论证任务的合理分工、装备需求论证的费效比指标等。

假设某装备需求论证流程共包括 m 个环节，影响装备需求论证环节目标实现的关键因素有 n 个，则论证环节-关键因素矩阵为一个 $m \times n$ 矩阵，记为 $PF = (pf_{ij})_{m \times n}$，并且有

$$pf_{ij} = \begin{cases} k(\text{如果第}i\text{个论证环节与第}j\text{个关键成功因素相关}) \\ 0(\text{如果第}i\text{个论证环节与第}j\text{个关键成功因素不相关}) \end{cases}$$

其中，k 表示第 i 个论证环节对第 j 个关键成功因素的重要程度，可采用"三级比例标度法"表示，取值范围为 $\{0,1,2\}$，其中，2、1、0 分别表示重要、次要、无关 3 个重要程度等级。

论证环节-关键成功因素关联矩阵如表 3-5 所示。

表 3-5　论证环节-关键成功因素关联矩阵

论证环节	关键成功因素 1	关键成功因素 2	…	关键成功因素 n
环节 1	2	1	…	2
环节 2	0	1	…	1
…	…	…	…	…
环节 m	1	0	…	2

例如，以装备需求论证作为因素来考虑，能够产生装备需求论证本质需求的活动，就可以确定为关键环节，包括作战任务需求分析、作战能力需求分析、装备体系需求分析、装备型号需求分析等活动。

3.3　装备需求论证环节模板设计

3.3.1　装备需求论证环节模板

围绕一定的目标，实现特定的功能，包含一系列活动，是确定装备需求论证基本环节的主要依据，也是装备需求论证基本环节所包含的主要内容。借鉴结构化建模语言 IDEF0 对建模对象的抽象方法，可将装备需求论证基本环节抽象为活动、功能、方法、输入、输出、约束条件和潜在用户 7 个要素，可表示为如图 3-10 所示的装备需求论证基本环节模板。

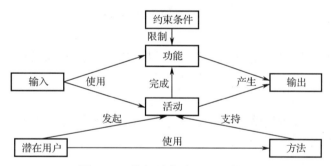

图 3-10　装备需求论证环节模板

该模板描述了基本论证环节的要素组成及其相互关系。其中，活动是组成基本环节的单元，若干个活动按照一定的逻辑关系组成基本环节；功能是基本环节作用用途的描述，根据功能的复杂程度，通常需要一个或多个活动才能实现相应的功能；输入是指为实现基本环节功能所必需的资源总和，是完成环节活动所不可缺少的前提条件；输出是基本环节各项活动的产物，也是描述基本环节成果的重要标志；约束条件是指基本环节各项活动所必须遵守的约定和规则；潜在用户明确开展基本环节各项活动的合适人员；方法明确基本环节各项活动开展的推荐方法。

在具体的论证实践过程中，获得同样或相近的论证方案所采用的方法和活动因人而异。因此，在基本环节要素分析中，将重点考虑功能、方法、输入、输出、约束条件和潜在用户 6 个要素，而仅将活动作为分析基本环节其他要素的重要参考，以方便论证人员按照基本环节各要素要求灵活地开展论证实践。

3.3.2 装备需求论证环节描述结构

装备需求论证环节结构化描述，以装备需求论证环节模板为基础，采用结构化方法，对装备需求论证模板的相关要素予以明确，以帮助装备需求论证人员更好地理解环节要求并有针对性地完成环节论证任务。

以作战能力需求分析中的"作战能力差距分析"环节为例，可分别从功能、方法、输入、输出、约束条件和潜在用户6个方面对其进行规范化描述。

1. 要素定义

该基本环节的要素定义如表3-6所示。

表3-6 "作战能力差距分析"基本环节的要素定义

要 素	含 义
功能	比较现有能力与能力需求间的差距，为合理确定能力发展方向与重点提供依据
方法	建议采用基于比较矩阵的定性与定量相结合的方法
输入	能力需求、能力现状
输出	能力需求与能力现状之间的能力差距清单
约束条件	按照作战样式，分别进行不同作战样式的能力差距分析
潜在用户	作战专家、装备运用专家

2. 表单化设计

基本环节的输入、输出采用表单化设计，以工作表单模板规范基本环节输入、输出的要素，内容，要求和格式。其中，输入表单为前一基本环节的输出表单；输出表单为后一环节的输入表单。

在"作战能力差距分析"输入中，以"态势信息处理能力"为例，可将能力需求输入表单设计为如表3-7所示。

表3-7 能力需求输入表单示例

能力编号	能力名称	能力条件				能力指标					能力贡献度
		编号	名称	取值	代码	编号	名称	理想值	基本值	最低值	
C215	态势信息处理能力	T3.2.1	电磁效应	广泛的	A	R215.1	处理速率（Kb/s）	1024	768	512	B
		T3.3.2	军事系统的可靠性	中	B	R215.2	处理种类（种）	80	60	50	B
		T2.2.4	通信的连续性	间歇的	B	R215.3	准确性（%）	100	80	60	B
		...									

注：能力贡献度区分为标志性能力、关键性能力和一般能力，分别用A、B、C表示。

"作战能力差距分析"输出为作战能力差距清单，以"态势感知能力"的某项子能力"态势信息处理能力"为例，可将其需求值与现有值间的差距表示为如表 3-8 所示的工作表单。

表 3-8　"作战能力差距分析"输出表单示例

能 力 指 标			能力需求 N_i（基本值）	现有能力 M_i	能力差距 $(N_i - M_i)/M_i$
一级指标	二级指标	三级指标			
态势感知能力	态势信息处理能力	处理速率（Kb/s）	768	256	(2，2)
		处理种类（种）	60	16	(2，2.75)
		准确性（%）	80	65	(1，0.23)
...					

3．方法说明

通常情况下，环节规范化描述中仅给出基本环节的适用方法，不必强制用户必须采用指定的方法，从而增强基本环节的适应性。但是，不管用户采用哪种方法，工作输出必须满足表单设计要求。

在"作战能力差距分析"基本环节中，推荐使用基于比较矩阵的定性与定量相结合的方法，来确定作战能力需求与作战能力差距间的相对差距和绝对差距，增强分析结果的可理解性。其基本步骤为：

（1）分解能力需求和能力现状，构建能力指标关联矩阵。

（2）根据任务需求的重要度，确定能力指标的重要度，可定性区分为 3 个层次，即很重要、重要和一般，分别用 1、2、3 表示。

（3）根据完成任务的能力重要度和当前能力的实现水平，确定能力需求的紧急程度，可定性区分为 3 个层次，即迫切需要、很需要和需要，分别用 1、2、3 表示。

（4）根据能力的重要度和紧急程度，采用矩阵判断法（如图 3-11 所示），确定各项能力的差距等级（即相对差距），可用数学模型表示为

$$z = \begin{cases} \min(x,y) + \mathrm{trunc}\left(\dfrac{x-y}{2}\right) + 1 & (x>1 \text{且} y>1) \\ 1 & (x=y=1) \end{cases}$$

式中，z 表示能力相对差距；x 表示能力实现的紧迫度；y 表示能力重要度；$\min(x,y)$ 表示取 x 和 y 的最小值；$\mathrm{trunc}\left(\dfrac{x-y}{2}\right)$ 表示取 $\left(\dfrac{x-y}{2}\right)$ 的整数部分。

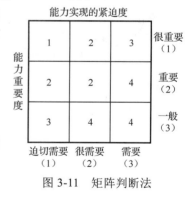

图 3-11　矩阵判断法

（5）根据各项能力指标的取值情况，计算各项能力的绝对差距。假定能力需求的基本值为 N_i，对应的现有值为 M_i，则该项能力的绝对差距为 $(N_i - M)/M_i$。

（6）将能力的相对差距和绝对差距以集对的形式表示，如集对 (A_i, B_i) 表示第 i 项能力指标的相对差距为 A_i，绝对差距为 B_i。

表 3-9 为基于比较矩阵的定性与定量相结合的能力差距分析结果。

表 3-9 基于比较矩阵的定性与定量相结合的能力差距分析结果

能力需求指标		现有能力指标			重要度
		处理速率（Kb/s）	处理种类（种）	准确性（%）	
		256	16	65	
处理速率（Kb/s）	768	(2, 2)			1
处理种类（种）	60		(2, 2.75)		2
准确性（%）	80			(1, 0.23)	1
紧急程度		2	1	1	

3.4 装备需求论证环节模块化设计

3.4.1 模块化设计原理

模块化设计在产品设计和软件设计领域有着广泛的应用。Sanchez 等人认为模块化是通过标准化的组件接口实现组件独立性与松耦合的设计方法；Baldwin 等人认为模块化是采用较小的独立设计子系统组合形成复杂的产品和流程的设计方法，能够有效降低产品和流程的复杂性。通过模块化设计，可以有效降低产品和软件的复杂性，实现产品部件或软件模块的可重用，并有利于产品部件和软件模块的测试和维护，增强产品和软件的生命力。

模块化是建立装备需求论证环节模型可组合的关键步骤，其基本原理是以装备需求论证环节为基础，按照功能相对独立与接口交互标准化的原则，实现装备需求论证环节的封装，隐藏装备需求论证环节的内部实现细节，通过环节模块之间的接口交互实现环节的按需组合，满足装备需求论证业务过程的变化需求。

衡量装备需求论证环节模块化程度的高低可采用内聚度和耦合度两个指标。其中，内聚度是指环节功能和内部实现的独立性程度，与其他环节的关系越少，其内聚度越高，模块化程度越高；耦合度是指环节之间关联关系的强弱，关联关系越强，耦合度越高，模块化程度越低。

3.4.2 面向对象的模块结构设计

模块化设计的突出特征是功能的高内聚和接口交互的参数化，而面向对象的系统分析与设计方法，则以对象为基础，通过对对象属性和行为的封装，隐藏了对象的内部细节，通过对象之间的消息传递来实现对象之间的交互和互操作，从而实现了对象功能高度内聚和接口交互的标准化。为此，装备需求论证环节的模块结构可采用面向对象的设计方法，将装备需求论证环节作为一个对象，将环节的属性和行为封装在对象内部，而将环节与其他环节、用户和数据库之间的交互作为外部接口开放，以便于环节内部细节的维护处理和环节交互的标准化。于是，环节模块表达为

环节=<属性+行为>+关系接口

其中，属性表示装备需求论证环节的属性信息，包括环节的名称、功能、适用方法、约束条件及环节的状态信息等，是对装备需求论证环节特征属性、状态信息的描述；行为

表示装备需求论证环节改变自身状态的一组操作；符号"<>"表示装备需求论证环节的属性和行为封装在模块内部；关系接口是环节模块与其他环节模块交互的协议，其他环节模块通过调用相应的关系接口获取或改变环节模块的属性和行为，也是实现装备需求论证环节组合的基础。环节模块的封装如图3-12所示，封装后的环节具有清晰的边界，通过流程接口、用户接口和数据库接口分别与其他环节模块、模块用户（论证人员）和系统数据库相连，实现模块之间、模块与用户之间、模块与数据库之间的相互作用和交互，其内部的实现细节受到封装保护。

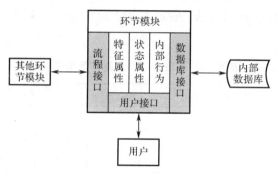

图 3-12   环节模块的封装

为此，采用面向对象设计中类定义的方式，可将装备需求论证模块形式化定义为：

```
NodeModel = {NodeName : string;
            NodeFunction : string;
            NodeMethods : string;
            NodeInput : DefInptType;
            NodeOutput : DefOutputType;
            Nodeuser : string;
            NodeCondition : DefConType;
            NodeDescription : string;
        private
            内部行为;
        public
            流程调用接口;
            用户调用接口;
            数据库调用接口;
            }
```

其中，NodeModel为环节模型标识；NodeName为环节名称，通常采用规范化的文本描述，其名称应与环节模型字典中相应的模型名称一致；NodeFunction为环节模型功能，通常采用规范化的文本描述，目的是帮助用户快速了解环节模型的功能与用途；NodeInput为环节模型输入，采用结构化参数进行定义，不同的环节往往具有不同的数据输入，在进行环节模型设计时，应分别设计不同环节的模型接口；NodeOutput为环节模型输出，采用结构化参数进行定义，与NodeInput类似，需要根据环节模型输出的具体情况分别定义；NodeCondition为环节模型的条件，采用结构化或半结构化的形式表示；NodeDescription为环节模型的描述，用于对环节模型进行补充性说明。

3.5 基于能力的装备需求论证基本环节分析

3.5.1 基本环节组成

通过对装备需求论证任务的全面分析，分解形成了装备需求论证的活动集合，并按照装备需求论证环节的选择原则与方法，确定了基于能力的装备需求论证的 43 个基本环节集合，如表 3-10 所示。

表 3-10　装备需求论证基本环节集合

类　别	序　号	环　节	类　别	序　号	环　节
任务需求分析	1	作战使命分析	体系需求分析	25	体系功能构想
	2	作战概念设计		26	基于能力的体系功能需求分析
	3	作战行动构想		27	体系功能清单生成
	4	作战活动分析		28	体系种类需求分析
	5	作战节点分析		29	体系数量需求分析
	6	组织关系分析		30	体系结构需求方案生成
	7	作战活动、节点、组织三元映射分析		31	体系功能与结构映射分析
	8	作战活动集成		32	新型装备主要作战性能分析
	9	作战信息交互分析		33	体系需求方案生成
	10	作战任务清单生成		34	体系需求验证
	11	任务需求验证	型号需求分析	35	型号功能构想
能力需求分析	12	作战能力构想		36	基于能力的型号功能需求分析
	13	作战能力指标体系构建		37	型号主要作战性能分析
	14	作战能力指标分析		38	型号功能清单生成
	15	作战能力指标权重分析		39	型号主要作战性能清单生成
	16	作战能力清单生成		40	型号需求方案生成
	17	固有作战能力分析		41	型号需求验证
	18	作战能力差距分析	需求方案生成	42	需求方案生成
	19	作战能力差距清单生成		43	需求方案评估
	20	非装备解决途径分析			
	21	装备能力需求分析			
	22	装备能力清单生成			
	23	能力需求方案生成			
	24	能力需求验证			

由于装备需求论证应用模式的不同，基本环节在组成装备需求论证流程时往往会根据论证目标及论证人员的价值取向改变基本环节的名称、方法及其接口数据需求。例如，在

3.5.3 节中总体流程中的"任务需求分析"活动，其结果应为提出武器装备的作战任务清单，与基本流程中的"作战任务清单生成"活动输出基本一致，因此，可将这两类活动归纳抽象为同一个环节。但是，在这两种流程中，"任务需求分析"与"作战任务清单生成"活动在论证范围、论证方法、论证输入及信息资源支持方面并不相同，需要在构建流程时能够进行柔性化设计，以适应装备需求论证流程构建需求。具体设计过程参见 5.2 节。

3.5.2　环节功能描述

基于能力的装备需求论证共包括 43 个基本环节，其要素描述如表 3-11 所示。

表 3-11　装备需求论证基本环节的要素描述

类　别	序　号	环　节	输　入	输　出	功　能	适用方法
任务需求分析	1	作战使命分析	装备的总体使命，主要包括装备的主要用途和功能定位	装备作战使命描述模板，包括装备的主要用途、装备的主要应用部队类型、装备的主要应用部队规模、部队的应用层次构成、部队的作战样式等要素	细化装备作战使命，明确装备使用的作战样式、作战规模和作战力量结构，为进行作战概念设计提供依据	类比法、构想法、演绎法
	2	作战概念设计	以武器装备为主体的部队作战样式及其适应的作战环境	作战概念图和作战概念描述。通常，每个作战样式应对应一种作战概念图（含作战概念描述）	它是对以该装备为主体的作战体系的宏观、概略性描述，以作战使命分析为基础，依次设计不同作战样式下的作战概念，主要包括作战概念名称、作战任务区分、作战力量构成、作战对手假定、典型作战活动和信息交互关系等	分析法、图示法和动态验证法
	3	作战行动构想	作战概念图和高级作战概念描述	包括作战企图构想、作战任务区分、作战力量编成与部署、作战行动计划和作战协同计划等，多以文档、表格或图形图像表示	根据作战概念，设计具体的作战对抗构想方案，明确作战阶段划分和任务分区，统筹作战行动方案，提出作战力量编成和部署建议，为后续进行作战活动分析提供依据	案例法、创新思维法等
	4	作战活动分析	作战构想分析中得到的作战任务区分、作战行动计划和作战协同计划等	完成特定作战使命的作战活动组成图和作战活动流程图。前者可采用分层结构图或例图表示；后者可采用流程图或活动图表示	根据作战构想，描述完成作战使命的作战活动的组成及其相关关系。分析重点是作战活动的层次结构模型和作战活动的信息交互模型	结构化分析方法、面向对象分析方法

类　别	序　号	环　节	输　入	输　出	功　能	适用方法
任务需求分析	5	作战节点分析	部队作战力量编成	作战节点层次结构图和作战节点表格，基本要素包括作战节点的名称、层级相互关系、节点图形化表示符号、关系图形化表示符号等	重点描述作战体系中作战节点的构成及关系，可通过作战构想分析中的作战编成信息确定	层次结构分析法
	6	组织关系分析	部队作战力量编成	组织关系图，基本要素包括作战组织结构、作战组织关系、作战角色区分	明确所有作战节点的组织结构；明确各级组织结构中的人员组成及其职责；明确各级组织之间的相互关系，如指挥关系和协同关系	层次结构分析法
	7	作战活动、节点、组织三元映射分析	作战活动集合、作战节点集合、组织关系	作战活动、节点、组织三元关联矩阵	建立作战活动与作战节点的关联关系，明确作战节点中的关键角色及其职责，分析作战节点之间的信息需求关系	矩阵分析法
	8	作战活动集成	不同作战概念牵引的作战活动列表	经过综合集成处理的作战任务集合	实现不同作战任务清单的作战任务指标的归类、合并和简化，或者同一作战任务清单中相似作战任务指标的归类、合并和简化	模糊聚类法、粗糙集方法等
	9	作战信息交互分析	作战活动、节点、组织三元关联矩阵	作战节点信息交换矩阵，包括节点与节点之间的内容、格式、要求等	确定特定作战构想中作战节点之间的信息交换关系、信息交换方式、信息交换内容和信息交换元素等	矩阵分析法、结构化分析方法等
	10	作战任务清单生成	作战活动集合	作战任务清单包括作战任务的名称、条件及指标要求等	生成作战任务清单，形成任务需求分析方案的标志性内容。该环节也可以称为"任务需求方案生成"	结构化描述法
	11	任务需求验证	作战任务清单、作战节点集合、组织关系	任务需求验证结论及作战活动调整优化建议	验证任务需求分析得到的作战任务是否与作战概念设计中明确的力量编成、主要作战行动、信息交互关系相一致	专家评审法、测试验证法、可执行验证法、仿真验证法

类 别	序 号	环 节	输 入	输 出	功 能	适 用 方 法
能力需求分析	12	作战能力构想	作战概念	主要作战能力要求，通常是对主要作战能力的宏观、抽象描述	根据武器装备的总体使命及其功能定位，初步提出以论证装备为主体的部队应具有的主要作战能力要求	创新思维法
	13	作战能力指标体系构建	主要作战能力要求	作战能力指标体系	提出以论证装备为主体的部队作战能力指标体系，包括能力指标及其相互关系	创新思维法、逻辑分析法等
	14	作战能力指标分析	作战能力指标体系、作战任务清单	作战能力指标需求方案	以作战任务清单和作战能力指标体系为基础，建立作战任务与作战能力关联矩阵，分析作战任务与作战能力指标之间的关联关系，并根据作战任务指标要求确定作战能力指标的取值要求。 该环节也可称为"作战任务与作战能力映射分析"	矩阵分析法、解析计算法、运筹学方法等
	15	作战能力指标权重分析	作战能力指标体系	作战能力指标权重方案	根据作战任务需求和作战能力指标关系，提出作战能力指标权重	专家打分法、层次分析法等
	16	作战能力清单生成	作战能力指标体系、作战能力指标需求方案	作战能力清单包括所有的作战能力指标及其取值要求	根据作战能力指标体系和作战能力指标需求方案，提出包括能力名称、能力条件和指标要求的结构化作战能力清单	综合法
	17	固有作战能力分析	作战能力指标体系、部队编制体制及装备作战性能指标方案	固有作战能力指标取值方案	通过对部队编制体制及其武器装备作战性能指标方案的综合分析，提出当前部队作战能力指标取值方案	解析法、定性分析法等
	18	作战能力差距分析	作战能力指标需求方案、固有作战能力指标取值方案	作战能力差距方案	通过作战能力指标需求方案与固有作战能力指标取值方案的对比分析，确定部队作战能力存在的差距	定性分析法、比较法等
	19	作战能力差距清单生成	作战能力差距方案	作战能力差距清单	以作战能力差距方案为基础，构建包括作战能力指标需求、固有作战能力指标取值及两者差距等级的作战能力差距清单	综合法

类　别	序　号	环　节	输　入	输　出	功　能	适 用 方 法
能力需求分析	20	非装备解决途径分析	作战能力差距清单、部队编制体制、作战理论创新等	作战能力差距解决方案	通过对作战理论、编制体制、组织训练、作战指挥、军队基础设施等多个领域的综合分析，提出解决作战能力差距的总体方案，明确不同差距的弥补措施	综合分析
	21	装备能力需求分析	作战能力差距解决方案	装备能力需求方案	以作战能力差距解决方案为基础，选择出需要通过改进或新研装备弥补作战能力差距的作战能力项目，形成需要发展的装备能力需求方案。不需要通过改进或新研装备解决的作战能力，说明现有的装备能力已经能够满足需要，在装备能力需求方案中应列出	逻辑分析
	22	装备能力清单生成	装备能力需求方案	装备能力清单包括装备体系能力清单和装备型号能力清单两种	以结构化形式进行装备能力需求方案的规范化描述，列出装备需要具有的所有作战能力及其指标要求，并区分是否需要通过改进或新研装备来满足装备能力发展要求。进行具体分析时，应能够根据论证对象的不同，分析提出装备体系能力需求或装备型号能力需求，进而牵引装备体系需求分析和装备型号需求分析	逻辑分析法、结构化方法
	23	能力需求方案生成	作战能力清单、作战能力差距清单、装备能力清单	能力需求方案	综合作战能力清单、作战能力差距清单、装备能力清单的内容，形成能力需求方案	综合法
	24	能力需求验证	能力需求方案	能力需求验证结论及能力需求调整优化建议	验证能力需求是否能够满足作战任务需求、装备能力需求、作战能力差距及作战能力需求一致	专家评审法、测试验证法、可执行验证法、仿真验证法

类 别	序 号	环 节	输 入	输 出	功 能	适 用 方 法
体系需求分析	25	体系功能构想	作战概念、装备功能组成案例	装备功能初步方案包括主要功能的分类及主要组成	以作战概念和装备功能组成案例为基础，提出装备功能组成的初步方案	创新思维法/案例推测法
	26	基于能力的体系功能需求分析	作战能力清单、装备能力需求清单	装备体系功能集合	以体系功能构想为基础，通过能力与功能的映射分析，优化体系功能组成	矩阵分析法、逻辑分析法
	27	体系功能清单生成	装备体系功能集合	装备体系功能清单	以装备体系功能集合为基础，按照结构化功能模板的要求，形成装备体系功能清单。该环节也可称为"体系功能需求方案生成"	结构化方法
	28	体系种类需求分析	装备体系功能清单、功能与种类映射字典库	装备种类需求	以装备体系功能清单为基础，按照功能与种类映射字典库中的映射关系，提出装备种类需求方案	案例推理法
	29	体系数量需求分析	作战任务清单、装备种类需求	装备数量需求	以装备种类需求为基础，以作战任务清单中的作战任务及其相互关系为依据，采用解析计算、仿真实验等方法确定各种类武器装备的具体数量	解析法、仿真实验法
	30	体系结构需求方案生成	装备种类需求、装备数量需求	装备结构需求方案	形成包括装备种类及其数量的装备结构需求方案	归纳法
	31	体系功能与结构映射分析	装备体系功能清单、装备结构需求方案	装备体系功能与结构关联矩阵	通过装备体系功能与结构需求的关联分析，进一步优化装备体系功能与结构需求方案	矩阵分析法
	32	新型装备主要作战性能分析	新型装备功能需求、新型装备能力需求	新型装备作战性能指标方案	类似于已经明确了装备能力需求时的装备型号需求论证，具体请参考"型号需求分析"中的相关环节	参考"型号需求分析"中的方法
	33	体系需求方案生成	装备体系功能清单、装备结构需求方案、新型装备作战性能指标方案	装备体系需求方案包括装备体系的功能需求、种类需求、数量需求和装备主要作战性能指标等	综合装备体系功能清单、装备结构需求方案、新型装备作战性能指标方案，形成装备体系需求方案	归纳法、综合法

续表

类　别	序　号	环节	输　入	输　出	功　能	适用方法
体系需求分析	34	体系需求验证	装备体系需求方案	装备体系需求方案优化建议	验证装备体系需求是否能够满足于任务需求和能力需求，并验证装备体系需求的一致性	专家评审法、测试验证法、可执行验证法、仿真验证法
型号需求分析	35	型号功能构想	作战概念、装备功能组成案例	装备型号功能初步方案包括主要功能的分类及主要组成	以作战概念和装备功能组成案例为基础，提出装备型号功能组成的初步方案	创新思维法
	36	基于能力的型号功能需求分析	作战能力清单、装备能力需求清单、装备型号功能初步方案	装备型号功能集合	以型号功能构想为基础，通过能力与功能的映射分析，优化型号功能组成	矩阵分析法、逻辑分析法
	37	型号主要作战性能分析	作战能力清单、装备能力清单、装备型号功能清单	装备型号作战性能指标方案	通过对作战能力指标与装备能力指标的分析，确定不同功能的主要作战性能指标类型及其取值	解析法、逻辑分析法、案例法
	38	型号功能清单生成	装备型号功能集合	装备型号功能清单	以装备型号功能集合为基础，按照结构化功能模板的要求，形成装备型号功能清单	结构化方法
	39	型号主要作战性能清单生成	装备型号作战性能指标方案	装备型号主要作战性能清单	以装备型号作战性能指标方案为基础，按照结构化功能模板的要求，形成装备型号作战性能指标方案	结构化方法
	40	型号需求方案生成	装备型号功能清单、装备型号作战性能指标方案	装备型号需求方案包括装备型号的功能组成及其主要作战性能指标	综合装备型号功能清单、装备型号作战性能指标方案，形成装备型号需求方案	归纳法、综合法
	41	型号需求验证	装备型号需求方案	装备型号需求方案优化建议	验证装备型号需求是否能够满足于任务需求和能力需求，并验证装备型号需求的一致性	专家评审法、测试验证法、可执行验证法、仿真验证法
需求方案生成	42	需求方案生成	作战任务清单、能力需求、装备体系需求方案、装备型号需求方案	装备需求方案	综合任务需求、能力需求、体系需求和型号需求，形成装备需求方案	综合法

续表

类 别	序 号	环 节	输 入	输 出	功 能	适 用 方 法
需求方案生成	43	需求方案评估	装备需求方案	装备需求方案优劣评价	采用合适的需求方案评估方法，评估装备需求方案的科学性、合理性和可接受性	评估法、仿真法等

3.5.3 环节关系分析

基本环节之间的关系通过装备需求论证流程予以体现。根据基于能力的装备需求论证任务要求，按照装备需求论证活动的层次结构，通常有两种形态的论证流程，即总体流程和基本流程。

（1）总体流程。

总体流程是针对装备需求论证任务进行的总体设计，粗略地划分了装备需求论证的阶段及其主要活动，如图 3-13 所示，包括作战、能力、装备 3 个领域的 6 个环节。

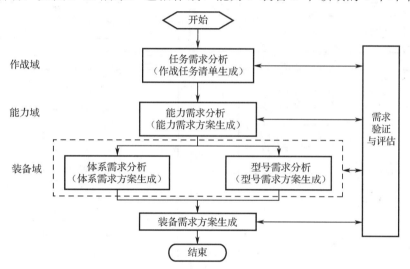

图 3-13 基于能力的装备需求论证总体流程

（2）基本流程。

基本流程是面向具体的研究目标和论证人员，以具有"论证"意义的基本环节为单元，构建的关于装备需求论证的比较详细、规范的流程。每个环节的功能均围绕装备需求论证中的某个具体问题展开，其分析结果直接或间接地成为后续环节的输入或装备作战能力、功能和结构方案的组成部分及数据支撑。基本流程构建包括所有 43 个基本环节及其相互关系，如图 3-14 所示。

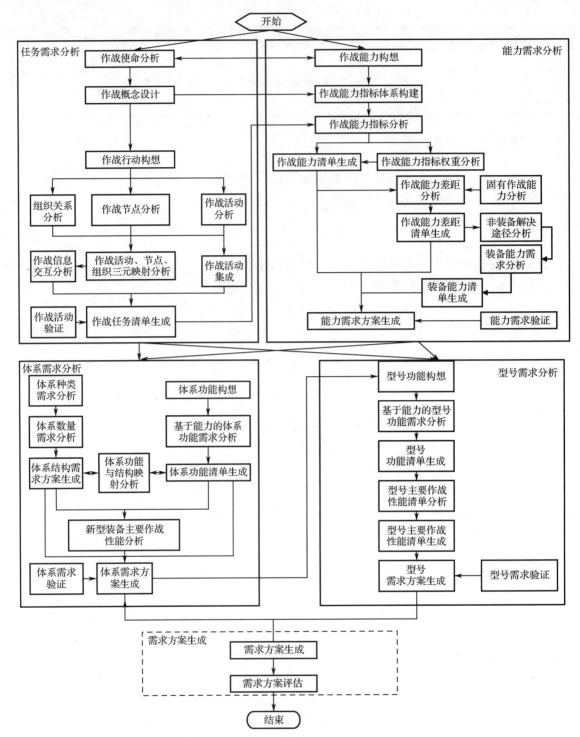

图 3-14　基于能力的装备需求论证基本流程

第 **4** 章　装备需求论证环节元模型构建

　　由于装备需求论证目标与对象不同，所以装备需求论证的应用流程具有较大差异，面向不同应用的论证流程往往会使用相同的论证模型，这就要求模型应具备一定的可重用能力。建立可重用的论证模型无疑是确保装备需求论证模型重用能力的基本途径。为此，提出装备需求论证的环节组成，并按照装备需求论证模型体系框架，采用元建模方法，提出基于元模型的装备需求论证建模方法，是实现装备需求论证模型的通用化和组合化的技术支撑。

4.1 元建模技术

4.1.1 元模型

元模型（Meta-Model）指模型的模型，在软件工程领域是用来描述模型的建模语言，而在运筹学领域是指模型的二次模型或低阶简化模型。它是通过对原始模型的输入参数-输出结果序列进行拟合而得到的新的数学模型，本书所采用的元模型取第二种含义，即运筹学的含义，相应的，构造元模型的活动称为元建模（Meta-Modeling），构造元模型的方法称为元建模方法。当用来构造元模型的原始输入-输出数据序列由模型生成时，所建立的模型称为元模型，相应的建模方法称为元建模方法。

4.1.2 元模型、模型及源系统的关系

元模型被广泛应用于建模实践，图 4-1 精辟阐述了元模型、模型及源系统的关系。源系统是指需要建模的某个系统、想法、状况、政策或现象。模型是源系统的因果模型，是对源系统的近似描述。元模型是对模型输入-输出关系的逼近。

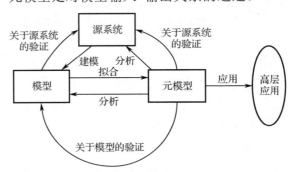

图 4-1　元模型、模型及源系统的关系

所谓元模型拟合是指对给定的元模型类型与形式，应用数学或统计方法对模型产生的数据进行逼近，目的是估计元模型参数值，并使用定量准则对这些参数估计值进行评价。模型拟合仅仅关心提供一组好的参数对给定的数据产生好的近似，并不关心元模型是否足够描述源系统和模型。因此，验证元模型的有效性是十分重要的。元模型验证是指应用源系统的知识（领域知识）及模型的实验数据，验证元模型对源系统和系统的有效性。

4.1.3 元模型的层次框架

借鉴分层次建模的研究思路，在进行系统建模时，我们首先对所要研究的系统进行深入分析，在低耦合、高内聚思想的指导下将系统进行多层次分解，部分或全部分解为若干个子系统，直至子系统不能再进行分解为止。在一定的建模框架下对分解出的子系统进行单独建模，把单独建模的结果拟合成某种形式的数学模型，得到相应子系统模型的元模型。在进行系统建模时，对于那些分解出的子系统就不必再调用其建模，而是直接调用其元模型，根据调用时的输入条件就可以从元模型直接得到该子系统的输出。进一步地，将分解出的子系统的元模型进行聚合形成本层系统的模型，在此基础上求得本层系统的元模型，

并将之聚合到上层系统的实验框架下进行建模，循环此步骤一直到最上层系统，这样就在单独实验的基础上通过综合分析的方法解决了实验复杂度的问题，进而解决了全系统的评估问题。该框架研究的示意图如图 4-2 所示。

图 4-2 中所示的上层系统、本层系统与低层系统是与研究者的基点有关，变更本层系统的基点，就可以循环迭代到任意层次。这种分层次建模的思想将模型系统分为许多层次，对于完全分解的模型系统，每一个层次(底层除外)的模型都是由元模型组成；对于部分分解的系统，每一个层次的模型由分解出的低层模型系统的元模型组成。图 4-2 直接体现了元模型的应用过程应该包括元模型的建立和使用。

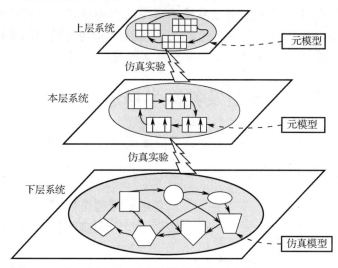

图 4-2　元模型层次框架示意图

4.1.4　元模型的过程框架

在元模型层次框架研究的基础上，结合系统实验和元建模的目的，可以建立以元模型生成、评估和使用为核心的元模型过程框架，如图 4-3 所示。

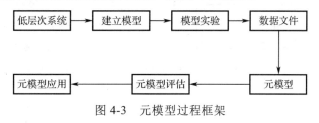

图 4-3　元模型过程框架

（1）生成。

建立元模型。首先通过实验设计方法对一定实验框架下分解出的低层系统进行探索分析，通过实验分析选取单独实验时对指标影响较大的因子和结合具体背景分析重要度高的因子作为输入变量，进行大规模实验，获取生成元模型所需的实验数据；然后综合分析多种元建模方法，选取适合具体背景的建立元模型的方法（多项式回归、神经网络、样条曲面），进而确定所选方法应该采用的具体形式（如多项式回归是采用一阶多项式还是二阶多项式，神经网络是采用三层网络还是四层网络及每层神经元数目）；最后建立低层系统的元模型。

（2）评估。

元模型的有效性评估是元模型过程框架研究的重要内容，从元模型关于源系统和关于模型两个方面对元模型的有效性进行验证。元模型的有效度由元模型关于源系统和关于模型的实验结果可信度进行衡量，是元模型的应用基础。

（3）使用。

对于经过有效性验证的元模型，只有将其聚合到高层系统才能实现元建模的目的。元模型的聚合方法按照武器系统进行层次分解时的方式不同而需要分别进行研究。

元模型的层次框架决定了元模型在系统应用中的作用地位，元模型的过程框架规定了元模型在系统应用中的应用流程。元模型的层次框架研究为元模型的过程框架研究进行总体的思路指导，元模型的过程框架研究为层次框架研究提供具体的应用支持。

4.2　装备需求论证元模型及其数学描述

定义装备需求论证元模型，并给出其数学描述模型，进而分析与其相关的知识。

4.2.1　装备需求论证元模型

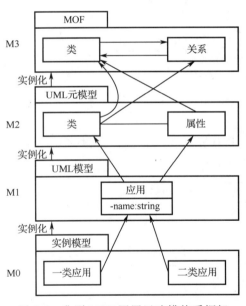

图 4-4　典型 MOF 四层元建模体系框架

利用元模型可以有效刻画许多具有相似特征的实例模型，为实现模型的重用性和互操作性提供了可行的技术途径。特别是在异构环境中，利用元模型技术能够适应多种硬件平台运行的操作系统需求，方便构建异构分布的应用系统。为了有效规范和应用元建模技术，国际对象管理组织（Object Management Group，OMG）组织制定了 MOF（Meta Object Facility，元对象设施）规范。MOF 方法提供了一个包括四层元建模体系的元建模框架，如图 4-4 所示。

OMG 定义的 MOF 模型是一个与 UML 密切相关的模型，其中，MOF 模型是对通用元模型或特殊领域元模型的定义，采用了面向对象机制，特别适合于采用面向对象方法的元模型。M2 层模型由 M3 层元模型来描述，M1 层模型由 M2 层模型来描述；M0 层模型由 M1 层模型来描述。

元模型是模型的抽象，而模型是元模型的实例化。在装备需求论证领域，其元模型和装备需求论证环节模型、装备需求论证系统之间的关系如图 4-5 所示。

如图 4-5 所示，装备需求论证系统模型是以装备需求论证类型元模型和拟合元模型为基础集成的，其基本步骤可归纳为 4 步：

（1）装备需求论证系统分析。根据装备需求论证的目标要求和主要任务，分析装备需求论证业务系统的特征，形成装备需求论证业务的整体认识。

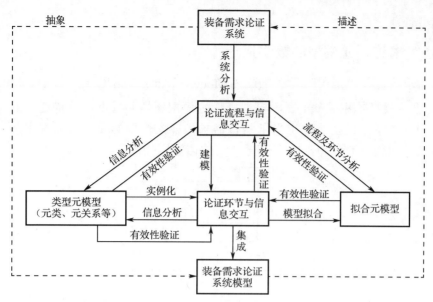

图4-5 元模型和装备需求论证环节模型、装备需求论证系统之间的关系图

（2）装备需求论证流程与环节分析。采用科学的方法，建立规范化的装备需求论证流程，并提取组成流程的相应环节，分析环节的输入、输出、功能、约束等具体要求，建立装备需求论证流程和环节描述的基本模板。

（3）装备需求论证流程与环节元模型的构建。以类型元模型和拟合元模型为指导，构建装备需求论证流程和环节元模型。

（4）装备需求论证系统模型的构建。按照多样化的装备需求论证业务实践需求，按需构建以环节元模型为基础的装备需求论证系统模型。

其中，拟合元模型就是精简装备需求论证的具体流程和环节模型，即通过输入-输出数据对原来的流程和环节进行拟合，主要作用是用来对论证流程和环节进行验证，辅助建立符合论证要求的流程模型。类型元模型不但提供论证流程模型，而且可以通过实例化元模型来定义论证流程模型。

4.2.2　装备需求论证元模型层次

装备需求论证元模型包括类、属性、约束和操作等几类要素，通过定义元模型类的属性与关系能够方便实现各种实例对象之间的关联。根据 MOF 的 4 层元模型体系结构，可构建如图 4-6 所示的装备需求论证元模型层次。组成环节的活动或环节用活动类表示，由属性、关系、操作 3 部分组成。其中，属性用来定义活动对象的描述特征，是区分不同类事物的主要标

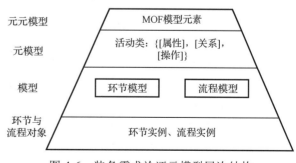

图4-6　装备需求论证元模型层次结构

志，同时提供了有效的索引关键词；关系用来定义活动对象之间的关系，以方便描述元模型之间的相互关系；操作用来定义对活动对象的更新、修改、删除等，为用户提供良好的

活动对象模型管理接口。

4.2.3 装备需求论证元模型的数学描述

将装备需求论证元模型用三元组描述为 Model = {Attri, Cons, Opt}。其中，Attri 表示模型属性，Cons 表示模型约束，Opt 表示模型操作。模型属性和模型约束描述了装备需求论证元模型及其相互关系，模型操作定义了装备需求论证元模型的元操作，用来描述装备需求论证元模型具体的构建流程和其中的变化，它的语义图如图 4-7 所示。

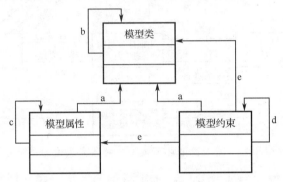

图 4-7　装备需求论证元模型语义图

图中关系 a 表示装备需求论证模型类是由模型属性和模型操作基于规则的结合而得来的，以装备需求论证活动模型为例，就是由相关属性和关系组成的；关系 b 表示装备需求论证模型类之间的相互关系，有继承、关联和聚合等多种关系，例如，由多个活动可以组合形成论证环节，则组成论证环节的多个活动之间存在聚合关系；关系 c 表示模型属性之间存在继承、关联和聚合关系，如论证方法的方法类别属性，又可以细分为粒度更细的方法类别集合，则说明子方法类别与方法类别之间存在继承关系；关系 d 表示模型约束之间的相互关系，同样有聚合、继承与关联关系；e 这条线则呈现出装备需求论证模型约束、模型类和模型属性三者的内在关联，继承约束既可以作用于继承类也可以作用于继承属性，如某项约束同时是某继承类及其属性的约束。

（1）模型属性定义。

模型属性抽象了装备需求论证模型的相关特征，是在对同类装备需求论证模型综合分析的基础上，通过抽象定义装备需求论证模型属性类、属性参数及其类型实现的。装备需求论证模型属性主要包括属性名称、类型、参数、取值、量纲、描述等要素，可描述为一个七元组：

$$ModelAttri = \{aID, aItem, aKind, aParameter, aValue, aDimension, aDescription\}$$

其中，aID 表示装备需求论证模型属性 ID；aItem 表示装备需求论证模型属性名称；aKind 表示装备需求论证模型属性类型；aParameter 表示装备需求论证模型属性参数；aValue 表示装备需求论证模型属性取值；aDimension 表示装备需求论证模型属性量纲；aDescription 表示装备需求论证模型属性的描述性解释。

（2）模型关系定义。

装备需求论证元模型之间主要存在包含、组合、引用和解释 4 种关系。

① 包含关系。描述装备需求论证元模型整体与部分的关系，如装备需求论证环节元模

型包含装备需求论证活动模型，记为 IncluRelationship（Mod₁，Mod₂），表明模型 Mod₁ 与 Mod₂ 是一对多的关系，模型 Mod₁ 可以包含多个 Mod₂。

② 组合关系。描述装备需求论证元模型的组合性，例如，由多个环节按照一定的规则可以组合形成流程模型，记为 ComRelationship（Mod₁，Mod₂，Mod₃），表明模型 Mod₁ 可以由 Mod₂ 与 Mod₃ 通过一定的方式组合生成。

③ 引用关系。用于描述模型之间的关联关系，如在某模型中引用了其他模型中的相关内容，则需要通过引用关系说明这些模型之间的引用情况，记为 RefRelationship（Mod₁，Mod₂），表明模型 Mod₁ 中引用了 Mod₂ 中的相关内容，并且模型 Mod₁ 与 Mod₂ 之间是一对多的关系。

④ 解释关系。解释关系是引用关系的特例，用于说明某模型中的部分内容在另一模型中进行了专门的描述与说明，记为 ExpRelationship（Mod₁，Mod₂），表明模型 Mod₁ 中的部分内容在模型 Mod₂ 中进行了解释性描述，并且任意一个模型 Mod₁ 中的相关内容都可能在多个模型 Mod₂ 中进行解释说明。

（3）模型操作定义。

模型操作主要用于说明装备需求论证模型的读取、修改、删除、添加等。其中，读取（Get）操作可以获取装备需求论证模型对象的相关属性，但不能改变装备需求论证模型对象的属性取值；修改（Update）操作可以修改装备需求论证模型对象的属性；删除（Del）操作可以删除装备需求论证模型对象，包括装备需求论证模型的属性、关系等；添加（Add）操作可以添加装备需求论证模型对象，包括添加新的对象、模型属性和关系等。

4.3 装备需求论证本体元模型构建

4.3.1 本体及其建模元语

（1）本体。

本体最初是哲学领域的一个词语，它是对客观存在物质的系统性表述，之后，本体概念在 AI 和计算机领域得到广泛运用，并且成为一个许多领域的基本概念及其关系，同时它能够用于描述这些概念和关系所具有的外延，并对其进行定义。在 Studer 看来，本体是一种高度形式化的规范说明，用于描述共享的概念模型。其中，概念模型主要通过对现实世界的一些客观存在的抽象而获得，并且区别于具体的现象及其所存在的环境，而形式化则意味着本体能够被计算机读取和识别。明确是指本体中定义的概念和约束条件应是清晰、无二义性的。共享是指本体应能够体现某个团体共同理解的知识。通过定义本体，可以提供对领域知识的一致性理解，规范领域内相同事物的描述方式、名称和内涵，并能够从不同的角度明确给出这些术语及其之间的相互关系，基本原理如图 4-8 所示。

图 4-8 本体论与领域世界中实际系统间的关系

（2）本体建模元语。

为此，可以将本体定义为一个六元组，即 Onto={N,F,A,B,R,S}。其中，N 表示本体所具有的名称；F 是父本体名；A 是其属性的几何；B 是其对象的几何；R 是其关系的几何，能够体现出 B 所含要素的关系；S 表示附加到该方法的方法集合。

为了有效描述本体，通常本体包括 5 个建模元语，即类（Class）、关系（Relations）、实例（Instances）、函数（Function）及公理（Axiomms）。

- 类：表示抽象的概念和抽象的事物所代表的含义，是本体的某个层次。例如，行为、策略、推理、事件……
- 关系：指以笛卡儿乘积的形式表述各类之间的关联关系，如 R:C1×C2×···× Cn。
- 实例：表示类的某个实体，是具体化之后的类。
- 函数：表示类与类之间特定的定义。比如，第 n 个元素，能够根据 n 之前的元素，即前 $n-1$，进行一对一的确认。具体形式表现为 F:C1×C2×···×Cn-1→Cn。
- 公理：用来描述关联关系或约束条件"永远为真"的函数。

（3）本体关系。

在本体技术中，关系是描述类间关联的主要方式，典型关系有子类关系（is-a）、实例关系（instance-of）、成员关系（member-of）和时间关系（before/after）。

① 子类关系（is-a）。描述的是概念与概念间，一种从属性质的二元关系，它可以在概念和概念之间，划分出一种逻辑上的分类结构。诸如，is-a（C1,C2）能够把它表现成 C1 is a C2，即概念 C1 是概念 C2 的子概念，C2 是 C1 的父概念。

② 实例关系（instance-of）。主要用于表示概念与个体之间的二元关系。例如，instance-of（e，C）表示实例集 S 中的元素 $e(e \in S)$ is a instance of C。

③ 成员关系（member-of）。描述的是整体概念与部分概念之间的关系。例如，Member-of (M,W)表示成员 M 与整体 W 之间的部分与整体关系。

④ 时间关系，即 before 与 after，能够适用于概念，也能够适用于实例，是其先后关系的体现。Before 为实例或概念，先于其他实例或概念而存在；after 则反之。

4.3.2 装备需求论证本体元模型构建过程

基于本体的装备需求论证元建模过程，就是根据装备需求论证领域特征，采用元模型技术，开展装备需求论证元模型的构建活动。其基本途径是在明确装备需求论证领域和范围的基础上，抽取装备需求论证领域中的重要概念并按照特定的逻辑规则进行概念分组，进而定义概念的类、属性及其关系，并用 Web 本体语言（Web Ontology Language，OWL）进行装备需求论证本体的形式化描述。

由于装备需求论证本体需要具有较高的可读性、重用性，所以在构建装备需求论证本体时应遵循以下准则：

（1）一致性。本体模型应与领域相一致，能够具备与领域相同的推理逻辑并遵守相同的推理规则。

（2）可扩展性。随着装备需求论证领域的拓展和知识库的更新，装备需求论证本体模型应能够适应更新，拓展概念本体或以现有的本体模型为基础描述新的概念。

（3）明确性和客观性。本体模型应能够客观、准确地反映领域中的概念、属性及其关系，保证本体模型与领域事理保持一致。

（4）最小编码偏差。本体模型的建立应不依赖特定的计算机实现语言，应能够适应不同系统环境的程序实现要求。

在本体构建的众多方法中，包括 CYC 方法、SENSUS 方法、骨架方法和 TOVE 方法等，骨架方法着眼于有效获取领域知识并确定应用目的，可以直接采用形式化语言进行编码，通过本体模型的不断迭代，由粗到精反复优化，最终形成成熟的本体模型。另外，骨架方法与特定的本体语言无关，抽象层次更高，模型重用和拓展能力更强。为此，在装备需求论证本体模型构建中，借鉴骨架方法的建模过程，可提出如图 4-9 所示的装备需求论证本体元建模过程。

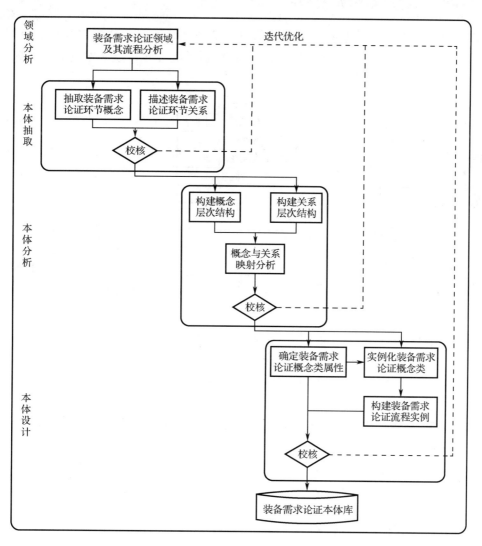

图 4-9　装备需求论证本体元建模过程

（1）领域分析。通过对装备需求论证领域的综合分析，提出装备需求论证的规范化流程和主要方法，明确装备需求论证的工作过程和工作要求，具体内容详见 4.1 节。

（2）本体抽取。根据装备需求论证工作过程及工作要求，围绕装备需求论证环节及其活动，抽取装备需求论证核心概念，提出装备需求论证核心概念之间的相关关系。

（3）本体分析。确定装备需求论证概念属性集，定义装备需求论证概念之间的关系类型与关系模式，并采用关联矩阵法分析概念与关系之间的匹配情况。

（4）本体设计。采用合适的本体建模语言，设计本体结构，并通过实例化活动模型、环节模型和流程模型，验证装备需求论证本体模型的适应性和可用性。

在装备需求论证本体建模过程中，应围绕装备需求论证本体建模的终极目标，根据各个步骤的建模特点，有针对性地做好各个步骤的分析验证工作，并通过本体建模过程的反复迭代，实现装备需求论证本体模型的不断成熟和精化。

4.3.3　装备需求论证本体元模型库构成

装备需求论证本体元模型库是对装备需求论证领域（特别是装备需求论证流程）中所含的关系、概念及属性的整体性表述，当然，也囊括了属性库、概念库及关系库3个部分，如图4-10所示。

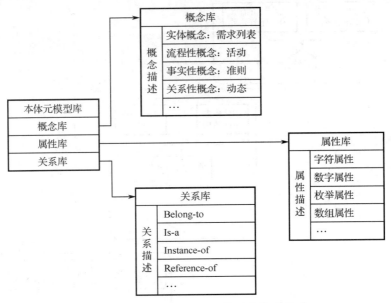

图 4-10　装备需求论证元模型本体库构成

（1）概念库：主要用于规范装备需求论证模型构建中公认的术语，通常具有相同的属性或行为对象。概念库中包含装备需求论证领域提取的所有概念，并且经过逐条审核，具有全局一致性，并且与其他概念之间不存在任何冲突。

（2）关系库：在确定装备需求论证概念后结合本体设计原则提出的关于概念之间关系的规则，主要包括 Is-a、part-of、instangce-of、attribute-of 等。

（3）属性库：定义概念的基本属性，通常可以根据属性的特征采用不同的数据类型表示。

4.3.4　装备需求论证本体元模型类设计

将本体库中的概念设计成类，并反复检验和修改。根据装备需求论证环节规范化描述的结果可知，可将装备需求论证元模型的类，划分成输入类、活动类、输出类、组织类、方法类，以及角色类、约束条件类等，如表4-1所示。

表4-1　装备需求论证本体元模型类

序号	类	含　义	备　注
1	ActivityClass	活动类	用于描述组成装备需求论证流程的各类活动及其功能
2	InputClass	输入类	用于描述各类装备需求论证活动的输入信息
3	OutputClass	输出类	用于描述各类装备需求论证活动的输出信息
4	MethodClass	方法类	用于描述各类装备需求论证活动功能所采用的方法
5	OrganizationClass	组织类	用于描述各类装备需求论证活动的执行主体
6	RoleClass	角色类	用于描述各类装备需求论证活动开展时的人员角色
7	RuleClass	约束条件类	用于描述各类装备需求论证活动所必须遵守的规则与约定

4.3.5　装备需求论证本体元模型关系定义

在确定装备需求论证本体元模型类的基础上，描述类之间的关系，并建立类之间的层次结构及其关系结构。通过对装备需求论证本体元模型类的分析，确定装备需求论证元模型本体类之间的关系，如表4-2所示。

表4-2　装备需求论证本体元模型类之间的关系

序号	类	类	关　系	备　注
1	InputClass	ActivityClass	Read-from	活动类要从输入类读取信息
2	OutputClass	ActivityClass	Write-to	活动类要输出信息到输出类
3	MethodClass	ActivityClass	Read-from	活动类要读取相应的方法类
4	OrganizationClass	ActivityClass	Read-from	活动类要读取相应的组织类
5	RoleClass	ActivityClass	Read-from	活动类要读取相应的角色类
6	RuleClass	ActivityClass	Read-from	活动类要读取相应的规则类
7	RoleClass	OrganizationClass	Part-of	角色类是组织类的组成部分
8	RuleClass	MethodClass	Is-a	规则类是方法类的一种，通常会随着活动类、方法类的变化而变化

4.3.6　装备需求论证本体元模型属性定义

所谓本体属性，是指对本体类的特征所做的表述，它带出了属性与属性值的描述性定义，包括了属性的名称，具体含义，以及对属性本身所做的描述。

（1）输入类本体属性定义。

输入类本体属性是对装备需求论证活动输入信息的结构化描述，通常包括输入类名称、标识号、来源编码、信息类型、信息内容等，如表4-3所示。

表 4-3　输入类本体属性

序号	属性名称	属性描述	属性含义
1	AttInputName	输入类名称	描述输入类的名称
2	AttInputCode	标识号	描述输入类的标识号
3	AttInputFrom	来源编码	描述输入信息的来源，通常可能是上一活动的输出
4	AttInputType	信息类型	描述输入信息的数据类型
5	AttInputContent	信息内容	描述输入信息的具体内容

（2）输出类本体属性定义。

输出类本体属性是对装备需求论证活动输出信息的结构化描述，通常包括输出类名称、标识号、输出活动类、信息类型、信息内容等，如表 4-4 所示。

表 4-4　输出类本体属性

序号	属性名称	属性描述	属性含义
1	AttOutputName	输出类名称	描述输出类的名称
2	AttOutputCode	标识号	描述输出类的标识号
3	AttOutputTo	输出活动类	描述输出信息的去向，通常可能是下一活动的输入
4	AttOutputType	信息类型	描述输入信息的数据类型
5	AttOutputContent	信息内容	描述输入信息的具体内容

（3）活动类本体属性定义。

活动类本体属性是对装备需求论证活动自身的结构化描述，通常包括活动类名称、活动类功能、活动粒度、活动描述等，如表 4-5 所示。

表 4-5　活动类本体属性

序号	属性名称	属性描述	属性含义
1	AttActivityName	活动类名称	描述活动类的名称
2	AttActivityFunction	活动类功能	描述活动类的主要功能
3	AttActivityResolution	活动粒度	描述活动类的粒度
4	AttActivityDesc	活动描述	描述活动类的说明信息

（4）组织类本体属性定义。

组织类本体属性是对装备需求论证活动主体的描述，如作战需求论证机构、装备需求论证机构、技术需求论证机构、需求方案评估机构等，通常包括组织类名称、组织类型、联系电话、组织简介、专业特长等属性，如表 4-6 所示。

表 4-6　组织类本体属性

序号	属性名称	属性描述	属性含义
1	AttOrgaName	组织类名称	描述组织类的名称
2	AttOrgaType	组织类型	描述组织类的类型

续表

序号	属性名称	属性描述	属性含义
3	AttOrgaTel	联系电话	描述组织的联系方式
4	AttOrgaDesc	组织简介	描述组织的基本信息
5	AttOrgaSpecialty	专业特长	描述组织的专业特长及在不同种类装备、装备论证领域的专业优势

（5）角色类本体属性定义。

角色类本体是组织类本体的组成部分，是对组织在装备需求论证活动中所担负职责的划分，如项目组长、子项目负责人、环节执行者等，包括角色类名称、角色类型、角色职能等属性，如表4-7所示。

表 4-7　角色类本体属性

序号	属性名称	属性描述	属性含义
1	AttRoleName	角色类名称	描述角色类的名称
2	AttRoleType	角色类型	描述角色类的类型
3	AttRoleFunction	角色职能	描述角色担负的主要职能

（6）规则类本体属性定义。

规则类本体属性描述了装备需求论证活动开展所必须遵守的约束条件或相关规则。例如，某些方法需要在特定的规则下才能使用、作战活动的分析需要与军队的编制体制和条令条例相一致等，主要包括规则类名称、规则类型、规则表示方法、规则内容等，如表4-8所示。

表 4-8　规则类本体属性

序号	属性名称	属性描述	属性含义
1	AttRuleName	规则类名称	描述规则类的名称
2	AttRuleType	规则类型	描述规则的类型
3	AttRuleMethod	规则表示方法	描述规则的表示方法，如产生式、框架等
4	AttRuleContent	规则内容	描述规则的具体内容

（7）方法类本体属性定义。

方法类本体属性描述了开展装备需求论证活动所采用方法的相关特征，包括方法类名称、方法类型、方法标识、方法原理、方法模型等，如表4-9所示。

表 4-9　方法类本体属性

序号	属性名称	属性描述	属性含义
1	AttMethodName	方法类名称	描述方法类的名称
2	AttMethodType	方法类型	描述方法的类型，如定性方法、定量方法、仿真方法等
3	AttMethodCode	方法标识	描述方法的标识，便于方法之间的索引和管理
4	AttMethodPrinciple	方法原理	描述方法的基本原理
5	AttMethodModel	方法模型	描述方法的主要模型

4.4 基于本体元模型的基本环节模型构建

4.4.1 基本环节元模型构建

由 4.3 节可知，装备需求论证基本环节元模型可表示为由 7 个元模型类、7 个元模型属性及其 4 种关系构成的复合模型，如图 4-11 所示。

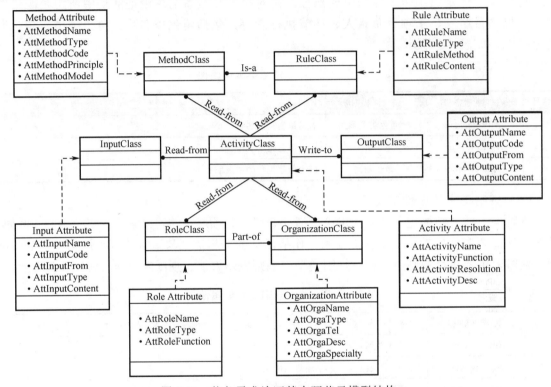

图 4-11　装备需求论证基本环节元模型结构

装备需求论证本体元模型类包括活动类 ActivityClass、输入类 InputClass、输出类 OutputClass、方法类 MethodClass、组织类 OrganizationClass、角色类 RoleClass 和约束条件类 RuleClass 7 个类。其中，活动类 ActivityClass 通过读取输入类 InputClass、方法类 MethodClass、组织类 OrganizationClass、角色类 RoleClass 和约束条件类 RuleClass，获取活动执行所必需的输入数据、使用方法、论证主体及其角色、活动规则等信息。活动类 ActivityClass 通过向输出类 OutputClass 写入信息，生成活动的输出信息。

由图 4-11 可知，装备需求论证本体元模型构建不仅可以描述和表示装备需求论证过程中的实体性和事实性知识，还可以把装备需求论证过程中的关系性知识和过程性知识表示出来，最大限度地满足装备需求论证模型的重用和共享要求。

4.4.2 基本环节模型构建

装备需求论证基本环节模型是装备需求论证基本环节元模型的实例化，即根据 4.1.1 节、4.1.2 节提出的装备需求论证基本环节及其模型要素特征，分别给出活动类 ActivityClass、输入类 InputClass、输出类 OutputClass、方法类 MethodClass、组织类 OrganizationClass、角色类 RoleClass 和约束条件类 RuleClass 的属性个数、属性类型和属性取值要求等。

以作战行动构想基本环节为例，其模型可表示为如图 4-12 所示的结构。

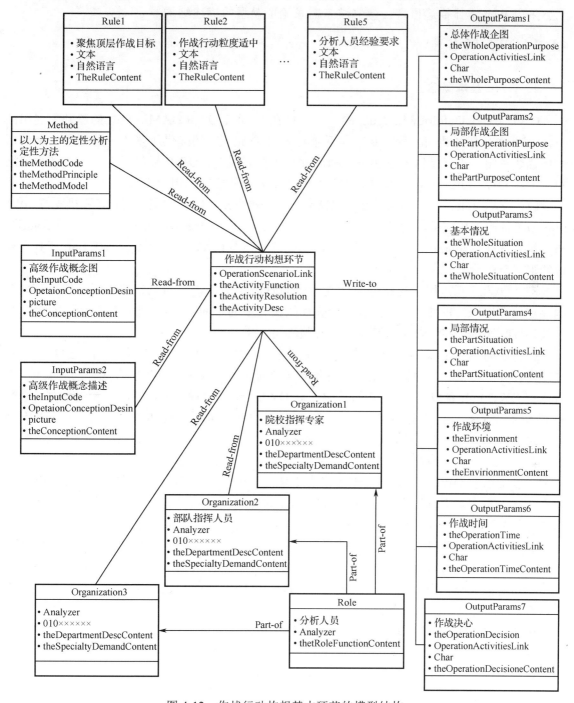

图 4-12 作战行动构想基本环节的模型结构

4.5 基于 OWL 的装备需求论证模型描述

采用 Web 本体描述语言，建立装备需求论证模型的描述结构。

4.5.1 OWL 概述

1. OWL 基本概念

OWL（Web Ontology Language）是 W3C 在 RDF（S）和 DAML+OIL 的基础上提出的一种 Web 本体描述语言，不仅能够向下兼容 RDF 的语义，还提供了基于一阶语义框架的形式化描述逻辑，从而提供了更加丰富的属性和类描述机制。OWL 提供了 3 种表达能力递增的子语言 OWL Lite、OWL DL 和 OWL Full，分别用于特定的用户群体。

（1）OWL Lite：用于提供给那些只需要一个分类层次和简单约束的用户，提供支持 OWL Lite 的工具应该比支持其他表达能力更强的 OWL 子语言更简单，并且从辞典（Thesauri）和分类系统（Taxonomy）转换到 OWL Lite 更迅速，与 OWL DL 相比，OWL Lite 还具有更低的形式复杂度。

（2）OWL DL：用于支持强表达能力的同时需要保持计算的完备性（所有结论都能够确保被计算出来）和可判定性（所有计算都能在有限的时间内完成）的知识表示。OWL DL 包括 OWL 语言的所有成分，但使用时必须满足一定的约束。

（3）OWL Full：支持最强的表达能力和完全自由的 RDF 语法的用户，但是 OWL Full 没有可计算性保证，同时，不太可能有推理软件能支持对 OWL Full 所有成分的完全推理。可以把 OWL Full 看成是对 RDF 的扩展，而 OWL Lite 和 OWL DL 则可以看成是对一个受限 RDF 版本的扩展。所有 OWL 文档（Lite、DL、Full）都是一个 RDF 文档；所有 RDF 文档都是一个 OWL Full 文档，而只有一些 RDF 文档是一个合法的 OWL Lite 和 OWL DL 文档。实际应用中进行 OWL 子语言选择时，选择 OWL Lite 还是 OWL DL 主要取决于用户在多大程度上需要 OWL DL 提供的表达能力更强的成分。选择 OWL DL 还是 OWL Full 则主要取决于用户在多大程度上需要 RDF Schema 的元建模机制（如定义关于类的类和为类赋予属性等）。

其中，OWL DL 是 OWL 推荐的 3 种描述语言之一，能够支持较强的表达能力，还能够保持计算的完整性和可判读性，其中，完整性是指所有结论都能够被计算出来；可判读性是指所有的计算都可以在有限的时间内完成。用 OWL 对一个领域进行描述的本体包括以下内容：

- 定义领域内所有的概念（类），以及这些概念之间的属性（或关系）；
- 定义属于上述概念的个体（Individuals），并对这些个体的属性进行赋值；
- 对类及个体之间的关系进行一定程度的推理。

2. 基于 OWL 的模型表示

在基于 OWL 的模型表示过程中，首先需要对模型进行面向对象的抽象，抽取出对象/概念及它们之间的关系，然后遵循 OWL 模型表示的语法要求，建立对应的抽象类（包括概念、属性、关系等），并将这些类存放在一个 OWL 类型声明文档中，然后再定义这些类的实例，放到另一个 OWL 模型文档（或者根据需要存放到多个文档中）。由这些 OWL 文档构成模型库。OWL 模型的表示过程如图 4-13 所示。

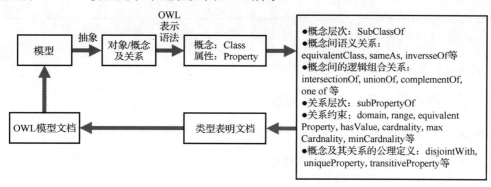

图 4-13　OWL 模型的表示过程

OWL 对于模型的描述主要从概念和属性两个方面进行，OWL 中的概念由类来表示，它可以是名字（如 URI）或表达式，而且提供大量的构造子来建立表达式。OWL 强大的表达能力正是由它所支持的概念构造子/性质构造子及各种公理所决定的。具体来说，OWL 通过 subClassOf，subPropertyOf 形成概念及其关系的分类化、层次化结构，通过 equivalentClass，sameAs，inverseOf 等形成概念间的同义、反义等语义关系，通过 intersectionOf，unionOf，complementOf，one of 等构建概念间的逻辑组合关系，通过 domain，range，equivalentProperty，hasValue，cardinality，maxCardinality，minCardinality 等对关系约束进行描述。通过 disjointWith，uniqueProperty，transi-tiveProperty 等实现对概念及其关系的公理定义。

4.5.2　装备需求论证的 OWL 模型

主要基于 OWL DL 的类（Class）、关系（Relations）、实例（Instances）、函数（Function）等本体元模型构建装备需求论证模型的描述模型。

1. 装备需求论证概念类的 OWL 模型

概念类之间存在着多种关系，基于 OWL 的概念类描述应包含相应的关系。以定性分析方法为例，它是论证方法类的一种，可采用 rdfs:subClassOf 分类构造器将这两个类联系起来，用 OWL 可表示为

```
<owl:Class rdf:ID="#Qualitative Method">
<rdfs:subClassOf rdf:resource="#Method">
<rdfs:label xml:lang="en">Qualitative Method</rdfs:label>
<rdfs:label xml:lang="ch">定性方法</rdfs:label>
</owl:Class>
```

可采用枚举类"Qualitative Method（定性方法）"来表示定型论证方法的类型，如头脑风暴法（BrainStormMethod）、专家会议法（MeetingMethod）、Delphi 法（DelphiMethod）等。利用 OWL 可表示为

```
<owl: Class rdf: ID=" # Qualitative Method " >
<rdfs: subClassOf rdf: resource=" # Method " />
<owl: oneOf rdf: parseType=" Collection" >
<Shaft Sleeve rdf: about=" # BrainStormMethod" >
<Shaft Sleeve rdf: about=" # MeetingMethod" >
< Shaft Sleeve rdf: about = " # DelphiMethod" >
</owl: oneOf>
</owl: Class>
```

2. 装备需求论证对象类的 OWL 模型

对象类"组织"的组织类型属性"AttOrgaType",采用 OWL 可表示为

```
<owl:ObjectProperty rdf:ID="AttOrgaType Property">
<rdfs:domain rdf:resource="#Organization"/>
<rdfs:range rdf:resource="#OrganizationType"/>
</owl:ObjectProperty >
```

其中,OrganizationType 表示属性"AttOrgaType"的取值,为一个枚举类型{作战需求论证机构、装备需求论证机构、技术需求论证机构、需求方案评估机构}。

3. 装备需求论证数据属性的 OWL 模型

以某活动输入参数的数量"InputCount"为例,其数据类型为"int",定义域为活动类 ActivityClass,可表示为

```
<owl:DatatypeProperty rdf:ID="# InputCount">
<rdfs:domain rdf:resource="ActivityClass"/>
<rdfs:range rdf="&xsd:int">
</owl: DatatypeProperty >
```

4. 装备需求论证约束属性的 OWL 模型

以武器装备的兵种属性为例,通常包括装甲、机步、炮兵、防空、陆航、侦察、通信、指挥、工程、防化、测绘等,用 OWL 可表示为

```
<owl: Class rdf: ID="Equipment " >
<rdfs: subClassOf rdf: resource=" # Equipment Arm " />
<rdfs: subClassOf>
<owl: Restriction>
<owl: onProperty rdf: resource=" Equipment Arm Property" />
<owl: someValuesFrom rdf: resource=" #装甲" />
<owl: someValuesFrom rdf: resource=" #机步" />
<owl: someValuesFrom rdf: resource = " #炮兵" />
<owl: someValuesFrom rdf: resource=" #防空" />
<owl: someValuesFrom rdf: resource=" #陆航" />
<owl: someValuesFrom rdf: resource = " #侦察" />
<owl: someValuesFrom rdf: resource=" #通信" />
<owl: someValuesFrom rdf: resource=" #指挥" />
<owl: someValuesFrom rdf: resource = " #工程" />
```

```
<owl: someValuesFrom rdf: resource=" #防化" />
<owl: someValuesFrom rdf: resource=" #测绘" />
</owl: Restriction>
</rdfs: subClassOf>
</owl: Class>
```

5. 装备需求论证规则的 OWL 模型

以生成需求评估结论的活动为例，若需求评估值大于 0.7，则活动输出为真，否则为假。用 OWL 可表示为

```
<owl: Class rdf: ID=" Requirement Evaluation Result>
<rdf: subClassOf rdf: resource=" # Requirement Evaluation Activity>
<rdf: subClassOf>
<owl: Restriction>
<owl: onProperty rdf: resource=" #Value" />
If CaculationValue greaterThan   0.7 Then
<owl: cardinality rdf: datatype = " &xsd; float" >真</owl: cardinality>
</owl: Restriction>
</rdf: subClassOf>
</owl: Class>
```

6. 装备需求论证函数的 OWL 模型

首先利用 Java 语言编写加权和算法的函数，然后采用 OWL 代码调用 Java 代码，从而实现对函数的表示，如下所示：

Java 代码：

```
public LinerWeightedSum
{
public float [] weght;
public float [] subvalue;
public LinerWeightedSum (float [] weght, float [] subvalue)
...
public float LinerWeightedSum (float [] weght, float [] subvalue)
{
......
}
}
```

OWL 代码：

```
<owl: ObjectProperty rdf: ID=" Liner Weighted Sum Method" >
<rdf:type ref: resource=" &owl; Functional Property" />
<rdfs: domain rdf: resource=" #Interference" >
<rdfs: range rdf: resource=" # LinerWeightedSum.
java$ LinerWeightedSum " />
</owl: Object Property>
```

7. 装备需求论证实例的 OWL 模型

例如，使命任务分析环节是活动类的一个实例，利用 OWL 可表示为

```
<owl: Thing rdf: ID=" MissionTaskAnalysis" />
<owl: Thing rdf: about=" # MissionTaskAnalysis " >
<owl: type rdf: resource = " # ActivityClass " />
</owl: Thing>
```

第5章 面向多样化应用需求的装备需求论证流程柔性构建

以流程为中心优化组织设计和资源配置，确保所有的事情有法可依、有章可循和有标可对，是破解装备需求论证业务复杂性和提高装备需求论证机构运行效率的有效途径，也是构建装备需求论证系统的基本依据。围绕不同应用模式下不确定的装备需求论证流程构建需求，以装备需求论证环节为基础，重点研究装备需求论证环节柔性化设计方法和装备需求论证流程柔性构建方法，为实现装备需求论证系统业务流程的灵活构建提供方法支撑。

5.1 概述

5.1.1 装备需求论证流程

1. 流程及其分类

装备需求论证流程是指围绕装备需求论证任务目标，由一系列装备需求论证活动组成的、连续有规律的活动。研究装备需求论证流程的根本目的是为了优化装备需求论证过程、装备需求论证资源配置和组织结构，从而提高装备需求论证效益。

典型的装备需求论证流程包括面向项目管理的流程、面向业务活动的流程和面向数据的流程。本章重点研究的是面向业务活动的流程，即装备需求论证业务流程。

（1）面向项目管理的流程：按照装备需求论证项目管理的一般要求和里程碑，划分项目管理的阶段及其主要活动，目的是有效控制项目进度和目标，保证项目按期顺利完成。项目管理是对装备论证项目进行计划、组织、控制，目标是以较低的费用、较短的工期完成高质量的项目。根据《武器装备作战需求论证通用要求》的相关规定，可将装备需求论证分解为项目立项、制定计划、系统论证、形成方案、编制报告、审查上报 6 项基本活动（如图 5-1 所示），并通过对不同活动目标、资源、经费等的有效控制，实现对装备需求论证项目的全过程管理。装备需求论证项目管理的主体为负责装备发展论证的上级装备机关和承担项目论证任务的本级论证机构的项目管理部门。项目立项与审查上报主要由上级装备机关负责实施，本级项目管理部门仅协助上级装备机关开展相关工作；制定计划、系统论证、形成方案和编制报告则主要由本级项目管理部门负责实施，上级装备机关仅就项目的具体开展进行宏观指导。

（2）面向业务活动的流程：根据装备需求论证实践中各项活动的内在联系和基本规律，按照业务活动间的相互关系有机组合生成的流程，目的是推动论证活动的有序开展，进而提高成果质量。以能力需求分析中的作战能力指标需求分析为例，可按照业务特征分解为作战能力与作战任务关联、作战能力指标需求生成两个子活动，则作战能力指标需求分析的业务流程可表示为如图 5-2 所示的基本流程。

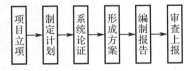

图 5-1　装备需求论证项目管理基本流程

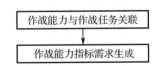

图 5-2　作战能力指标需求分析的业务流程

（3）面向数据的流程：聚焦装备需求论证各项活动的数据需求和数据流向，以数据为中心组织论证活动，是一种计算机化的流程组织形式，是构建流程化论证辅助系统的重要依据。在装备需求论证中，作战任务清单是任务需求的具体化，反映了未来作战对武器装备完成任务的基本要求与指标；而作战任务指标又可以作为确定武器装备作战能力指标的依据，进而确定武器装备体系应该具有什么样的能力水平（如理想水平、基本满足水平、不满足水平等）；同时，根据作战任务清单和作战能力指标，又可以成为确定武器装备功能及其作战性能指标的基本依据。在此过程中，作战任务清单数据首先流向作战能力指标分析活动，然后流向装备系统功能与作战性能分析活动，是一种以数据流动为主体的流程构建模型，如图 5-3 所示。

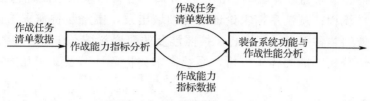

图 5-3　面向数据的流程举例

这 3 种典型论证流程的特点不同，应用场合不同，构建规范化的装备需求论证流程应综合考虑多方利益攸关者的需求，以业务逻辑为主线，同时兼顾管理需求和数据需求。

2. 流程结构

不同的流程结构会对流程的运作效率和质量产生重大影响。根据装备需求论证流程中环节的组织方式，可分为串联、并联、反馈、选择、跳转 5 种组织结构。

（1）串联结构。串联结构有助于对流程节点活动和信息的控制。当前一活动完成后，后一活动才能够开始，如图 5-4（a）所示。

（2）并联结构。并联结构有助于流程节点活动的协同，提高运行效率。当某项工作的开展需要多项活动同时进行，并且这些活动的结果将共同影响后续某一活动的开展，则称由同时进行多项活动形成的结构为并联结构，如图 5-4（b）所示。

（3）反馈结构。反馈结构有助于系统部分环节的改善与调整。当活动执行的结果需要反馈作为活动输入时，称之为反馈结构，如图 5-4（c）所示。例如，对某需求方案的调整优化而言，调整优化的结果能否满足调整优化的预期目的，就可以认为是活动的反馈参数。若不能满足，则必须进行反馈，重新调整优化。

（4）选择结构。选择结构有利于实现对活动执行顺序的控制。当活动的执行需要一定的约束条件时，则需要根据条件满足情况，选择所要执行的活动，如图 5-4（d）所示。

（5）跳转结构。跳转结构主要用于多条件"与"判断决策，当一项条件满足时，急需判断下一条件是否满足，直到所有的条件都能够满足为止。若有一项条件不满足，则判断中断，并选择相应的活动，如图 5-4（e）所示。

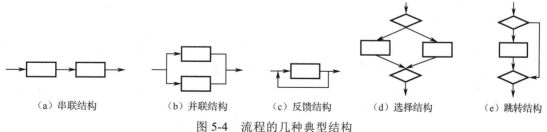

（a）串联结构　　（b）并联结构　　（c）反馈结构　　（d）选择结构　　（e）跳转结构

图 5-4　流程的几种典型结构

在构建装备需求论证流程时，应充分分析不同环节的功能与运行情况，通过多种结构的灵活运用，实现流程效益的整体最优。

3. 流程层次

装备需求论证战略与目标的实现最终由一系列具体的业务过程来实现，根据装备需求论证的问题域特征和装备需求论证活动的层次可知，装备需求论证流程包括3个层次。

（1）功能领域流程：从装备需求论证研究领域出发，围绕装备需求论证的使命任务，构建面向研究领域的装备需求论证流程。按照涉及的研究领域（作战、装备、能力等），可构建包括任务需求分析、能力需求分析、系统需求分析等环节及其相互关系的装备需求论证功能领域流程。

（2）业务过程流程：从业务过程的层次出发，重点解决装备需求论证内容如何研究的问题，由一系列具体的任务操作流程组成。它是面向研究目标和论证人员的流程，组成基本流程的环节应具有明确、有意义的研究目标，并且适用于单个装备论证人员或论证小组独立完成；它在宏观流程的基础上，分析各领域研究的必要环节及其特征，并以装备需求论证基本环节为基础构建，是对装备需求论证流程比较规范的描述和界定，通常具有较广的适应性。

（3）任务操作流程：从业务过程中基本环节的操作步骤出发，解决装备需求论证业务流程中基本环节如何研究的问题。

功能领域流程、业务过程流程与任务操作流程的关系如图5-5所示。

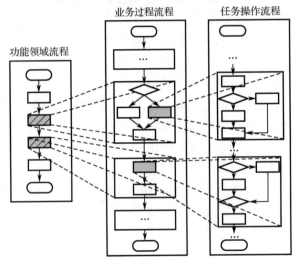

图5-5　功能领域流程、业务过程流程与任务操作流程的关系

5.1.2　装备需求论证应用模式分析

装备需求论证有发展战略需求论证、体制需求论证、规划计划需求论证、型号需求论证和专项工程需求论证等多种类型，不同类型的装备需求论证目标、重点和流程都有较大差异。同时，对于同一类型的装备需求论证任务而言，通常包括多个领域目标的权衡分析；并且，装备需求论证内容多、方法选择灵活，导致装备需求论证过程也有较大不同。因此，在装备需求论证领域，存在着多种不同的应用模式。

装备需求论证模式的变化，本质上是由于研究目的、研究重点或研究手段的不同造成的，从而造成装备需求论证环节的增加或减少，主要表现在以下3个方面。

（1）研究目的的不同，造成研究内容的调整，进而引起流程环节组成的调整。通常，装备需求论证包括任务需求分析、能力需求分析、装备系统需求分析、需求验证与评估等内容，若用户仅仅进行某个方面（如能力需求分析）的研究，依然可以采用装备需求论证流程中的相关子流程及其环节，但是由于研究目标、内容及输入/输出信息需求的不同，用户期望的论证流程必然与之前发生变化。

（2）论证研究的细致程度不同，引起论证流程环节组成的调整。在装备需求论证的全部内容中，既有关键性的论证内容，对装备需求论证结论及方案形成具有决定意义，又有一般性的内容，能够为装备需求论证结论及方案形成提供支撑，但有时又可以忽略相关内容。若用户需要进行全面、细致的装备需求论证研究，通常其流程应包含装备需求论证所有环节，能够完成对所有论证内容的研究分析；若用户仅需要对装备需求论证的关键内容进行分析，则仅保留能够实现关键性内容的环节即可。装备需求论证流程的柔性应能够适应这种需求变化。

（3）运行过程中装备需求论证流程的调整。当装备需求论证系统运行时，由于研究手段变化、基础数据资源丰富等原因，可能引起装备需求论证流程的调整即增加或减少论证环节。例如，论证过程中，通过其他渠道获取了装备需求论证任务的部分关键论证结果，其对应的装备需求论证环节则可以省略；同理，若随着研究手段分析能力的提升，原来需要多项环节协同的论证内容采用新的研究手段或工具仅需要一项环节即能完成，则必然会引起装备需求论证流程的调整。

根据各类装备需求论证应用目标及其覆盖内容的不同，将装备需求论证应用模式分为整体模式与零散模式。根据装备需求论证的问题特征，结合装备需求论证实践经验，给出如图5-6所示的装备需求论证典型应用模式。

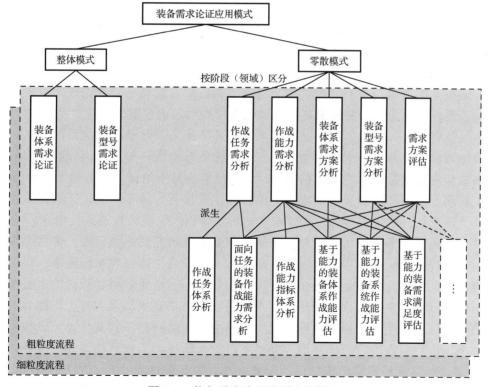

图5-6　装备需求论证典型应用模式

（1）整体模式：指相对比较完整的装备需求论证应用模式，包括装备体系需求论证和装备型号需求论证，一般包括装备需求论证流程中的大部分环节。

（2）零散模式：指仅仅针对装备需求论证部分问题开展研究的应用模式，如按照论证阶段（或论证目标域）可提出任务需求分析、能力需求分析、体系需求分析、系统需求分析和装备需求评估 5 种基本的零散模式；同时，根据论证目标的不同，还可以由上述 5 种基本零散模式的全部或部分派生出多种组合型的应用模式，如任务体系分析、面向任务的能力需求评估、作战能力指标体系分析、基于能力的装备体系作战能力评估、基于能力的装备型号作战能力评估、基于能力的装备需求满足度评估等。

另外，由于装备需求论证属于决策分析问题，根据决策任务层次和决策结果准确程度的不同，不管哪种应用模式都存在着粒度不同的应用流程。粗粒度的流程往往对数据的准确性和方法计算的复杂性要求较低，决策结果比较抽象与定性；细粒度的流程往往对数据的准确性和方法计算的复杂性要求较高，决策结果则比较准确具体。

5.1.3 装备需求论证流程柔性构建需求分析

不同应用模式中的装备需求论证流程主要体现在环节组成不同和流程选择路径不同两个方面。为了有效实现不同应用模式下装备需求论证流程构建，要求组成装备需求论证流程的环节及其信息资源应满足以下 4 个方面的要求。

（1）环节模块可重用。装备需求论证环节应具备在不同应用模式流程中重用的能力，即能够适应不同应用模式下流程构建的功能、方法、数据和接口要求，具有可变的环节属性、状态及交互接口。

（2）环节交互灵活。不同应用模式中环节之间的连接关系比较灵活，在不同应用中同一个环节可能需要与多个功能不同的环节进行连接，不同连接关系要求不同的接口参数数量、结构及交互方式，这就要求在进行装备需求论证环节设计时应按照环节的连接需求设计灵活的环节交互接口。

（3）流程动态调整。在不同模式的装备需求论证中，应具备允许论证人员根据论证目标调整论证流程的能力，即实现装备需求论证流程的动态调整能力。

（4）信息资源按需重组。随着装备需求论证环节形态及环节组合关系的变化，环节、子流程及流程的信息资源需求也随之发生变化，应能够根据环节、子流程和流程的变化情况，按需重新进行信息资源的组织和显示，以满足装备需求论证人员的信息资源需求。

将能够满足上述要求的装备需求论证流程构建过程称为装备需求论证流程柔性构建，其核心就是研究如何适应多变的应用需求，实现装备需求论证流程的柔性构建。

柔性研究是近十多年来工作流与企业生产调度领域研究的热点问题，柔性工作流、柔性调度、柔性任务分配等内容又是研究的热点内容，成为快速影响市场需求、优化企业管理与生产流程的主要方法，是提高企业资源利用效率、促进企业科学管理的重要推动力。以柔性工作流研究为例，其根本目的是在不损失支持用户完成实际业务工作能力的同时尽可能提高灵活性，以便用户更好地应对现实工作中可能遇到的各种变化、异常和不确定问题，即动态适应用户需求、工作环境等外界条件的灵活性。工作流的柔性化主要体现在以下 2 个方面：一是流程定义的柔性化，即采用通用性更强的流程定义方法和设计工具，增强流程适应用户设计要求的能力；二是流程运行的柔性化，即为用户提供尽可能全面的流程运转模式，使得用户可以在流程运行过程中根据需要调整流程路径、选择流程活动、增加流程操作等。

这里重点围绕装备需求论证环节如何实现装备需求论证流程柔性构建开展研究，将信息资源的按需重组放在第 8 章进行介绍。

5.2　装备需求论证柔性环节设计

装备需求论证柔性环节是指随着装备需求论证应用实践的变化而引起输入、输出、约束条件与方法 4 个要素发生改变的装备需求论证基本环节。装备需求论证柔性环节的功能与相对应的装备需求论证基本环节保持一致。装备需求论证柔性环节的产生是由于装备需求论证活动过程的不确定性引起的，一旦装备需求论证活动过程发生改变，装备需求论证环节之间的前向、后向关系及其约束条件随之发生变化，也就产生了装备需求论证柔性环节。通过装备需求论证柔性环节设计，能够实现装备需求论证流程的裁剪与优化，进而对装备需求论证流程的不确定性进行重组，达到满足多样化应用实践的系统柔性设计目的。与 3.3 节装备需求论证环节模板设计类似，装备需求论证柔性环节设计不考虑由于方法调整引起的装备需求论证环节柔性变化。

装备需求论证柔性环节设计主要包括柔性环节选择、柔性环节模块设计、柔性环节组合设计等内容。

5.2.1　柔性环节选择

装备需求论证柔性环节选择采用基于现有流程分析的方法，先根据装备需求论证基本环节库，梳理构建不同应用模式下的装备需求论证环节组成及其连接关系，将出现在不同流程中的环节列为装备需求论证柔性环节。

因此，装备需求论证柔性环节可从两个角度进行选择：一是按照环节粒度的粗细选择柔性环节；二是按照应用模式选择柔性环节。

1. 面向粒度的柔性环节选择

（1）流程分类。

根据装备需求论证研究问题的需要，结合装备需求论证环节粒度的粗细，可将装备需求论证流程分为骨干流程、基本流程和操作流程 3 类。通过比较这 3 类流程中的环节组合需求，确定柔性环节。

① 骨干流程。

骨干流程是以结果为导向的论证流程，比较关注骨干流程中各环节的论证结果，而不太关注论证过程与方法等细节。论证内容以装备需求论证的本质内容为主，通常忽略装备需求论证的非本质内容。因此，骨干流程的构建应从装备需求论证环节集合中选择能够反映装备需求论证本质内容或能够导出装备需求论证相关结论的环节，采用松耦合的方式构建装备需求论证流程。

在骨干流程中，相应环节之间的信息接口约束比较松散，信息描述也比较粗略。同时，以骨干流程指导论证实践时，任意环节都可以采取多种方法，只要能够满足相应环节的论证要求和目标即可。

骨干流程类似于装备需求论证的功能领域流程（功能领域流程的定义见 5.1.1 节）。

② 基本流程。

基本流程是面向科学论证与联合论证的流程，以实现装备需求论证内容与方法的科学化、装备需求论证机构的联合化、装备需求论证多学科的交叉融合为目的，包含装备需求论证所有（或绝大部分）内容的装备需求论证流程。

在基本流程中，环节之间的耦合比较紧密，信息接口也比较明确，对装备需求论证相关内容的逻辑关系表达也比较清晰，是指导装备需求论证科学、合理开展的基础流程。

基本流程类似于装备需求论证的业务过程流程（业务过程流程的定义见 5.1.1 节）。

③ 操作流程。

操作流程是以基本流程为基础，面向操作层面的活动流程。它是对装备需求论证基本流程中相关环节的细化和分解，往往是对某个具体问题分析过程的分解，涉及的论证人员多集中于同一个论证部门，属于部门内部的流程。

（2）选择方法。

由骨干流程、基本流程和操作流程可知，骨干流程的环节是基本流程环节和操作流程环节的组成部分；基本流程的环节是操作流程环节的组成部分；操作流程的环节应基本包括装备需求论证的所有环节。因此，装备需求论证的柔性环节主要是指同时出现在骨干流程、基本流程和操作流程中且其前向链接或后向链接关系发生改变的环节。若出现在骨干流程或基本流程中的某个环节，在操作流程中的前向和后向链接均未发生改变，则该环节不可被确定为柔性环节。装备需求论证柔性环节分布如图 5-7 所示。

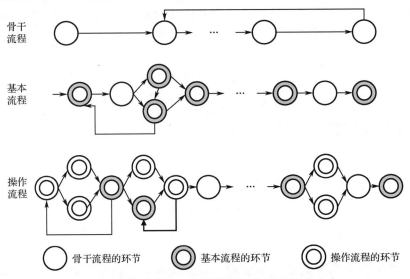

图 5-7　装备需求论证流程类型及其柔性环节分布

由图 5-7 可知，装备需求论证柔性环节可采用枚举法进行确定。由于装备需求论证活动数量的相对有限性与装备需求论证内容及流程的规定性（依据论证标准及其内容逻辑），可以通过全面分析装备需求论证柔性流程的特征及其活动组成需求，从装备需求论证活动集中确定骨干流程的环节组成、基本流程的环节组成，并将骨干流程和基本流程中的环节列为柔性环节的可选集。然后，根据骨干流程环节在基本流程和操作流程中的前后链接关系、基本流程环节在操作流程中的前后链接关系，将前向链接关系或后向链接关系发生改变的所有可选环节，作为装备需求论证的柔性环节，如表 5-1 所示。

表 5-1　装备需求论证柔性环节的判断

环节类型	基本流程中的链接关系变化		操作流程中的链接关系变化	
	前向链接关系	后向链接关系	前向链接关系	后向链接关系
可选柔性环节 1			√	×
可选柔性环节 2	×	×	×	×
可选柔性环节 3	√	√	√	√
...				
可选柔性环节 m	×	√	×	√

由表 5-1 所示，可选柔性环节 2 在基本流程和操作流程中的前向链接关系和后向链接关系均未发生改变，故不能将可选柔性环节 2 列为柔性环节；可选柔性环节 1 为基本流程中的环节，其在操作流程中的前向链接关系发生改变，则将其列为柔性环节；可选环节 3 应为骨干流程环节，其前向与后向链接关系在基本流程中发生改变，则在操作流程中也必然发生改变，故列为柔性环节。

2. 面向应用模式的柔性环节选择

面向应用模式的柔性环节选择方法是通过构建不同应用模式的论证流程，建立装备需求论证环节集合，构建不同环节的使用次数及其前向与后向链接关系矩阵，并根据前向与后向链接关系的变化选择确定装备需求论证柔性环节。

其基本过程与面向粒度的柔性环节选择类似，此处不再赘述。

5.2.2　柔性环节模块设计

1. 模块的层次结构

根据 3.3 节与 3.4 节装备需求论证环节的结构化与模块化设计结果，考虑不同粒度、不同应用模式的装备需求论证环节组合需求，提出如图 5-8 所示的柔性环节结构模型。其中，核心层主要用于描述操作流程对环节名称、内容、方法、约束、输入、输出的设计；扩展层主要用于描述基本流程对环节名称、内容、方法、约束、输入、输出的设计；领域层主要用于描述骨干流程对环节名称、内容、方法、约束、输入、输出的设计。

图 5-8　装备需求论证柔性环节的层次

以面向粒度的装备需求论证柔性环节为例，当相应的柔性环节组成骨干流程、基本流程或操作流程时，应可以根据目标流程的特征，选择确定柔性环节的层次及其相应内容。以某骨干流程中的柔性环节设计为例，其相应的环节设计模板可表示为如表 5-2 所示。

表 5-2　装备需求论证柔性环节设计模板

环 节 名 称	层　　次	适 用 流 程	名称内涵	论证内容	论证方法	论证约束	论证输入	论 证 输 出
××环节	核心层	操作流程						
	扩展层	基本流程						
	领域层	骨干流程						

2. 模块形式化定义

根据 3.4 节装备需求论证环节模块形式化定义，可以在装备需求论证环节模块形式化模型中增加"FlexibleFlag"属性，以有效区分装备需求论证柔性环节与其他环节。于是，考虑柔性的装备需求论证环节形式化模型可表示为

```
NodeModel={NodeName:string;
           NodeFunction:string;
           NodeMethods:string;
           NodeInput:DefInputType;
           NodeOutput:DefOutputType;
           Nodeuser:string;
           NodeCondition:DefConType;
           NodeDescription:string;
           FlexibleFlag:bool;
      private
           内部行为;
      public
           流程调用接口;
           用户调用接口;
           数据库调用接口;
           }
```

其中，NodeModel 为环节模型标识；FlexibleFlag 为柔性环节标识，"true"表示该环节为柔性环节，"false"表示该环节为非柔性环节。

装备需求论证环节的柔性体现为装备需求论证环节模型输入/输出参数的多态。因此，进行柔性环节模型描述时，应能够根据同一环节的不同输入/输出参数需求，设计不同的输入/输出自定义类型结构，即在进行柔性环节模型设计时，DefInputType、DefOutputType、DefConType 应具有不同的数据结构。以某柔性环节 X 为例，若该环节的输出可以为 m 个环节的输入，并且经过对 m 个环节的输入分析发现，m 个环节的输入可以归纳为 n 类数据结构（$n \leqslant m$），则环节 X 的 DefOutputType 定义如图 5-9 所示。因参数数量、参数类型的不同，都将形成一种新的数据结构。

$$\text{DefOutputType} = \{\text{Para}_1 : \text{datatype}_1; \qquad\qquad \text{DefOutputType} = \{\text{Para}_1 : \text{datatype}_1;$$
$$\cdots; \qquad\qquad\cdots \qquad\qquad \cdots;$$
$$\text{Para}_{d1} : \text{datatype}_{d1}; \qquad\qquad\qquad \text{Para}_{d2} : \text{datatype}_{d2};$$
$$\} \qquad\qquad\qquad\qquad\qquad \}$$

（1）第1种结构　　　　　　　　　　　（n）第n种结构

图 5-9　环节 X 的 DefOutputType 定义

5.3　装备需求论证流程描述

5.3.1　描述方法

装备需求论证流程描述是以装备需求论证环节分析为基础，按照装备需求论证的流程结构与层次，采用合适的流程描述方法进行装备需求论证环节的有机组合，形成能够满足装备需求论证任务要求的业务流程，进而推动装备需求论证活动科学、有序地开展。

由于流程构建与优化对提高企业工作效率和实现企业战略具有重要意义，因此在不同行业围绕流程分析与建模提出了许多有用的方法，如采用 Petri 方法，通过库所、变迁、弧和标志等元素表示过程及状态，进而构建过程模型；采用 IDEF0、IDEF3 方法，利用丰富的过程语义描述复杂系统的过程；采用 ARIS 方法，通过对信息系统功能视图、数据视图、组织视图和控制视图的综合分析，实现对企业信息系统的建模、分析与诊断；采用角色活动图和角色交互图，通过强调角色、角色间相互作用和活动，以及与外部事件的连接，全面描述过程的各主要特征，包括目标、角色和决策等，有利于表达协同过程中存在的问题；采用 UML 方法，通过状态图、活动图、协作图和序列图，基于面向对象的思想描述业务过程；其他还有基于规则、基于状态的过程建模方法等。这些研究方法分别从不同的研究角度提出了业务流程建模的方法和特点，在不同的应用领域和应用目的上具有较高的针对性和有用性。

进行装备需求论证流程描述时，流程模型描述与构建的重点是围绕设计提出环节清晰、要求明确、步骤分明的装备需求论证协同活动过程，要求装备需求论证流程描述能够满足简单、清晰、便于理解等特征。因此，装备需求论证流程模型采用泳道式流程图描述。

5.3.2　符号定义

（1）符号组成。

泳道式流程图的描述符号包括流程开始、流程步骤、信息文档、决策点、资料库、流向线、流程结束、泳道 8 个基本符号，并按照一定的排列顺序说明装备需求论证流程环节之间的逻辑关系。泳道式流程图的描述符号体系如图 5-10 所示。

在图 5-11 中，流程步骤符号、决策点符号、信息文档符号、资料库符号均用于描述装备需求论证中的环节。

（2）泳道的领域设计。

传统的泳道图用于描述职能流程，按照不同部门在流程中所承担的角色和职能用相互隔离的区域进行设计与说明，是比较理想的职能描述结构，要求进行流程设计时的业务职能结构必须清晰、合理，能够满足业务流程描述的要求；而在进行装备需求论证流程研究时，由于采用了面向任务的活动分析方法，各项装备需求论证活动的最终目的是反映装备需求论证内容的完成要求，而并没有对当前我国装备需求论证的机构与部门进行系统的梳理与分析，也没有明确区分我国各装备需求论证机构与部门的职责分工，因此，在进行装备需求论证流程描述时，每个泳道描述的业务活动不能以职能进行区分。

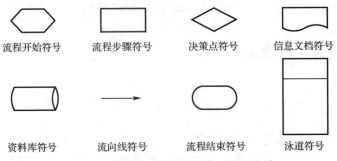

图 5-10 泳道式流程图的描述符号体系

在 3.1.3 节研究提出了装备需求论证活动的领域属性及装备需求论证活动领域分析的矩阵表示方法。采用该方法，可以明确不同装备需求论证活动的领域属性，即作战域、能力域、装备域。由于我国装备论证部门的军兵种"条块分割"特征非常明显，将泳道表示为面向领域的业务流程（如图 5-11 所示），一方面能够比较准确地说明各项环节之间的逻辑关系及其领域特征，另一方面又可以结合我国当前装备论证机构设置现状进行有意义的对照分析，以帮助装备需求论证任务规划部门科学选择装备论证机构参与装备需求联合论证。

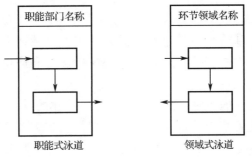

图 5-11 职能式泳道与领域式泳道

5.3.3 流程领域规划

流程领域规划采用关联矩阵方法，通过分析装备需求论证环节与装备需求论证领域的关系，为流程构建时明确不同环节的领域归属提供依据。

由于在装备需求论证过程中，不同的装备需求论证环节不可避免地涉及多个领域，此时如何区分装备需求论证的领域特征值得研究。因此，可采用流程规划矩阵来描述不同装备需求论证环节的领域主体性特征，如表 5-3 所示。表中，用符号"★"表示某装备需求论证环节的主体领域，用符号"▲"表示某装备需求论证环节的相关领域，用符号"◎"表示某装备需求论证环节的不相关领域。

表 5-3 流程规划矩阵

	领域 1	领域 2	...	领域 n
装备需求论证环节 1	★	▲	...	◎
装备需求论证环节 2	★	◎	...	▲
...	...	...	...	...
装备需求论证环节 m	★	▲	...	▲

5.3.4 应用示例

在作战联合化和武器装备体系化发展的背景下，装备型号需求往往蕴涵在装备体系需求中，是以装备体系需求为背景对装备型号任务、能力、功能及其作战性能指标的分析与研究。即使仅仅针对某一新型装备的预先论证研究，在尚未明确未来武器装备体系需求及该装备在未来武器装备体系中地位作用的情况下，也可以以体系需求论证为背景提出装备型号需求方案。因此，从一定意义上讲，完整的装备型号需求论证包含装备体系需求论证的大部分内容，装备体系需求论证的流程与装备型号需求论证的流程具有较高的一致性，但是由于论证目标及要求不同，论证内容范围、论证重点和论证方法会有较大差异。

本节以体系背景下的装备型号需求论证为例，按照功能领域层、业务过程层、任务操作层的流程层次，研究构建装备型号需求论证流程。这里仅仅给出不同流程层次的装备型号需求论证流程结构化模型，而不展开介绍各个环节的结构化设计及柔性化设计。

1. 功能领域流程构建

按照装备型号需求论证的相关内容及其所属领域，可构建如图 5-12 所示的装备型号需求论证的功能领域流程。其中，装备体系需求分析、装备型号需求分析同属于装备域，为便于区分装备体系需求与装备型号需求，分解成两个环节。

2. 业务过程流程构建

业务过程流程是功能领域流程的细化，包含的论证环节更加丰富，环节之间的关系更加复杂。下面按照装备需求论证的功能领域，分别构建各个功能领域的业务过程流程模型。

按照装备型号需求论证任务的军兵种专业属性，在按领域构建业务过程流程时，可以进一步区分各领域业务过程流程环节的军兵种领域属性。但是，由于各个领域内军兵种属性与论证对象密切相关，不同论证对象要求的领域属性不同。因此，在按领域构建业务过程流程时不再进行相关环节的军兵种属性区分，而由实施装备需求论证任务的人员在设计论证流程时自行区分。

（1）作战领域业务过程流程。作战领域业务过程流程是对作战域功能流程的进一步细化，如图 5-13 所示。

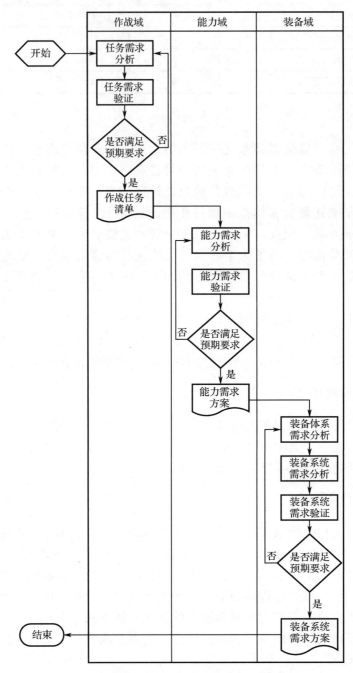

图 5-12　装备型号需求论证的功能领域流程

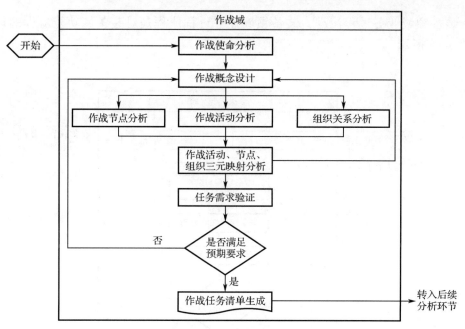

图 5-13 作战领域业务过程流程

（2）能力领域业务过程流程。能力领域业务过程流程是对能力域功能流程的进一步细化，如图 5-14 所示。

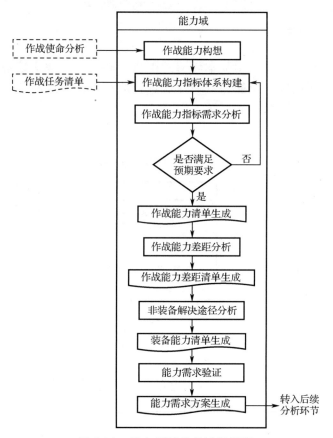

图 5-14 能力领域业务过程流程

（3）装备领域业务过程流程。装备领域业务过程流程是对装备域功能流程的进一步细化，如图 5-15 所示。

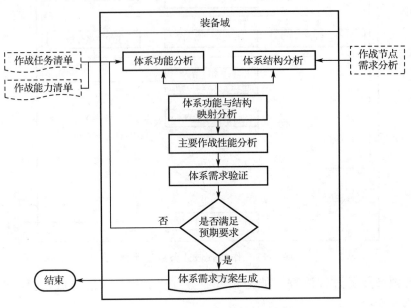

图 5-15　装备领域业务过程流程

3. 任务操作流程构建

任务操作流程是从业务过程中基本环节的操作步骤出发，解决装备需求论证业务流程中基本环节如何研究的问题。以能力领域业务过程流程中的"作战能力指标体系构建"为例，其任务操作流程如图 5-16 所示。

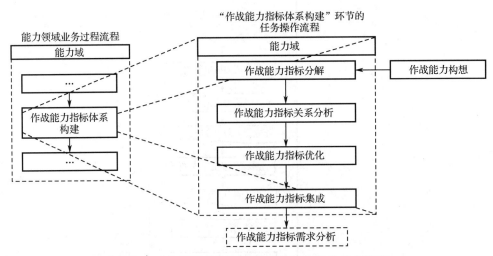

图 5-16　"作战能力指标体系构建"的任务操作流程

5.4　装备需求论证流程构建方法

5.4.1　基本思路

　　装备需求论证流程柔性构建的基础是装备需求论证环节的模块化设计和柔性化设计。装备需求论证环节模块化设计是为了实现装备需求论证环节的功能独立和交互参数化，有利于装备需求论证环节之间的组合操作。装备需求论证环节柔性化，以装备需求论证环节模块化为基础，通过装备需求论证环节属性、状态、功能、方法和接口等的变形设计，使装备需求论证环节模块具有多态的模型内部结构和模块接口，能够满足与不同模块连接的交互需求。

　　因此，装备需求论证流程柔性构建就是按照装备需求论证应用需求，选择合适的装备需求论证环节模块，组合形成满足要求的装备需求论证流程模型，基本过程如图5-17所示。

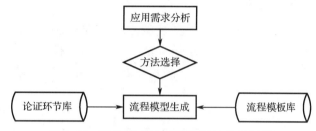

图5-17　装备需求论证流程柔性构建过程

　　（1）应用需求分析。应用需求分析是装备需求论证流程柔性构建的起点，明确装备需求论证问题，分析相关装备需求论证问题的环节功能需求，初步确定装备需求论证环节需求。

　　（2）流程构建方法选择。根据装备需求论证应用需求和流程模板构建情况，选择合适的流程构建方法，包括用户自定义的流程构建方法、基于模板的流程构建方法、基于案例推理的流程构建方法3种。

　　（3）流程模型生成。按照流程构建方法的步骤与规则，完成装备需求论证流程的构建，满足装备需求论证应用的业务需求。

5.4.2　主要方法

　　装备需求论证流程柔性构建方法主要包括用户自定义的流程构建方法、基于模板的流程构建方法、基于案例推理的流程构建方法3种。

　　（1）用户自定义的流程构建方法。

　　用户自定义的流程构建方法就是由用户根据装备需求论证应用需求，从装备需求论证环节库中自行选择合适的论证环节，按照系统规定的环节组合规则进行装备需求论证环节的装配，直到满足用户的流程构建需求为止。其基本过程如图5-18所示。

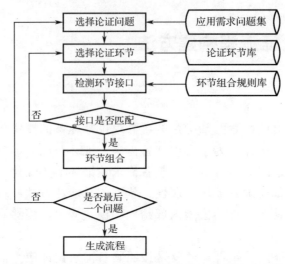

图 5-18　用户自定义的装备需求论证流程构建方法

（2）基于模板的流程构建方法。

基于模板的流程构建方法就是用户根据装备需求论证应用需求，首先选择系统流程模板库中预置的论证流程，来作为装备需求论证的基本流程；然后根据应用需求情况，对已选择的装备需求论证流程进行调整，直到满足用户的流程构建需求为止。其基本过程如图 5-19 所示。

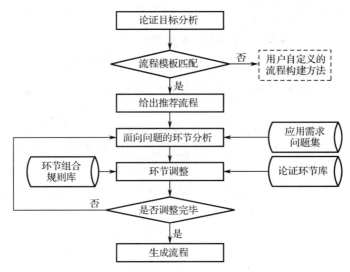

图 5-19　基于模板的装备需求论证流程构建方法

（3）基于案例推理的流程构建方法。

基于案例推理的流程构建方法首先由用户确定装备需求论证应用需求的主要目标与特征；然后采用基于案例推理的方法，与装备需求论证流程案例库中的流程进行相似度分析，将满足相似度阈值要求的论证流程作为装备需求论证的备选流程；接着根据应用需求情况，对已选择的装备需求论证流程进行调整，直到满足用户的流程构建需求为止。其基本过程如图 5-20 所示。该过程除灰色方框中的步骤与图 5-19 不一致外，其他步骤基本相同。装备需求论证流程的特征集合及其案例推理方法此处不做详细阐述。

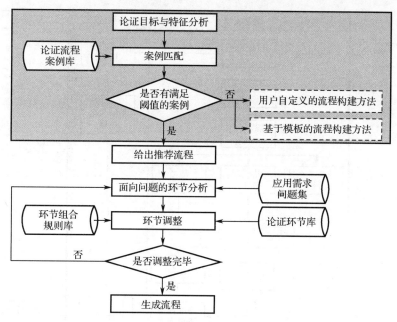

图 5-20　基于案例推理的装备需求论证流程构建方法

5.4.3　典型模板设计

1. 装备体系需求论证流程模板

（1）流程模板。

装备体系需求论证流程模板包括粗粒度流程模板和细粒度流程模板，图 5-21 给出了粗粒度的装备体系需求论证流程模板，图 5-22 给出了细粒度的装备体系需求论证流程模板。图中部分环节括号内的名称为对应基本环节库中的环节名称。

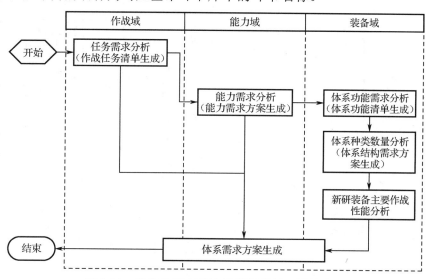

图 5-21　装备体系需求论证流程模板（粗粒度）

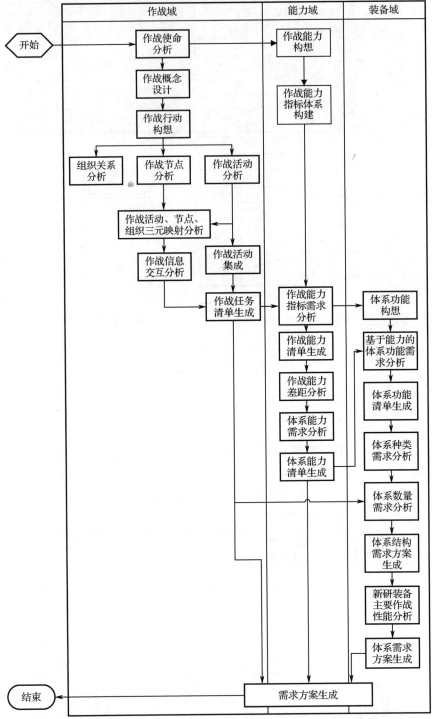

备注：新研装备主要作战性能分析与装备型号功能与性能需求分析类似，此处不展开介绍。

图 5-22　装备体系需求论证流程模板（细粒度）

（2）流程中柔性环节的定义。

上述两种流程仅仅给出了粗粒度和细粒度的装备体系需求论证流程模板，并不代表装备体系需求论证仅有上述两种论证流程。另外，根据应用需求的不同，粗粒度流程模板和细粒度流程模板中的环节组成及其关系也可以发生改变。同时，根据需要，细粒度流程中的部分环节还可以继续分解为更细小的环节，如"作战能力指标体系构建"就可以继续分解为作战能力指标分解、作战能力指标关系分析、作战能力指标优化、作战能力指标集成等环节，如图 5-23 所示。此时，由于环节粒度的变化与环节连接关系的变化，仍然会出现环节的柔性需求。

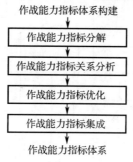

图 5-23　作战能力指标体系构建的分解环节及其相互关系

因此，这里仅以粗粒度流程和细粒度流程为例，说明在这两种流程中存在的柔性环节及其定义方式。细粒度流程模板中的"作战任务清单生成"、"体系能力清单生成"、"体系功能清单生成"、"体系结构需求生成"及"新研装备主要作战性能分析"中的"作战性能指标方案"等环节，与粗粒度流程模板中的"任务需求分析"、"能力需求分析"、"体系功能需求分析"、"体系种类数量需求分析"、"新研装备主要作战性能分析"等环节可互相替代，将这些可以在不同流程中出现的环节作为柔性环节。由于环节连接关系的变化，导致环节接口数据需求发生改变，需要进行接口的柔性化设计。

2. 装备型号需求论证流程模板

装备型号需求论证流程模板包括粗粒度流程模板和细粒度流程模板，图 5-24 给出了粗粒度的装备型号需求论证流程模板，图 5-25 给出了细粒度的装备型号需求论证流程模板。

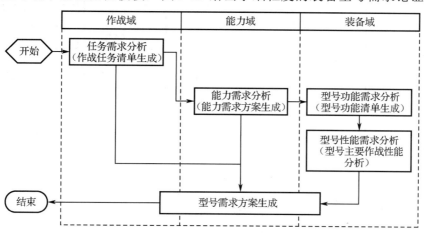

图 5-24　装备型号需求论证流程模板（粗粒度）

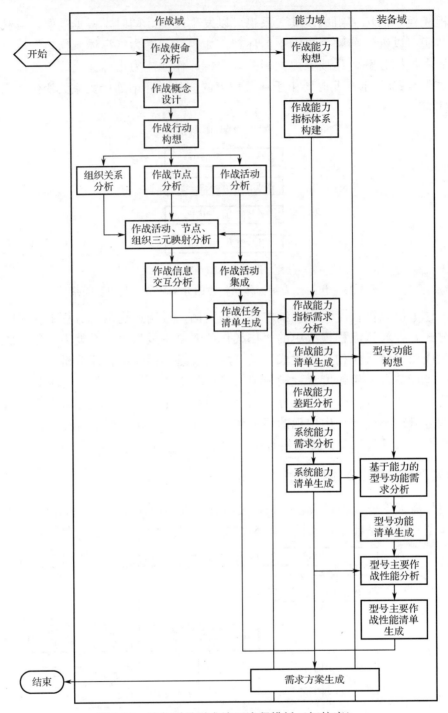

图 5-25　装备型号需求论证流程模板（细粒度）

3. 基于能力的装备需求满足度评估流程模板

基于能力的装备需求满足度评估流程模板如图 5-26 所示。由于不同的评估方法具有不同的评估步骤，图中虚线环节表示"需求方案评估"基本环节中的子环节，可以根据方法步骤进行子环节及其模板设计，此处不做展开介绍。

118

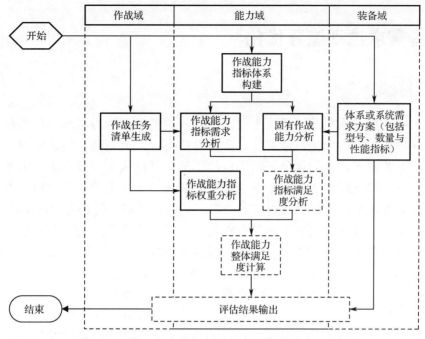

图 5-26 基于能力的装备需求满足度评估流程模板

4. 面向任务的作战能力需求分析流程模板

面向任务的作战能力需求分析流程模板可以装备体系需求论证流程模板为基础修改得到，如图 5-27 所示。

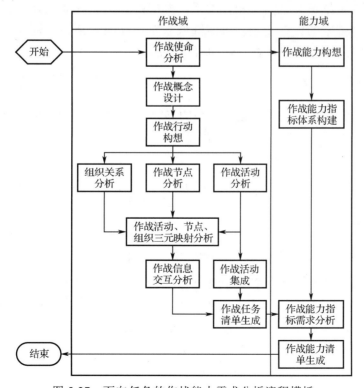

图 5-27 面向任务的作战能力需求分析流程模板

5.5 装备需求论证流程优化

5.5.1 优化目标

装备需求论证是一项复杂的系统工程，是对任务需求、能力需求、体系需求、型号需求等多个领域目标的权衡优化，涉及领域多，专业内容构成复杂，特色鲜明。随着专业领域研究内容的不断深入，专业化分工趋势日趋明显，仅仅依靠部分人员已不能全面权衡各领域的研究目标，需要围绕武器装备发展要求，研究装备需求论证各领域的专业化特征和内在联系，有机协调不同专业领域的技术优势，开展装备需求的联合协同论证。

装备需求论证的复杂性决定了装备需求论证流程及其环节与交互的复杂性，必然导致装备需求论证协同关系的复杂性，为有效开展装备需求论证协同带来挑战。然而，装备需求论证协同不是以装备需求论证协同关系的数量多少来决定装备需求论证协同质量的高低，而是以协同内容简洁、协同关系清晰和协同过程可控等特征作为评价装备需求论证协同效果的主要依据。

因此，将实现不同领域装备需求论证环节的有机协同作为装备需求论证流程优化的主要目标。

5.5.2 优化方法

装备需求论证流程优化采用设计结构矩阵（Design Structure Matrix，DSM）方法。以矩阵形式描述复杂系统组分之间的相互关系，并能够通过矩阵变化处理，尽可能减少由组分之间的反馈关系带来的设计反复，进而降低系统设计的复杂性和资源冲突，是进行装备需求论证流程协同关系分析和流程优化的有效方法。

1. 设计结构矩阵定义

装备需求论证流程环节之间的相互关系的 DSM 表示如图 5-28 所示。

$$
\begin{array}{c}
\begin{array}{cccccc} A_1 & A_2 & A_3 & A_4 & \cdots & A_m \end{array} \\
\begin{array}{c} A_1 \\ A_2 \\ A_3 \\ A_4 \\ \vdots \\ A_m \end{array}
\begin{bmatrix}
A_1 & 0 & 1 & 0 & & 0 \\
1 & A_2 & 0 & 0 & & 0 \\
0 & 0 & A_3 & 0 & & 0 \\
1 & 1 & 0 & A & & 1 \\
& & & & \ddots & \\
1 & 0 & 1 & 1 & & A_m
\end{bmatrix}
\end{array}
$$

图 5-28 装备需求论证流程环节之间的相互关系的 DSM 表示

图 5-28 中，DSM 矩阵的维数 m 代表了装备需求论证环节的数量，对应的装备需求论证环节为 $A = \{A_1, A_2, \cdots, A_m\}$；对角线上的元素代表装备需求论证环节本身，即 m 个装备需求论证环节；矩阵中的其他元素表示装备需求论证环节之间的相互关系，用 0 和 1 表示，于是 DSM 中每个元素 a_{ij} 可表示为

$$a_{ij} = \begin{cases} A_i & \text{表示装备需求论证环节本身（当 } i = j \text{ 时）} \\ 0 & \text{表示 } A_i \text{ 和 } A_j \text{ 之间没有信息交流（当 } i \neq j \text{ 时）} \\ 1 & \text{表示 } A_i \text{ 和 } A_j \text{ 之间有信息交流（当 } i \neq j \text{ 时）} \end{cases}$$

在 DSM 中，对角线以下的元素"1"表示论证环节接受上一论证环节的信息，如 $a_{21} = 1$ 表示论证环节 A_2 接受论证环节 A_1 的信息；对角线以下的元素"1"表示论证环节为上一论证环节提供信息，如 $a_{13} = 1$ 表示论证环节 A_3 要为论证环节 A_1 提供信息。

串联、并联和反馈关系是装备需求论证环节间的基本关系。根据 DSM 定义，可以将装备需求论证环节的串联、并联和反馈关系分别表示为如图 5-29 所示的 DSM 矩阵。

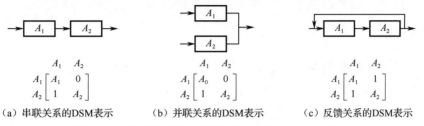

（a）串联关系的DSM表示　　（b）并联关系的DSM表示　　（c）反馈关系的DSM表示

图 5-29　装备需求论证环节基本关系的 DSM 表示

2. 基于 DSM 的流程优化步骤

基于 DSM 的装备需求论证流程优化是以装备需求论证逻辑流程为基础，通过 DSM 矩阵的行列变换来减少论证环节之间的反馈关系，进而达到优化装备需求论证流程的目的。其基本流程如图 5-30 所示。

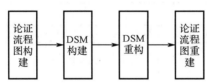

图 5-30　基于 DSM 的流程优化过程

（1）论证流程图构建。根据装备需求论证内容及其相互关系，设计提出装备需求论证流程，明确装备需求论证环节的组成及其逻辑关系，确定装备需求论证环节执行的先后顺序。

（2）DSM 构建。根据装备需求论证环节的执行顺序与相互关系，构造 DSM 矩阵，将装备需求论证流程转换成 DSM 矩阵。

（3）DSM 重构。通过行列变换将 DSM 中的论证环节进行重构，最大限度地降低对角线上方的依赖关系，获得重构后的 DSM。

（4）根据重构后的 DSM，重新构建装备需求论证流程。

3. 设计结构矩阵重构方法

在具有反馈关系的论证环节集中，论证环节相互依赖，通过单纯的信息关联关系很难获得论证环节的执行逻辑。因此，需要尽可能减少论证环节之间的反馈耦合关系，提高论证环节之间的并行度，进而减少论证时间并降低成本。基于 DSM 矩阵，在不改变论证环节相对逻辑关系的基础上，通过矩阵行列位置的改变来改变论证环节的执行顺序，可以尽可能地减少论证环节之间的反馈关系。DSM 的行列转换称为 DSM 重构，其基本步骤如下：

（1）识别 DSM 中不需要任何输入信息的环节，即矩阵中环节所在行的元素均为 0，即 $a_{ij} = 0 (j = 1, 2, \cdots, m)$，将对应的环节 A_i 放在最先执行的位置，同时删除环节 A_i 对应的行与列中的所有元素，并重新执行步骤（1），直到所有环节识别完毕；

（2）识别 DSM 中不需要提供任何信息的环节，即矩阵中环节所在列的元素均为 0，即 $a_{ij} = 0 (i = 1, 2, \cdots, m)$，将对应的环节 A_i 放在最后执行的位置，同时删除环节 A_i 对应的行与列中的所有元素，并重新执行步骤（2），直到所有环节识别完毕；

（3）在步骤（1）、（2）的基础上，尽可能使 DSM 成为一个下三角矩阵，即尽可能使论证环节之间保持串联或并联关系，而尽可能减少论证环节之间的反馈关系。

5.5.3　实例分析

以装备型号需求论证为例，在进行某型号装备需求论证时，项目组根据论证任务目标，提出了根据装备作战概念，提出装备能力需求，进而提出装备功能需求和结构需求，最后通过装备典型作战任务及其作战节点分析验证装备能力需求、功能需求和结构需求的可行性。其基本流程如图 5-31 所示。

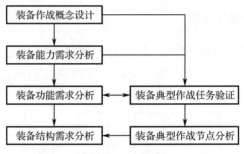

图 5-31　装备型号需求论证流程

（1）DSM 构建。

设 $A_i (i = 1, 2, \cdots, 6)$ 表示装备型号需求论证流程中的环节，A_1、A_2、A_3、A_4、A_5、A_6 分别表示装备作战概念设计、装备能力需求分析、装备功能需求分析、装备结构需求分析、装备典型作战任务验证、装备典型作战节点分析，则根据装备需求论证流程的 DSM 定义，可以给出该型号需求论证流程的 DSM 表示，如图 5-32 所示。论证环节之间有信息交互的元素用 1 表示，无信息交互的位置用 0 表示。

$$
\begin{array}{c}
\begin{array}{cccccc} A_1 & A_2 & A_3 & A_4 & A_5 & A_6 \end{array} \\
\begin{array}{c} A_1 \\ A_2 \\ A_3 \\ A_4 \\ A_5 \\ A_6 \end{array}
\begin{bmatrix}
A_1 & 0 & 0 & 0 & 0 & 0 \\
1 & A_2 & 0 & 0 & 0 & 0 \\
0 & 1 & A_3 & 0 & 1 & 0 \\
0 & 0 & 1 & A_4 & 1 & 1 \\
1 & 1 & 1 & 0 & A_5 & 0 \\
0 & 0 & 0 & 0 & 1 & A_6
\end{bmatrix}
\end{array}
$$

图 5-32　装备型号需求论证流程的 DSM 表示

（2）DSM 重构。

DSM 重构的目的是通过矩阵的行列变换，尽可能减少论证环节之间的反馈关系。按照

DSM 重构步骤，环节 A_1 对应行的元素均为 0，则应将 A_1 放在最先执行的位置，保持当前位置不变；环节 A_2 在由 A_2、A_3、A_4、A_5、A_6 构成的矩阵中，其所在行的元素均为 0，则应将 A_2 放在最先执行的位置，保持当前位置不变；环节 A_4 对应列的元素均为 0，则应将 A_4 放在最后执行的位置，于是在矩阵中将 A_4、A_5、A_6 的顺序调整为 A_5、A_6、A_4，如图 5-33 所示。

$$
\begin{array}{c}
\begin{array}{cccccc}
A_1 & A_2 & A_3 & A_5 & A_6 & A_4
\end{array} \\
\begin{array}{c}
A_1 \\ A_2 \\ A_3 \\ A_5 \\ A_6 \\ A_4
\end{array}
\left[
\begin{array}{cccccc}
A_1 & 0 & 0 & 0 & 0 & 0 \\
1 & A_2 & 0 & 0 & 0 & 0 \\
0 & 1 & A_3 & 1 & 0 & 0 \\
1 & 1 & 1 & A_5 & 0 & 0 \\
0 & 0 & 0 & 1 & A_6 & 0 \\
0 & 0 & 1 & 0 & 1 & A_4
\end{array}
\right]
\end{array}
$$

图 5-33　行列变换后的 DSM 表示

由图 5-33 可知，经过 DSM 的行列变换，仅有论证环节 A_3、A_5 之间依然存在反馈关系，其他环节之间的关系都简化成了串联或并联关系，大大减少了环节之间的耦合关系，便于需求论证过程的协同。

（3）流程重建。

根据图 5-34 中各论证环节的关系，以矩阵中的元素排列顺序作为流程中的环节执行顺序，以矩阵中的元素取值作为环节之间信息流向的主要依据，元素值为 1 的位置说明对应列的环节为对应行的环节提供信息。于是，该型号需求论证的流程可以重新描述为如图 5-34 所示。

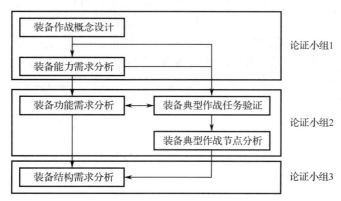

图 5-34　装备型号需求论证优化流程

由图 5-34 可知，将原来复杂的型号装备需求论证环节关系简化为 3 个小组之间的串联关系，可以有效降低系统层面（小组之间）的信息交互，降低领域耦合带来的负面影响；而原有的反馈关系成为小组内部流程的一部分，更加有利于在小组内部实现并行协同。

第6章

装备需求论证流程柔性构建中的模型组合方法

基于装备需求论证环节元模型，按照复杂模型→简单模型→元模型的分解与构成关系，通过一定的组合方法和规则，自底向上灵活构建装备需求论证的流程和专题模型，满足装备需求论证的应用目的，成为装备需求论证模型库研究必须解决的关键问题。以装备需求论证元模型及其模型层次为基础的装备需求论证模型组合理论、策略和方法，是实现装备需求论证流程柔性构建的关键支撑。

6.1　装备需求论证模型组合需求分析

模型组合是指将多个模型按照一定的语法规则、语义要求组合形成功能更加强大的模型的过程。随着建模与仿真技术在各领域应用的不断成熟，人们发现解决新问题时并不需要重新构建所有模型，可以在原有模型的基础上采用适当的技术手段集成原有模型，从而形成满足问题需求的模型。

在装备需求论证领域，由于装备需求论证目标、过程、方法的日趋复杂，以装备需求论证元模型为基础，组合形成满足装备需求论证应用目的的装备需求论证环节模型或流程模型，是提高装备需求论证元模型应用效果的必然选择。

6.1.1　面向应用的组合需求分析

从应用的角度看，装备需求论证模型构建的目的是为装备需求论证实践提供丰富、可用的模型资源，提高装备需求论证实践的效率和科学性。为提高装备需求论证模型组合结果的可用性，在应用层面，应满足以下两个方面的要求：

（1）满足装备需求论证流程功能的模型组合要求。

装备需求论证元模型是以装备需求论证环节为基础构建的，装备需求论证流程又是由一系列相关联系的环节按照一定的业务规则组合而成的。这就要求能够根据装备需求论证流程的功能选择合适的装备需求论证环节模型，并按照一定的规则进行有机组合，实现环节之间的功能相协调、接口相连接和数据相互认。特别是，由于武器装备的种类和复杂程度存在非常大的差异，不同种类、不同复杂程度的武器装备进行论证时，存在较大差异，往往难以运用一套流程满足所有类型和复杂程度的武器装备论证要求，这就需要能够根据装备需求论证流程功能变化，灵活配置装备需求论证环节组成，做到按需柔性配置流程。

装备需求论证模型组合应满足上述由于论证功能变化引起的论证流程变化，进而引起论证环节的组成变化。

（2）满足多样化专题论证功能的模型组合要求。

装备需求论证通常包括未来作战概念设计、装备任务需求论证、装备能力需求论证、装备体系需求论证、装备型号需求论证、需求方案评估等专题，所有专题共同组成完整的装备需求论证全流程，即根据未来使命任务要求出发，通过复杂的分析论证，提出最终的装备发展方案。但是，在装备需求论证实践中，往往根据研究问题的需要，只需对其中的一个或几个专题进行分析，装备需求论证模型应能够支持专题论证的模型组合要求。

6.1.2　面向模型的组合需求分析

由装备需求论证模型组合框架可知，通常模型构建过程中的概念建模过程是对现实系统的抽象和规范化，目的是明确建模的目标和主要内容，是引导以元模型为基础的各级功能模型的构建。装备需求论证模型组合的目的也是通过各级功能模型由简单到复杂的组合，形成支撑现实系统功能的复杂模型。就技术层面看，模型组合成功与否与模型构建中的概念建模有关，但主要取决于语法定义和语义定义的情况。下面重点分析在语法和语义层面，装备需求论证模型的组合需求。

1. 模型的语法组合需求

在语法层面，装备需求论证模型的组合主要体现在模型接口的匹配上，顺序组合的前置模型的输出应与后置模型的输出匹配、组合形成的新模型的输入与输出应与新模型的前置或后置模型的接口相匹配。模型接口匹配的根本是模型接口参数命名、参数数量、参数类型、参数顺序等的匹配。因此，分析影响语法层面模型组合的因素也主要从下述 4 个方面进行。

（1）参数命名一致性需求。

参数名称表征了参数的具体含义，是语法层面模型组合的主要依据之一。通常，模型组合时，应先确定形成组合关系的模型参数名称具有一致性，然后进行其他方面的检测匹配。如果参数名称不一致，可能导致模型组合失配。

参数命名不一致往往是由于开发人员的习惯或模型规范要求不够细致造成的。为有效避免命名不一致问题，通常应在模型构建之前制定详细的模型规范，并遍历所有的模型接口参数，分析模型参数含义的异同，保证同一模型参数在不同模型中的命名完全一致，并制定模型参数字典库；同时，应要求模型开发人员严格遵守模型规范和模型字典库，确保在模型实现过程中与模型规范及字典库一致。

（2）参数数量一致性需求。

参数数量是模型组合匹配过程中的重要因素。通常，当多个模型组合形成新模型时，相应模型的参数数量应满足组合的要求。当采用顺寻组合方式时，前置模型的输出参数数量原则上应与后置模型的输入参数数量一致；当采用并发组合方式时，由多个模型输入参数形成的集合中的参数数量应与新模型的输入参数数量一致，输出参数集合中的参数数量应与新模型的输出参数数量一致；当采用选择组合方式时，由多个模型的输入参数形成的集合中的参数数量应与新模型的输入参数一致，输出参数集合中的参数数量应与新模型中的输出参数数量一致。

参数数量不一致往往会导致模型组合失配，但是有的模型参数存在冗余的情况，即该模型与某些模型组合时，仅用到模型参数集合中的部分参数；而与另一些模型组合时，会用到模型参数集合中的另外一部分参数；这两部分参数可能存在相同的参数，也可能不存在任何相同的参数。

（3）参数类型相容性需求。

参数类型是确保参数能否正确传递的关键。通常，相同类型的参数可以组合，不同类型的参数需要通过某种转化进行组合或不能组合。在计算机编程语言中，存在多种数据类型，有简单数据类型，如整型、浮点型、布尔型等，也有复杂数据类型，如枚举型、记录型等。同时，数据类型之间存在一定的转化关系，有单项转化，也有双向转化。例如，整型转化成浮点型，数值大小并不发生变化，但不能将浮点型转化成整型，属于单项转化；而布尔型的 true 和 false 则可以与集合[0,1]中的两个元素进行双向转化，保证数值大小和意义不发生改变。因此，当参数类型不一致或参数类型之间不能相互转化时，就会发生模型失配现象。

（4）参数顺序一致性需求。

通常，模型参数的顺序并不会影响模型的组合。但是，当模型参数传递的数值在使用中存在时间或逻辑顺序时，应保证最先使用的模型参数先行传递，否则易导致由于模型参数传递不及时而引起的模型失配现象。因此，在模型设计过程中，应关注模型参数的顺序问题，尽可能保证模型遵循相应的时间和逻辑顺序要求。

2. 模型的语义组合需求

在语义层面，装备需求论证模型的组合主要体现在论证模型能否满足特定的功能要求上，就是要在语法组合的基础上判断组合后的新模型是否与待解问题的领域要求一致。否则，即使语法组合匹配成功，也不能有效支持特定领域待解问题的功能要求。语义组合是以语法组合为基础的。通常，在模型组合过程中，存在 3 种情况：一是语法、语义完全匹配的情况，是比较理想的组合现象；二是语法一致但语义不一致，这种情况即使匹配成功，也毫无用处；三是语法不一致，但语义一致，这种情况有可能存在有效的组合方法。

语义层面的模型组合，应重点满足以下两个方面的需求：

（1）语义兼容性需求。

当模型 A 与模型 B 进行组合时，存在模型 C 与模型 B 语法一致但语义不一致的情况，通常模型 C 不能取代模型 B 与模型 A 组合。但是，当模型 C 的语义内涵包含了模型 B 的语义内涵时，比如，模型 C 与模型 B 类似于面向对象中的类与子类的关系时，说明模型 C 可以兼容模型 B，此时，模型 C 应可以替代模型 B 与模型 A 进行组合。因此，在装备需求论证模型组合过程中，应充分考虑模型语义兼容性对模型组合的影响方式和途径。

（2）语义可替代性需求。

多态是面向对象中的重要概念，是指类的接口可以用多种不同的形式来实现。在装备需求论证模型构建中，有时存在某种功能模型可以由多种方法来实现的情况。那么，以每种方法为基础实现的功能模型之间的语义就会保持一致性。在装备需求论证模型组合时，在语义层面，应允许该类模型的每种实现都可以与其他模型进行组合。因此，在装备需求论证模型组合过程中，应充分考虑语义可替代性对装备需求论证模型组合的影响。

6.2 装备需求论证模型组合总体设计

根据装备需求论证模型的组合需求，结合装备需求论证元模型的构建情况，提出装备需求论证模型组合的基本原理、组合框架和组合方式。

6.2.1 基本原理

由装备需求论证元模型的构建过程可知，元模型的构建采用了分解和"抽象"迭代的方法，按照"事物→子类→分类→类→基类"的顺序，将装备需求论证的各类功能模型抽象成更加简单、一般的基类，并通过基类的规范化定义和描述，实现对装备需求论证模型的规范。模型组合可以认为是"抽象"的逆向过程，就是按照装备需求论证模型的组合要求，以装备需求论证基类、类、分类或子类模型为基础，通过模型语法和语义层面的有效衔接，生成更高层次的论证模型。其基本原理如图 6-1 所示。

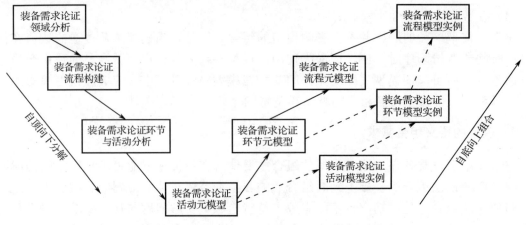

图 6-1　装备需求论证模型组合的基本原理

6.2.2　组合框架

　　装备需求论证模型组合的基础是可重用的模型。根据装备需求论证模型的组合原理可知，装备需求论证模型的组合具有层次化的特征，由简单模型组合形成复杂模型的过程，可以从语法组合、语义组合和模型构建 3 个层次进行研究。因此，可构建如图 6-2 所示的装备需求论证模型组合框架。

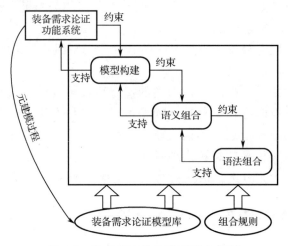

图 6-2　装备需求论证模型组合框架

　　（1）语法组合，即根据装备需求论证模型组合的语法要求，主要包括接口参数数量、类型、顺序等，从装备需求论证模型库中选择模型进行接口检测与匹配，并按照语法组合规则，生成新的模型。

　　（2）语义组合，即在语法组合的基础上，要研究装备需求论证模型的语义要求，研究待组合的装备需求论证模型是否符合特定的应用要求，如有些模型是面向特定领域的模型，即使在语法组合检测成功时，也不允许应用于其他领域，这就需要进行语义组合检测。

　　（3）模型构建。一方面可采用概念建模的方式，将装备需求论证功能系统的建模需求和内容描述清楚，另一方面，以概念模型为基础，验证组合模型的功能和输入/输出结果。

6.2.3 组合方式

根据装备需求论证功能模型的相互关系,其组合方式主要有并发组合、顺序组合、选择组合和混合组合 4 种方式。

(1) 并发组合。

由多个并行执行的模型组合形成新模型的方式称为并发组合,如图 6-3 所示。例如,在装备需求方案评估过程中,在已知评估指标体系的情况下,底层指标数据处理和指标权重分析两项活动即为并行开展的工作。当由底层指标数据处理模型和指标权重分析模型组合形成新的模型时,即为并发组合方式。

(2) 顺序组合。

由多个顺序执行的模型组合形成新模型的方式称为顺序组合,如图 6-4 所示。通常,前一模型的输出为后一模型的输入。例如,在作战任务需求分析过程中,通常应先进行作战任务活动分解,后进行作战任务活动流程分析,在由这两个模型组合形成新模型时遵循顺序组合方式。

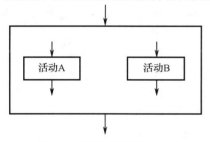

图 6-3 模型并发组合方式

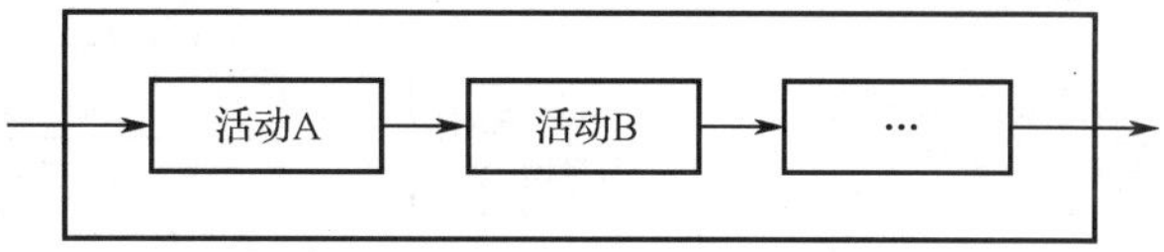

图 6-4 模型顺序组合方式

(3) 选择组合。

当完成特定的功能可以有多种执行路径时,由相应模型组合形成新模型的方式称为选择组合,如图 6-5 所示。比较典型的例子是,当某个功能模型有多种实现途径时,当包含该功能模型的多个模型组合形成新模型时,选择该功能模型的哪种实现途径进行模型组合就面临着选择组合问题。

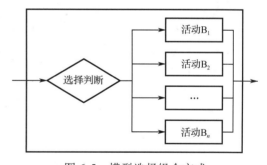

图 6-5 模型选择组合方式

(4) 混合组合。

存在并发组合、顺序组合和选择组合中的两种或两种以上组合方式的新模型生成过程称为混合组合,基本原理如图 6-6 所示。

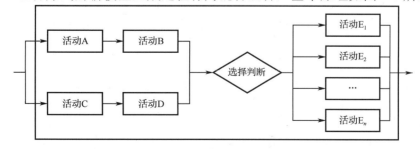

图 6-6 模型混合组合方式

6.3 需求驱动的装备需求论证模型组合方法

6.3.1 总体思路

装备需求论证实践是驱动装备需求论证模型组合的内在动因。多样化的装备需求论证实践要求装备需求论证系统具有不同的功能组合，不同的功能组合需要由不同的论证模型组合生成。

1. 需求分类

由于武器装备体系的复杂性，所以装备体系、装备型号的论证目标并不一致，所要求的论证流程也存在较大差异。同时，由于装备需求论证目标的多样性，所以不同论证目标的功能要求也存在较大差异。这些差异性是引起装备需求论证模型组合的重要原因。从装备需求论证应用实践情况看，驱动装备需求论证模型组合方式与装备需求论证的典型应用模式具有较高的一致性。装备需求论证典型应用模式如图6-7所示。

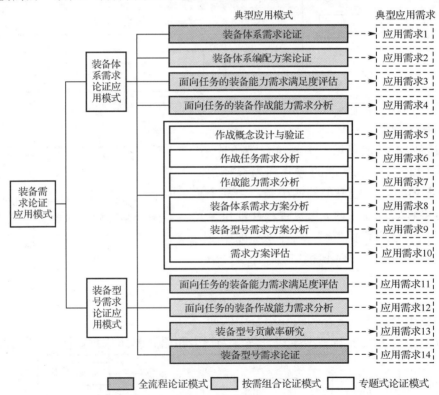

图 6-7　装备需求论证典型应用模式与需求对应关系

从装备需求论证典型应用模式看，主要包括装备体系论证与装备型号论证两类论证对象；同时，针对每类论证对象，主要包括全流程论证模式、按需组合论证模式和专题式论证模式 3 种。其中，全流程论证模式是指针对装备体系或装备型号需求论证目标提供的全流程、全功能的论证模式，功能最齐全、最完备。专题式论证模式通常按照装备需求论证的领域组成分为作战概念设计与验证、作战任务需求分析、作战能力需求分析、装备体系需求方案分析、装备型号需求方案分析、需求方案评估 6 种，进行分别论证。按需组合论证模式是指根据灵活的装备需求论证目的，由 5 种论证领域的部分功能组合形成的功能流程，在此过程中要求组成功能流程的功能模块具有较高的通用性和可组合性。

每一种装备需求论证应用模式均是一种装备需求论证模型的组合需求。从装备需求论证应用模式看，模型之间具有一定的层次性；全流程论证模式的功能包含按需组合论证模式和专题式论证模式的功能，或者说，全流程论证模式的功能模块可以组合形成按需组合论证模式和专题式论证模式的功能流程。

因此，在装备需求论证模型组合过程中，应紧紧围绕多样化装备需求论证应用需求的变化，以装备需求论证典型应用模式的功能要求为牵引，开展装备需求论证模型组合研究。

2. 需求驱动的模型组合过程

基于元建模的装备需求论证模型构建，是指根据装备需求论证活动功能采用逐层分解的方法，获得功能更加简单的低层模型。在由低层模型组合生成高层模型时，应以装备需求论证典型应用模式功能需求为牵引，在一定的规则指导下，采用自底向上的策略，逐层组合形成满足特定应用需求的功能模型。需求驱动的装备需求论证模型组合过程如图 6-8 所示。

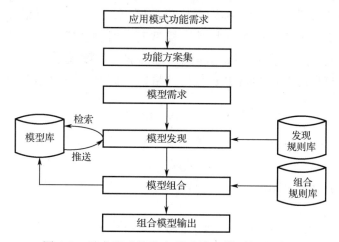

图 6-8　需求驱动的装备需求论证模型组合过程

（1）应用模式功能需求。根据装备需求论证应用模式的目标要求，提出装备需求论证应用模式的功能需求。

（2）功能方案集。采用功能分解方法或工作结构分解方法（WBS），将装备需求论证应用模式的功能需求进一步分解为一系列相互联系的功能单元，从而形成功能方案集。

（3）模型需求。定义功能方案集中每个功能单元的模型需求，包括模型功能、模型输入/输出及其参数要求。

（4）模型发现。采用多种方法，从装备需求论证模型库中选择满足模型需求的装备需求论证模型，形成模型候选集。

（5）模型组合。按照装备需求论证应用模式的功能需求，在一定的模型组合规则（语法组合规则、语义组合规则两个方面）指导下，进行候选模型的组合。

（6）组合模型输出。将组合形成的功能模型输出，并存储于装备需求论证模型库。

6.3.2　模型语法组合方法设计

语法组合是装备需求论证模型组合的基础，只有满足了语法层次上的组合要求和约束，才能实现装备需求论证低层模型向高层模型的组合。基于本体的装备需求论证元模型，规范了装备需求论证活动、输入/输出、方法、规则、组织等的属性特征和相互关系，为开展装备需求论证模型的组合提供了基础。影响装备需求论证语法组合的主要因素包括参数名称、参数类型、参数数量和参数顺序等。因此，在研究装备需求论证模型组合特性时，应紧紧围绕语法组合的影响因素展开。

1．组合类型设计

在语法层面，装备需求论证模型组合失败的原因往往是由于模型接口类型的不一致造成的，包括接口中的参数数量、参数类型、参数名称和参数顺序等。要保证模型组合成功就需要保证模型接口能够匹配。

假定有两个模型 $Model_1$ 和 $Model_2$，其接口类型分别为 η_1 和 η_2，则 η_1 恒等价于 η_2，说明模型 $Model_1$ 和 $Model_2$ 是可匹配的，称为严格类型匹配。但是，由于装备需求论证模型的多样性及模型参数类型的兼容性与包含特性，模型匹配时并非需要严格的类型匹配。存在兼容与包含特性的模型参数依然可以成功匹配，称为弱化匹配关系。

在语法层面，模型组合的类型主要包括严格匹配组合、等价匹配组合和非等价多态组合 3 种。

（1）严格匹配组合。

设有两个模型 $Model_1$ 和 $Model_2$，其接口参数集合分别为 S_1 和 S_2。若在参数数量、参数名称、参数类型、参数顺序 4 个领域，参数集合 S_1 与参数集合 S_2 完全相同，则 $Model_1$ 和 $Model_2$ 的组合称为严格匹配组合。

（2）等价匹配组合。

设有两个模型 $Model_1$ 和 $Model_2$，其接口参数集合分别为 S_1 和 S_2。参数集合 S_1 与参数集合 S_2 在参数数量、参数顺序方面完全相同，而参数名称或参数类型方面不一致，但是根据模型库的本体定义发现，不一致的参数名称具有相同的含义或不一致的参数类型可以相互兼容时，可以根据规则自动实现模型的匹配。这种情况称为等价匹配组合。例如，在模型组合时，int 可以向 float、double 类型转换，float 与 double 等价，在模型组合时对模型功能和输入/输出的要求基本可以忽略。

（3）非等价多态组合。

设有两个模型 $Model_1$ 和 $Model_2$，其接口参数集合分别为 S_1 和 S_2。参数集合 S_1 与参数集合 S_2 在参数数量、参数顺序、参数名称和参数类型等方面都存在不一致现象。但是根据模型组合的相关规则，依然可以实现模型之间的组合，则称为非等价多态组合。例如，当模型 $Model_1$ 的接口有 3 个参数，而与之相对应的模型 $Model_2$ 的接口有 5 个参数，并且其中的 3 个参数与 $Model_1$ 接口的 3 个参数在参数名称、参数类型和参数顺序方面存在严格匹配组合或等价匹配组合关系，模型 $Model_1$ 和 $Model_2$ 能够成功实现组合，这种情况就属于非等价多态组合。

2. 组合规则设计

下面分别从严格匹配组合、等价匹配组合和非等价多态组合 3 个方面研究模型组合的一般规则。

（1）组合规则表示。

模型组合规则可采用"if-then"的产生式规则表示方法。在语法层面，梳理装备需求论证模型组合的可能情况，将装备需求论证模型的组合需求和组合结果分别设计为产生式规则的条件和结论。当组合需求满足时，则说明能够按照组合结果的要求进行模型之间的组合。在模型组合环节里，为了能够将模型组合推理的流程和最后结果进行简化，决策规则所需的条件可采取多个条件共同构成，条件之间的关系主要考虑"与（and）"、"或（or）"、"非（not）"3 种 1 情形；同时，决策规则的结论部分通常应保持唯一性，即相同的决策条件应只能推理出一种结果，即使这个结论包括多项内容。因此，可将语法组合规则的形式化以如下方式来表现

$$\text{if} \quad \underset{i=1}{\overset{m}{\text{OR}}} \quad \underset{i=1}{\overset{m}{\text{AND}}} \quad \underset{i=1}{\overset{m}{\text{NOT}}} \quad \text{condition}_i$$
$$\text{result}_1, \text{result}_2, \cdots, \text{result}_n$$

如果采用没有区别的决策条件来匹配众多有区别的结果，则应该对其中的规则进行区别。进行推理时，就能够提出与之相符合的结论，以便于指挥员进行参照。

（2）组合规则内容。

组合规则分为严格匹配组合、等价匹配组合和非等价多态组合 3 类，分别如表 6-1、表 6-2 和表 6-3 所示。

表 6-1　严格匹配组合规则

规则标识	规则表示	规则描述
AR_1	if　$(paramCount_{M1}=paramCount_{M2})$ and $(paramType_{M1}=paramType_{M2})$ then Combiantion(M_1,M_2)=true	如果模型 1 与模型 2 的接口参数数量与参数类型相同，则模型 1 与模型 2 可组合
AR_2	if　$(paramName_{M1}=paramName_{M2})$ and $(paramType_{M1}=paramType_{M2})$ then Combiantion(M_1,M_2)=true	如果模型 1 与模型 2 的参数名称与参数类型相同，则模型 1 与模型 2 可组合
AR_3	if　$(paramCount_{M1}=paramCount_{M2})$ and $(paramName_{M1}=paramName_{M2})$ and $(paramType_{M1}=paramType_{M2})$ then Combiantion(M_1,M_2)=true	如果模型 1 与模型 2 的参数数量、参数名称、参数类型都相同，则模型 1 与模型 2 可组合
AR_4	if　$(paramCount_{M1}=paramCount_{M2})$ and $(paramName_{M1}=paramName_{M2})$ and $(paramType_{M1}=paramType_{M2})$ and $(paramOrder=paramOrder)$ then Combiantion(M_1,M_2)=true	如果模型 1 与模型 2 的参数数量、参数名称、参数类型、参数顺序都相同，则模型 1 与模型 2 可组合

表 6-2　等价匹配组合规则

规　则　标　识	规　则　表　示	规　则　描　述
ER_1	if　$(paramCount_{M1}=paramCount_{M2})$ and　$transform(paramName_{M1},paramName_{M2})$ then $Combiantion(M_1,M_2)=true$	如果模型 1 与模型 2 的接口参数数量相同，参数名称不同，但参数名称具有相同的含义，则模型 1 与模型 2 可组合
ER_2	if　$(paramCount_{M1}=paramCount_{M2})$ and　$transform(paramType_{M1},paramType_{M2})$ then $Combiantion(M_1,M_2)=true$	如果模型 1 与模型 2 的接口参数数量相同，参数类型不同，但参数类型之间可相互转换，则模型 1 与模型 2 可组合

表 6-3　非等价多态组合规则

规　则　标　识	规　则　表　示	规　则　描　述
PR_1	if　$(paramNameSet_{M2} \subset paramNameSet_{M1})$　then $Combiantion(M_1,M_2)=true$	从参数名称看，如果模型 1 的接口参数集包含模型 2 的接口参数集，则模型 1 与模型 2 可组合
PR_2	if　$(paramTypeSet_{M2} \subset paramTypeSet_{M1})$　then $Combiantion(M_1,M_2)=true$	从参数类型看，如果模型 1 的接口参数集包含模型 2 的接口参数集，则模型 1 与模型 2 可组合

3. 组合算法设计

根据装备需求论证语法组合规则，可简要给出装备需求论证模型语法组合的基本算法，如图 6-9 所示。

6.3.3　模型语义组合方法设计

语法上具备可组合特性的模型之间，仅仅是存在模型组合成功的可能，但并不保证模型之间存在必然的组合关系。例如，分别属于两个毫不相干领域的 2 个模型，即使其符合语法组合的各项规则，但由于它们之间不存在任何组合关系，所以也不应该进行组合。因此，语义组合分析的重点应放在关注不同领域模型之间的可组合性分析上。

1. 模型领域分析

在装备需求论证模型体系中，由于论证对象、论证活动层次及模型通用程度的不同，模型的应用场合和时机存在较大不同。图 6-10 给出了装备需求论证模型的领域分析。

（1）模型活动层次。由于装备需求论证流程、环节及活动的可分解特性，基于元模型技术构建的装备需求论证模型体系中，存在不同粒度的模型，通常由粒度较细的模型组合形成粒度较粗的模型，即由子活动级模型组合形成活动级模型，由活动级模型组合形成环节级模型，由环节级模型组合形成流程级模型。因此，需要明确各个模型的模型层次，通常相同模型层次的模型之间存在可组合性，不同模型层次的模型之间不能组合。

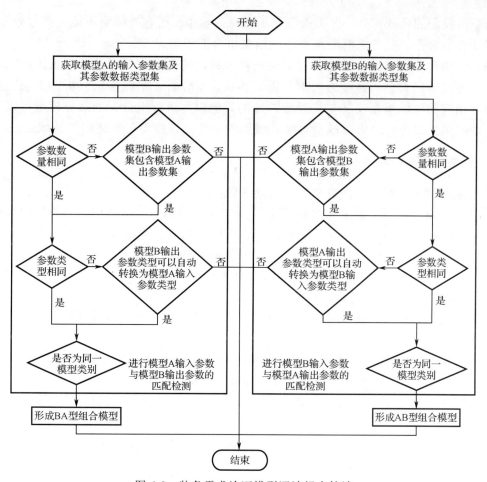

图 6-9　装备需求论证模型语法组合算法

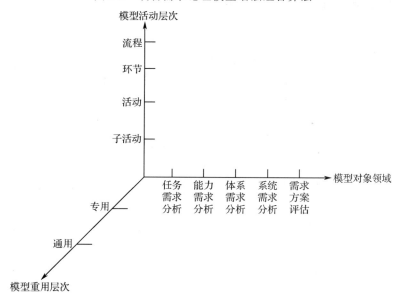

图 6-10　装备需求论证模型的领域分析

（2）模型重用层次。根据装备需求论证模型的组成情况可知，有些低层的模型可能作为多个复杂模型的组成部分，这类模型属于可重用模型；而有些模型不能被其他模型重用。在模型语义组合中，要考虑模型重用性对模型组合的影响。

（3）模型对象领域。根据装备需求论证对象领域的不同，可将装备需求论证模型对象领域划分为任务需求分析、能力需求分析、体系需求分析、系统需求分析、需求验证评估等，通常相应的领域模型仅能与其对应领域的其他模型进行组合。当部分模型可以与多个不同领域的模型组合时，应在模型对象领域属性中明确该模型可能适用的领域。

2. 模型领域规则设计

从语义层面看，模型组合规则主要包括 3 种：

规则 1（SR_1）：如果模型 1 与模型 2 同属于相同的模型活动层次且具备可组合性，或者处于不同的模型活动层次但规则库中约定具备组合关系，则模型 1 与模型 2 可组合，即

$$\text{if } ((Level_{M1}=Level_{M2}) \text{ and } (CanConbination(M_1,M_2)))$$
$$\text{or } ((Level_{M1} \neq Level_{M2}) \text{ and } (CanConbination(M_1,M_2))) \text{ then}$$
$$Combiantion(M_1,M_2)= true$$

规则 2（SR_2）：如果模型 1 与模型 2 处于相同的模型对象领域且具有可组合性，则模型 1 与模型 2 可组合，即

$$\text{if } ((Domain_{M1}=Domain_{M2}) \text{ and } (CanConbination(M_1,M_2))) \text{ then}$$
$$Combiantion(M_1,M_2)= true$$

规则 3（SR_3）：如果模型 1 为通用模型且与模型 2 之间存在可组合性，则模型 1 与模型 2 可组合，即

$$\text{if Is General}(M_1) \text{ and } (CanConbination(M_1,M_2)) \text{ then}$$
$$Combiantion(M_1,M_2)= true$$

3. 模型语义组合算法

当模型 1 与模型 2 在语法上具备可组合性时，则应考虑模型 1 与模型 2 之间是否在语义上存在可组合性。设 $CanConbinationInGrammer(M_1,M_2)$ 表示模型 1 与模型 2 之间在语法上可组合；设 $CanConbinationInSenmatics(M_1,M_2)$ 表示模型 1 与模型 2 之间在语义上可组合，则模型 1 与模型 2 可组合性表示为

$$CanConbination(M_1,M_2)=CanConbinationInGrammer(M_1,M_2)$$
$$\text{and } CanConbinationInSenmatics(M_1,M_2)$$

其中，模型语义组合的算法流程如图 6-11 所示。

（1）获取待组合模型 A 和 B 所含有的语义上的特征和内容，主要是模型对象领域和模型重用性及模型层次特征等参数；

（2）分别按照语义组合规则 SR_1、SR_2 和 SR_3 的要求，逐次判断，当同时满足 SR_1、SR_2 和 SR_3 3 个规则约束时，说明模型 A 和模型 B 在语义上是可组合的，即 $CanConbinationInSenmatics(M_A,M_B)=true$。

（3）当且仅当模型 A 与模型 B 在语法、语义上均满足组合规则约束，即 $CanConbinationInSenmatics(M_A,M_B)=true$ 且 $CanConbinationInGrammer(M_A,M_B)$ 时，模型 A 与模型 B 可组合。

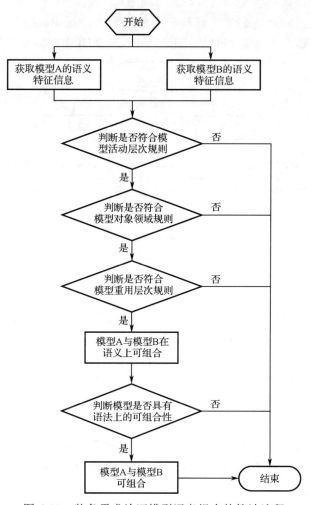

图 6-11　装备需求论证模型语义组合的算法流程

6.3.4　基于规则推理的模型组合方法设计

装备需求论证模型的语法组合规则和语义组合规则为开展装备需求论证模型组合和检测提供了基本依据。根据装备需求论证模型的语法、语义组合规则，可利用规则推理（Rule-Based Reasoning，RBR）方法进行模型组合。

当且仅当需要组合的两个模型同时满足语法组合规则和语义组合规则时，两个模型方能组合成功。

在基于规则推理的模型组合中，应分别建立语法模型组合规则库和语义组合规则库，其推理过程如图 6-12 所示。

6.3.5　融合规则推理与案例推理的模型组合方法设计

尽管规则推理能够解决装备需求论证模型的组合问题，但是由于规则在进行推理时，条件本身具有不稳定的特性，而它所要求的标准却表现出极其完整的特征，这就会对推理的有效展开造成一种限制。同时，装备需求论证模型和成熟的组合模型也是装备需求论证模型库的宝贵资源，可为后续的模型组合提供有效的参考和借鉴。因此，在进行装备需求论证模型组合时，提出融合规则推理优势和案例推理（Case-Based Reasoning，CBR）特征的组合推理方法，能够有效提高装备需求论证模型组合的效率和有效性。

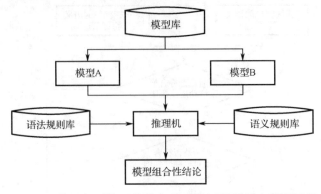

图 6-12　基于规则推理的装备需求论证模型组合推理过程

1．基本思路

案例推理是指通过若干个已有组合案例的相似性检测，根据已知组合案例的事实知识，推论出具有相似特征的其他组合的过程，具有人类思维方式中的"类比"思维，既是对已有模型组合成果与经验的有效继承，也是应对信息不完全和不确定时而采取的一种有效方法。特别是，随着案例库的增长，模型组合的"经验"将更加丰富，基于经验进行模型组合测试的成功概率越来越大；而规则推理是人类思维方式中的演绎思维，擅长解决领域知识丰富、知识结构完整的逻辑推理问题，要求能够按照一定的规则，从已知的事实推算出未来的知识，当知识描述不完备、推理算法不确定时，往往难以得到正确的结果。因此，可在基于规则推理的模型组合方法的基础上，以模型组合案例为依据，开展融合规则推理与案例推理的模型组合方法。

2．推理框架

规则推理与案例推理适用解决问题的领域明显不同，要有效融合规则推理和案例推理就需要解决好规则推理与案例推理的顺序问题，以及规则推理结果与案例推理结果的融合问题。就使用顺序而言，通常有 RBR 为前导 CBR 后置补充、CBR 为前导 RBR 后置补充两种方式。其中，前者比较适用于案例库结构完整、案例丰富，而领域知识不充分、不完备的推理；后者比较适用于案例知识比较匮乏，而领域知识相对比较完整的推理，这时往往由于推理对象的特点、运行规律和功能相对比较明确，所以基于规则的条件比较充分，有力发挥规则推理的严密逻辑，同时可以利用规则推理弥补案例推理中的不确定性。

在装备需求论证模型组合过程中，语法组合和语义组合的规则相对比较明确，模型接口在本体库中也得到了明确的定义，规则推理往往能够较好地解决一般模型组合的推理问题。但是随着模型组合案例的不断丰富，装备需求论证模型库资源的不断补充完善，部分模型接口及其属性可能发生改变，导致难以完全保持规则推理条件与规则条件之间的一致性，往往可能导致规则推理失败。因此，在装备需求论证模型组合过程中，应采用"RBR 为前导 CBR 后置补充"的推理模式，即主要发挥规则推理在模型组合中的作用，验证语法与语义规则的约束作用；若推理失败，则着重发挥模型组合经验在模型组合中的主要作用，通过案例的匹配给出模型组合的结论。融合 CBR 和 RBR 的装备需求论证模型组合集成推理过程，如图 6-13 所示。

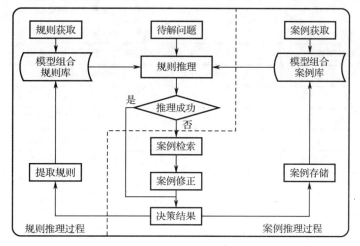

图 6-13　融合 CBR 和 RBR 的装备需求论证模型组合集成推理过程

3. 具体案例及其表现形式

模型组合案例立足于案例进行推理时所采用的模型组合，而后者正是模型组合案例能够丰富起来的根基。模型组合案例主要通过一种结构化的形式，来体现装备需求论证模型领域所具有的特性及其问题，并且能够识别、存储装备需求论证模型所具有的具体组合经验，而这主要表现为对它所做的描述、组合的方案，以及实施过程三个方面，当然，它需要以特定的数据结构为基础。经过对模型组合环节中组合条件与目标的综合分析，可将模型组合案例的特征属性信息归纳为如表 6-4 所示。

表 6-4　装备需求论证模型组合案例特征信息

序　号	案 例 属 性	案 例 描 述
1	案例索引	用于标识案例的唯一的数字编码
2	案例名称	案例库中的案例名称
3	案例类别	包括体系需求论证案例、型号需求论证案例两种
4	适用领域	包括任务需求领域、能力需求领域、系统需求领域、技术需求领域和需求评估领域 5 种
5	创建时间	描述案例创建的时间
6	案例描述	描述案例生成的过程及案例的用途
7	目标模型功能	描述案例中组合模型的功能
8	目标模型输入参数集	描述案例中组合模型的输入参数
9	目标模型输出参数集	描述案例中组合模型的输出参数
10	目标模型适用方法	描述案例中组合模型的适用方法
11	源模型数量	为减小模型组合复杂度，通常应不大于 3 个
12	源模型 A 功能	描述案例中源模型 A 的功能
13	源模型 A 输入参数集	描述案例中源模型 A 的输入参数

序　号	案　例　属　性	案　例　描　述
14	源模型 A 输出参数集	描述案例中源模型 A 的输出参数
15	源模型 A 适用方法	描述案例中源模型 A 的适用方法
16	源模型 B 功能	描述案例中源模型 B 的功能
17	源模型 B 输入参数集	描述案例中源模型 B 的输入参数
18	源模型 B 输出参数集	描述案例中源模型 B 的输出参数
19	源模型 B 适用方法	描述案例中源模型 B 的适用方法
20	源模型 C 功能	描述案例中源模型 C 的功能
21	源模型 C 输入参数集	描述案例中源模型 C 的输入参数
22	源模型 C 输出参数集	描述案例中源模型 C 的输出参数
23	源模型 C 适用方法	描述案例中源模型 C 的适用方法

4. 案例检索与匹配

根据案例特征信息从案例中检索匹配相似的案例是案例推理的关键。基于案例的模型组合推理的依据是模型组合问题与案例目标的一致性，可以根据案例的源组合模型特征及其组合方式，推理出待解问题的模型组合方案。因此，案例检索主要针对案例库的候选案例及有待解决问题的特征值而言，它能够对此进行比较，以区分出其中的相似度与差异。通常，较高的相似度意味着匹配成功的概率较大，解决问题的可能性较高。因此，计算待解问题与目标案例之间的匹配程度是模型组合推理的核心所在，一般而言，因为案例检索过程中可能检索到多个有效的案例，应根据案例匹配相似度的高低，优选相似度高的案例作为案例推理的依据。

模型组合的案例检索采用"fish-and-shrink"算法，来计算待解问题与案例之间的相似度。由于案例中不同特征向量的重要程度不同，需引入特征向量 $W = (w_1, w_2, \cdots, w_n)$，满足 $\sum_{i=1}^{n} w_i = 1$。设有两个案例分别为 X 和 Y，则可用特征距离 $D_s(X, Y, W) = \sum_{i=1}^{n} w_i s_i(X, Y)$ 来表示案例之间的相似程度，$s_i(X, Y)$ 则表示 X 和 Y 两者的特征属性 i 之间所存在的距离，可在[0，1]区间内进行取值，如果 X 与 Y 两者中有一个共同的特征属性，则 1 便是其取值。由此可知，$D_s(X, Y, W)$ 越大，相似度越大，案例匹配成功的概率就越高，其基本过程如图 6-14 所示。

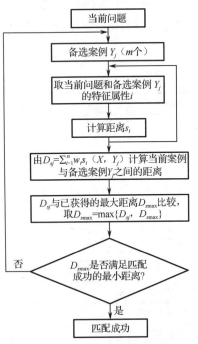

图 6-14　模型组合中的案例检索与匹配过程

第7章 装备需求论证信息资源结构化建模

装备需求论证信息资源是激发装备需求论证创新思维和提高装备需求论证效率的基础支撑，而如何规范信息资源种类、统一描述结构、建立可重用共享的信息资源体系，成为当前装备需求论证信息资源建设亟须解决的问题。围绕装备需求论证业务应用需求，面向装备需求论证环节，构建装备需求论证信息资源体系，提出装备需求论证信息资源获取、描述和组织方法，是实现装备需求论证信息统一描述和共享重用的重要支撑。

7.1 概述

7.1.1 基本概念

装备需求论证信息资源指与装备需求论证活动密切相关的各种信息资源，能够以知识的形式存在于装备需求论证系统中帮助装备需求论证人员更好地利用相关的软硬件资源开展论证。按照信息资源在装备需求论证过程中的重要程度，装备需求论证信息资源主要包括核心信息资源、基础信息资源和扩展信息资源 3 类，如表 7-1 所示。

表 7-1　装备需求论证信息资源的主要分类

类　别	种　　类	备　注
核心信息资源	元数据模型及其关系模型、作战任务清单、作战能力清单、装备功能清单、装备战术技术性能指标、装备需求论证环节模型库、装备需求论证流程模型库、装备需求论证方法模型库、装备需求案例等	能够直接作为装备需求论证系统的输入数据或产生数据，其数据结构化程度高
基础信息资源	装备需求论证基本理论、装备需求论证方法原理、装备需求论证技术标准与法规、装备体制、装备需求论证成果汇编等	装备需求论证领域专门理论、方法、标准法规等，其数据结构以文字、图表描述为主
扩展信息资源	作战理论、作战条令、军队编制体制、作战想定、战例、装备基础知识、军事规则、军语辞典、军事百科、国防战略等	与装备需求论证工作相关的其他信息资源，其数据结构以文字、图表、影像描述为主

7.1.2 主要特征

装备需求论证信息资源作为开展装备需求论证工作的基础支撑，其建设情况不仅反映了装备需求论证的发展演变情况，也反映了装备需求论证工作的本质特征，具有如下 5 个特点。

（1）动态演化性。随着装备需求论证在装备发展建设中地位作用的日益提高，装备需求论证理论与方法不断完善，装备需求论证信息资源也逐步由零散到系统、由稀少到丰富、由单一领域向多领域融合发展，装备需求论证信息资源在体系完整性、内容丰富性、数据准确性方面都得到了极大的提高。同时，随着作战理念和装备发展战略的调整，以作战需求为牵引的相关装备需求论证信息资源内容也将调整变化。因此，随着装备需求论证理论与方法、装备需求论证对象、装备需求论证背景、装备发展阶段等因素的变化，装备需求论证信息资源也具有较强的动态调整性和演化发展性。

（2）形态多样性。由于装备需求论证手段建设的滞后性和装备需求论证信息资源建设的不一致性，当前全军装备需求论证信息资源呈现出形态的多样性。从存储介质看，有纸质信息资源、磁带信息资源、光盘信息资源等；从存储形态看，有自然语言描述的信息资源、半结构化的信息资源和结构化的信息资源；从信息资源内容看，有比较完整的信息资源也有比较零散的信息资源；从信息资源的专业属性区分，既有军种的信息资源也有兵种的信息资源。装备需求论证信息资源的这种多样性从一定程度上反映了人们对装备需求论证信息资源建设的重要程度，同时也反映了装备需求论证信息资源建设中存在的严重问题，制约了装备需求论证信息资源的有效使用。

（3）地域分布性。随着社会化分工的不断深入，不同部门的专业化特色日益突出，不同专业领域的装备需求论证部门的专业差异很大。为了有效支撑本部门相关领域的科学研究，构建了不同规模的专业信息资源数据库来作为支撑本部门科学研究的基础。装备需求论证作为一个涉及多领域、多部门的复杂系统工程，将不可避免地要利用各部门构建的相关专业信息资源。由于装备需求论证部门的地域分布特征，决定了装备需求论证信息资源的地域分布性特征。

（4）学科交叉性。装备需求论证涉及作战指挥、军事理论、军事装备、军事运筹、系统评估、仿真实验等多个学科领域，并且需要围绕多个决策目标进行权衡优化。围绕特定的装备需求论证内容，需要利用多个学科领域的专业知识，采用多种论证分析方法与工具进行研究，是多个学科专业知识的有机交叉融合，体现了鲜明的学科交叉性特征。

（5）信息准确性。当前装备需求论证以定性分析为基础，日益重视定量计算在需求分析与评估中的应用，并将仿真实验作为验证与优化装备需求方案的最有效工具之一。定量计算和仿真实验在装备需求论证中的大量应用，要求装备需求论证信息资源必须要构建科学合理的装备需求论证信息资源体系结构，并尽可能保持装备需求论证相关数据信息的准确性，以支撑装备需求论证定量计算与仿真实验的有效开展。

7.1.3 建模目标

装备需求论证信息资源建模的目标是为了形成丰富、完善的装备需求论证信息资源体系，为装备需求论证实践提供有效的信息资源支撑，从根本上提高装备需求论证工作效率，主要表现在以下3个方面：

（1）信息资源统一描述。通过分析装备需求论证信息资源需求，建立装备需求论证信息资源体系，构建装备需求论证信息资源模型，实现装备需求论证信息资源的统一描述和统一理解，促进装备需求论证信息资源的共享重用和重组，进而提高装备需求论证信息资源的适应性和扩展性。

（2）信息资源共享重用。共享重用是装备需求论证信息资源建设的根本目标，它以信息资源模型为基础，其前提是信息资源的统一描述。当同一信息在装备需求论证的多个环节出现时，应能够在规范信息资源要素及其关系的基础上，设计出可重用的信息资源模型结构，保证信息资源在多个应用环节中的统一描述。

（3）信息资源按需重组。应用需求的灵活变化是导致装备需求论证业务变化的根本原因，也对支撑装备需求论证业务活动信息资源需求提出了新的需求，这就要求信息资源应能够按照业务活动的变化而重新组织，提供满足业务活动分析的信息资源。装备需求论证信息资源的按需重组能力是提升装备需求论证系统柔性能力的重要内容。

7.1.4 总体框架

装备需求论证信息资源与装备需求论证实践如影相随，它们来源于装备需求论证实践活动，最终也必将服务于装备需求论证实践活动。因此，装备需求论证信息资源建模，应围绕装备需求论证实践活动的信息资源需求，采用科学的方法确定装备需求论证信息资源内容，构建科学、合理的装备需求论证信息资源体系，提出装备需求论证信息资源的数据结构和存储结构，为实现装备需求论证信息资源的有效管理与共享重用提供方法支撑。为此，可提出如图 7-1 所示的装备需求论证信息资源建模研究框架。

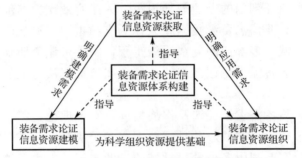

图 7-1　装备需求论证信息资源建模研究框架

（1）装备需求论证信息资源体系构建。通过分析装备需求论证信息资源的应用需求，提出装备需求论证信息资源的组成类型，为装备需求论证信息资源获取、建模与组织奠定基础。

（2）装备需求论证信息资源获取。以装备需求论证信息资源体系为指导，采用面向环节的方法，通过分析装备需求论证环节的信息资源需求，提出装备需求论证信息资源的描述框架，明确装备需求论证信息资源的内容及其相关要求，为构建装备需求论证信息资源模型奠定基础。

（3）装备需求论证信息资源建模。以装备需求论证信息资源内容和要求为基础，着眼于提高装备需求论证信息资源的可扩展性和可重用性，采用基于元模型的信息资源建模方法，提出各类装备需求论证信息资源的描述模型。

（4）装备需求论证信息资源组织。着眼于装备需求论证信息资源的有效管理和灵活调用，研究提出装备需求论证信息资源的组织管理结构，满足装备需求论证信息资源应用的多样化需求。

7.2　装备需求论证信息资源体系构建

7.2.1　需求分析

装备需求论证信息资源建模的目的是提高信息资源的可重用性和可理解性，形成概念完备、分类科学、结构清晰、数据规范的装备需求论证知识体系，以推动形成知识驱动的装备需求论证研究模式，从而提高装备需求论证的效率与质量。目前，装备需求论证在我军装备建设发展中处于先导地位，装备需求论证研究蓬勃发展，装备需求论证信息资源体系建设需求迫切，主要表现在以下 3 个方面。

（1）满足不同论证领域的应用需求。依据装备需求论证领域，分别构建作战、能力、装备领域的装备需求论证信息资源体系。按照不同领域军兵种专业划分，进一步构建不同领域、不同军兵种专业的装备需求论证信息资源体系，以满足装备需求论证多领域、多部门独立开展工作的应用需求。

144

（2）满足不同论证类型的应用需求。装备需求论证从总体上分为装备体系需求论证和装备型号需求论证，由于两者在论证重点和论证方法上具有较大差异，需要有针对性地构建装备体系需求论证信息资源体系和装备型号需求论证信息资源体系。同时，按照装备需求论证的类型划分，还需要有针对性地构建装备发展战略需求论证信息资源、装备体制需求论证信息资源、规划计划需求论证信息资源、型号研制需求论证信息资源、专题论证需求信息资源和专项论证需求信息资源等，以满足不同类型装备需求论证的应用要求。

（3）满足不同论证阶段的应用需求。由于装备需求论证过程的复杂性，不同论证阶段的论证目标、特点、方法和内容差异较大，需要有专门的配套信息资源和支撑数据库，以方便装备需求论证人员高效、准确地开展工作。因此，装备需求论证信息资源体系应能够反映装备需求论证活动的阶段需求，使装备需求论证人员能够从丰富的论证信息资源库中方便地获取有用的信息资源。

7.2.2 信息资源体系构建

根据装备需求论证及其信息资源特征，装备需求论证信息资源的分类方式主要有以下几种。

（1）按照论证领域，装备需求论证信息资源分为任务需求论证信息资源、能力需求论证信息资源和系统需求论证信息资源3类，分别对应于作战、能力和系统3个领域的装备需求论证活动。

（2）按照论证类型，装备需求论证信息资源分为装备体系需求论证信息资源、装备型号需求论证信息资源，或者分为装备发展战略需求论证信息资源、装备体制需求论证信息资源、装备规划计划需求论证信息资源、装备型号需求论证信息资源、专题需求论证信息资源和专项需求论证信息资源6类，分别对应装备需求论证通用要求中规定的各类型装备需求论证活动。

（3）按照信息资源演化能力，装备需求论证信息资源分为静态信息资源、动态信息资源两类，前者指在一定时期内内容不会发生改变的装备需求论证信息资源；后者指在一定时期内内容经常会发生改变的装备需求论证信息资源。

（4）按照知识属性，可将装备需求论证信息资源分为原理性信息资源、实例性信息资源、规则性信息资源和基础信息资源4类。其中，原理性信息资源，即"know-how"性知识，主要用于描述装备需求论证相关理论、方法与步骤，以帮助装备需求论证人员尽快了解和掌握相关方法、原理，如基于能力的论证思想、基于威胁的论证思想、质量功能展开（Quality Function Deployment，QFD）方法、型号需求论证流程等；实例性信息资源，即"know-what"性知识，主要用于描述装备需求论证活动利用或产生的论证实例信息，如装备需求论证方案、不同论证环节的论证实例、作战想定、评估方案等；规则性信息资源，主要用于描述指导或约束装备需求论证活动开展的相关信息资源，如作战条令、装备论证技术标准、装备法规、作战规则、编制体制、装备需求数据描述模板等；基础性信息资源，主要用于描述支撑装备需求论证的相关基础性信息资源，如军事理论、军事思想、军事运筹、系统工程、装备知识、国际安全形势等与装备需求论证活动相关的知识。

（5）按照描述方式，装备需求论证信息资源通常分为自然语言描述型信息资源、结构化描述型信息资源和形式化描述型信息资源3类，其中，自然语言描述的信息资源有利于人们的阅读和理解，但是结构化、形式化程度低，不利于计算机处理；形式化描述的信息资源，不仅将信息资源的要素进行结构化，还按照计算机信息处理的要求进行了相应的形式化定义，适用于计算机分析处理，能够适应定性与定量相结合的装备需求论证的趋势。

为了突出装备需求论证信息资源建设的针对性和目的性，装备需求论证信息资源体系应重点从论证领域、论证类型、知识属性 3 个视角构建装备需求论证信息资源体系框架，如图 7-2 所示，即装备需求论证信息资源体系应能够满足多种论证类型、多个论证领域对不同属性类型信息资源的描述。

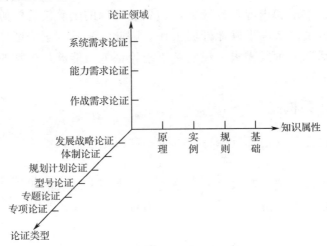

图 7-2　装备需求论证信息资源体系框架

根据图 7-2 所示的装备需求论证信息资源体系框架，结合装备需求论证流程，装备需求论证人员能够比较容易地根据论证类型获取相关研究领域的信息资源，进而驱动装备需求论证活动的高效开展。

7.3　装备需求论证信息资源获取

7.3.1　面向环节的信息资源获取方法

由于装备需求论证涉及领域多、论证流程复杂及多目标决策属性，要求装备需求论证过程中能够根据装备需求论证任务的要求，快速获得有用的装备需求论证信息资源，以支撑装备需求论证任务的科学规划和有效实施。以装备需求论证流程为牵引，有效地配置装备需求论证信息资源，能够以知识为支撑指导不同阶段装备需求论证任务的实现，并满足论证过程中问题求解对知识的需求等，从而促进装备需求论证人员的协作，提升装备需求论证质量与效率。这就要求必须能够构建与装备需求论证流程相适应的装备需求论证信息资源体系。因此，基于装备需求论证环节模型，按照不同论证环节的信息资源需求，分门别类地构建装备需求论证信息资源体系，是满足装备需求论证过程信息资源需求的有效途径。为此，提出面向环节的装备需求论证信息资源获取方法。

面向环节的信息资源获取方法基于系统分解原理，以装备需求论证基本环节为基础，提出各个环节的信息资源需求及其要素。通过对各个环节信息资源需求的逐步求精和反复迭代，最终能够形成比较全面的信息资源需求，基本原理如图 7-3 所示。

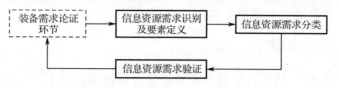

图 7-3 面向环节的信息资源获取方法

7.3.2 面向环节的信息资源获取框架

根据装备需求论证类型及其流程规范化研究结果，结合面向环节的信息资源获取方法原理，可构建如图 7-4 所示的"环节-框架-实例"型装备需求论证信息资源获取框架。

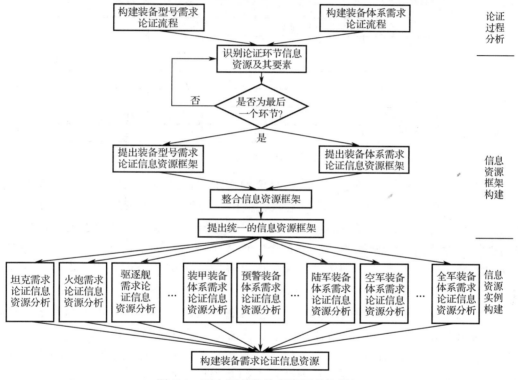

图 7-4 面向环节的信息资源获取框架

（1）装备需求论证过程分析。以装备需求论证环节为基础，提出装备体系需求论证流程模型与装备型号需求论证流程模型，并明确各个论证环节的要素组成及其描述要求。

（2）装备需求论证信息资源框架构建。首先，按照装备体系需求论证流程和装备型号需求论证流程，分别提出各个论证环节的信息资源需求及其信息资源描述框架；其次，按照装备需求论证领域及其信息资源的知识属性，分类构建装备体系需求论证信息资源体系和装备型号需求论证信息资源需求体系；最后，研究装备体系需求论证信息资源与装备型号需求论证信息资源的共性与个性，构建通用框架与专用框架相结合的装备需求论证信息资源统一框架。

（3）装备需求论证信息资源实例构建。按照武器装备体系的层次，以装备需求论证信息资源统一框架为指导，分别研究装备型号需求论证、兵种装备体系需求论证、军种装备体系需求论证和全军装备体系需求论证的信息资源需求，构建装备需求论证信息资源实例，完成装备需求论证信息资源的获取任务。

7.3.3　环节-信息矩阵构建

构建环节-信息矩阵，是确定装备需求论证信息资源需求及其内容的重要步骤，目的是根据装备需求论证环节的功能需求，合理确定装备需求论证的信息资源需求。装备需求论证环节-信息矩阵采用 QFD 方法，通过构建论证环节-信息需求质量屋，确定装备需求论证环节的信息资源需求及其重要度，如图 7-5 所示。

支持度划分 k 关键性资源：k_1=9 一般性资源：k_2=6 相关性资源：k_3=3 无关性资源：k_4=0	资源需求1	资源需求2	…	资源需求n	任务操作环节权重
任务操作环节1	k_2	k_1	…	k_0	α_1
任务操作环节2	k_3	k_3	…	k_1	α_2
…					
任务操作环节m	k_1	k_2	…	k_2	α_m
资源需求支持度	d_1	d_2	…	d_n	
资源需求权重	β_1	β_2	…	β_n	

图 7-5　装备需求论证环节-信息需求质量屋

（1）根据环节元模型，确定主要的信息资源需求。由装备需求论证环节元模型可知，每个论证环节包括活动、功能、方法、输入、输出、约束条件和潜在用户 7 个要素，其中活动对应于装备需求论证流程中的环节。因此，根据装备需求论证环节的要素组成，可以提出与之相对应的信息资源需求，包括 6 个方面：①环节元模型定义信息资源，②支撑环节活动实施的方法信息资源，③环节输入的信息资源，④环节输出的信息资源，⑤环节约束条件的信息资源，⑥环节对应的实例信息资源。由于装备需求论证环节元模型的普适性，其对应的信息资源需求仅仅明确了所需要的信息资源需求的方面，并不能明确给出对应的信息资源需求的具体内容，需要结合具体的装备需求论证任务逐步补充。

（2）按照信息资源知识属性，区分信息资源类别及内容。按照信息资源的可见性，通常可将装备需求论证信息资源分为显性信息资源和隐性信息资源。其中，显性信息资源是与装备需求论证活动密切相关的，主要指可被装备需求论证活动使用的或由装备需求论证活动产生的信息，如装备需求论证环节结构化描述中明确的有关装备需求论证环节功能、方法、输入、输出和约束条件等的信息资源；隐性信息资源是装备需求论证活动必需的，一般并不作为装备需求论证活动的输入或输出，但是对装备需求论证活动的科学开展具有重要意义，如装备需求论证思想、军事理论、国际形势、编制体制和军队发展现状等信息。因此，在第一步确定信息资源范围的基础上，应按照信息资源的知识属性，分别按照原理性信息资源、实例性信息资源、规则性信息资源和基础性信息资源，进一步研究分析装备需求论证信息资源的需求及其主要内容。

（3）根据活动重要度，评价信息资源需求程度。由信息资源需求对相应论证活动的支持情况，结合装备需求论证活动在整个装备需求论证过程中的地位作用，可以计算得到装备需求论证信息资源对装备需求论证活动的重要程度，作为衡量装备需求论证信息资源重要度及确定装备需求论证信息资源配置方式的重要依据。由环节-信息需求质量屋可知，信息资源需求与论证环节是多对多的关系，即论证环节 A_i 需要 n 项信息资源需求支持。假定论证环节 $A=\{A_1,A_2,\cdots,A_m\}$ 中各论证环节的重要度分别为 $\alpha_1\alpha_1$，$\alpha_2\alpha_2$，$\cdots$ $\alpha_m\alpha_m$，论证环节对应的信息资源需求为 $R=\{R_1,R_2,\cdots,R_n\}$。其中，信息资源需求 $R_j(j=1,2,\cdots n)$ 对论证活动 $A_1,A_2,\cdots,A_m$ 的支持程度分别为 $k_{j1},k_{j2},\cdots,k_{jm}$，若用 9、6、3、0 分别表示关键性信息资源、一般性信息资源、相关性信息资源和无关性信息资源，则有信息资源需求 $R_j(j=1,2,\cdots n)$ 对论证环节的贡献度为 $d_j=\sum_{i=1}^{m}k_{ji}\alpha_i$。对各项信息资源需求的贡献度进行归一化处理得到各项信息资源环节指标的权重 $\beta_j=d_j/\sum_{i=1}^{n}d_i$，记为 $W_o=(w_{o1},w_{o2},\cdots,w_{on})$。

7.3.4 信息资源描述框架定义

面向装备需求论证流程，由各论证环节获得相应的信息资源需求以后，还需要根据不同论证环节的信息资源需求，按照装备需求论证环节间的相互关系和装备需求论证信息资源需求的本质联系，通过归类、整理形成装备需求论证信息资源框架，即装备需求论证信息资源的种类及其主要内容。于是，可以将装备需求论证信息资源框架记为 RF={rName,rType,rAction,rContent,rRelationship, rCharacter,rField,rDegree}。

（1）RF：表示信息资源框架，用于表示装备需求论证信息资源需求的基本特征，是 rName、rType、rAction、rContent、rRelationship、rCharacter、rField、rDegree 的集合。

（2）rName：表示信息资源名称。

（3）rType：表示信息资源类型，即原理性信息资源、实例性信息资源、规则性信息资源和基础性信息资源，不同的装备需求论证信息资源可以有多种类型，但是该类信息资源可分解的底层信息资源应为单一信息资源类型。

（4）rAction：表示信息资源对应的论证环节，任意装备需求论证信息资源都有可能对应多个论证环节。

（5）rContent：表示信息资源的内容，着重描述装备需求论证信息资源的要素及要素描述的相关要求，而不是信息资源实例的详细描述。

（6）rRelationship：表示信息资源之间的关系，一般包括整体与部分、解释、泛化等关系。其中，整体与部分关系说明信息资源之间是整体与部分的关系，例如，由多个基本论证环节组成的子论证环节的信息资源包含各个基本论证环节的信息资源；解释关系说明某一信息资源是对另一信息资源的解释与说明，如作战概念设计的信息资源描述中提到了"空海一体战"的概念，该概念又是独立的信息资源实例，则后一信息资源是对前一信息资源的解释；泛化关系是指抽象信息资源与具体信息资源的关系，类似于面向对象系统分析中的类与对象的关系，后者是对前者的具体化。

（7）rCharacter：表示信息资源的特征，即结构化信息资源、非结构化信息资源。结构化信息资源通常指信息资源具有一定的结构化特征，可采用表格、模型等形式进行表示，便于人们阅读和计算机处理；非结构化信息资源通常指以文字、图表、图像等表示的、主要供人们理解和掌握的信息资源。

（8）rField：表示信息资源的领域，即作战领域、能力领域和系统领域。

（9）rDegree：表示信息资源相对于装备需求论证环节的重要程度。

7.3.5　信息资源实例生成方法

根据装备需求论证环节-信息需求矩阵和信息资源框架定义，通过分析不同类型、不同层次的装备需求论证研究案例，可以获得比较丰富的装备需求论证信息资源实例。装备需求论证信息资源实例的生成主要包括信息资源移植、信息资源抓取和信息资源新建 3 种类型。

（1）信息资源移植。按照装备需求论证信息资源框架定义，对现有装备需求论证信息资源数据库中的相关信息资源进行重新定义，形成支撑装备需求论证的信息资源实例。由于信息资源要素的数量和种类不同，在信息资源移植时，通常应根据信息资源框架定义，对已有的信息资源实例进行重新定义。在定义过程中，既可能舍弃部分信息，也可能补充完善部分信息。

（2）信息资源抓取。以往的装备需求论证实践无疑是获得装备需求论证信息资源的丰富源泉。通过对以往装备需求论证成果及其论证过程文件的全面分析，结合装备需求论证信息资源框架定义，生成不同类型的装备需求论证信息资源需求实例。由于装备需求论证理论、方法、流程及相关数据格式的不同，从装备需求论证案例中抓取信息资源实例时，应充分研究装备需求论证案例与装备需求论证流程的异同，科学确定装备需求论证信息资源实例的要素取值。

（3）信息资源新建。对于当前还没有系统构建的装备需求论证信息资源，应结合装备需求论证实践，遵循边建边用、边用边建的原则，逐步丰富与完善装备需求论证信息资源实例。

7.3.6　实例分析

以装备型号需求论证流程中的"任务需求分析"环节为例，研究该环节的信息资源需求及其内容要求。

1. 环节功能分析

任务需求分析是以装备作战概念为基础，以联合作战理论和体系对抗为指导，分析提出作战过程中武器装备承担的主要任务及其指标要求，是武器装备作战功能的具体体现，也是牵引武器装备作战能力需求和装备系统功能需求的主要依据。该环节的功能模型如图 7-6 所示。

由图 7-6 可知，任务需求分析是在军事战略、军事理论、作战条令、编制体制和装备实力的约束下，以武器装备的作战使命、作战概念及典型作战概念下的作战想定为输入，通过分解方法、描述方法和验证方法，进行任务需求分析，从而获得有关武器装备作战运用的作战任务清单、作战任务流程与作战任务关系等任务需求信息。

2. 信息资源需求定义

（1）显性信息资源需求。

由任务需求分析环节功能模型可知，与该环节密切相关的输入、输出、方法、约束条件及环节自身的功能描述均为该环节对应的信息资源需求，如表 7-2 所示。

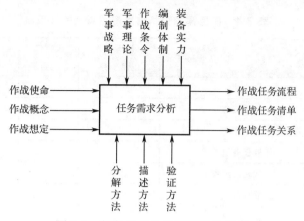

图 7-6　任务需求分析环节功能模型

表 7-2　任务需求分析的显性信息资源需求

类　别	信息资源需求项目
作为输入的信息资源	作战使命、作战概念、作战想定
作为输出的信息资源	作战任务清单、作战任务流程、作战任务关系
作为约束条件的信息资源	军事战略、军事理论、作战条令、编制体制、装备实力
环节方法的信息资源	分解方法、描述方法、验证方法
环节功能描述性信息资源	环节功能描述

（2）隐性信息资源需求。

隐性信息资源是从任务需求分析环节不易直接发现的信息资源需求，主要包括两个方面。一方面，由于装备需求论证思想、理论与方法的不同，任务需求分析在装备需求论证中的地位作用差异较大，甚至有的装备需求论证活动中根本不需要进行任务需求分析。为此，在任务需求分析过程中，还需要明确任务需求分析使用的理论指导，如装备需求论证思想、装备需求论证理论与方法等。另一方面，为了提高任务需求分析的工作效率和工作质量，丰富、成功的任务需求分析实例将非常必要。因此，任务需求分析主要的隐性信息资源如表 7-3 所示。

表 7-3　任务需求分析的隐性信息资源需求

类　别	信息资源需求项目
装备需求论证思想	基于威胁的思想、基于能力的思想、基于效果的思想等
装备需求论证理论	类比论证理论、基于体系结构框架的论证理论等
装备需求论证方法	定性方法、定量方法、仿真方法、综合方法等
任务需求实例	新一代坦克任务需求实例、陆军空中突击装备体系任务需求实例、航空母舰任务需求实例等

（3）信息资源分类。

根据信息资源的知识属性，将任务需求分析环节的显性信息资源和隐性信息资源分为原理性信息资源、实例性信息资源、规则性信息资源和基础性信息资源，如表 7-4 所示。

表 7-4 任务需求分析信息资源需求的知识属性

			原理性信息资源	实例性信息资源	规则性信息资源	基础性信息资源
显性信息资源	作为输入的信息资源	作战使命		√		
		作战概念		√		
		作战想定		√		
	作为输出的信息资源	作战任务清单		√	√	
		作战任务流程		√	√	
		作战任务关系		√	√	
	作为约束条件的信息资源	军事战略			√	
		军事理论				√
		作战条令			√	
		编制体制			√	
		装备实力			√	
	方法信息资源	分解方法	√			
		描述方法	√			
		验证方法	√			
	功能描述性信息资源	环节功能描述			√	
隐性信息资源	装备需求论证思想	基于威胁的思想	√			
		基于能力的思想	√			
		基于效果的思想	√			
	装备需求论证理论	类比论证理论	√			
		基于 DoDAF 的论证理论	√			
	装备需求论证方法	定性方法	√			
		定量方法	√			
		仿真方法	√			
		综合方法	√			
	任务需求实例	新一代坦克任务需求实例		√		
		陆军空中突击装备体系任务需求实例		√		
		航空母舰任务需求实例		√		

（4）信息资源定义。

在确定了任务需求分析环节信息资源需求的知识属性后，就可以分别给出各类信息资源的定义。以作战任务清单为例，它既是该环节产生的实例性信息资源，同时可以作为规范的作战任务（须经权威领域部门认证）集合用于指导任务需求分析，可以定义为

Task={tID,tName,tFunction,tCondition,tIndex,tFormer, tLater}。其中，tID 表示作战任务的标识；tName 表示作战任务的名称；tCondition 表示作战任务完成的外界条件，包括条件的类型、名称、取值等要素；tIndex 表示作战任务执行的指标要求，包括指标名称、类型、取值、量纲等要素；tFormer 表示该作战任务的前一作战任务；tLater 表示该作战任务的后一作战任务。

7.4 装备需求论证信息资源规范化建模

知识驱动将成为未来装备需求论证的主要模式，以知识为基础，通过知识发现、知识推理等方式将有效提高装备需求论证的质量与效率。装备需求论证信息资源作为驱动装备需求论证实践的知识源泉，必须要能够实现装备需求论证信息资源的可理解、可重用和可扩展性，以保证装备需求论证人员能够快速获取、理解和使用恰当的装备需求论证信息资源，这就要求装备需求论证必须遵守一定的建模规则进行规范化的信息资源建模。

7.4.1 信息资源建模方法概述

信息资源作为系统设计、分析推理和科学决策的重要基础，受到了各行各业的普遍重视。围绕信息资源的科学管理和有效利用，开展了广泛的理论研究和方法探索，提出了一系列比较可行的信息资源描述与建模方法，主要包括以下 4 类。

（1）基于符号的知识建模。通过定义符号来实现知识的形式化描述，进而建立问题求解的知识模型，通常采用产生式规则和语义网络的方法来实现。

（2）基于任务、推理和领域的知识建模。通过描述系统的功能在更高层次上描绘知识的方法，根据知识的不同类型和特点，从动态、静态和功能 3 个层次构建知识模型，如基于任务、推理和领域的知识建模框架 CommonKADS 和 CoE。

（3）基于本体的知识建模。通过概念实体、属性及其关系定义知识之间的本质联系，从而形成一个语义清晰、一致的知识模型，便于知识的重用和共享。目前是国内外知识建模领域研究的重点，如基于本体的复杂产品知识模型构建、基于应急决策知识建模、基于本体的异构信息互操作建模等。

（4）基于元模型的知识建模。通过定义语义模型规则，描述如何建立模型、模型语义和模型间的集成与互操作等信息，元模型抽象程度比较高，通用性和一致性也比较好，建立的信息资源元模型能够从更高抽象层次上分析和解决应用环境下的具体应用问题，如基于元数据的教育信息资源非结构化数据建模、基于元模型的产品设计知识管理、基于元模型的产品全生命周期信息建模、基于元模型的知识管理工具等。

前两种信息资源建模方法与信息资源应用背景紧密结合，有利于结合具体的应用问题快速进行求解；后两种信息资源建模方法的描述更加规范，可理解性和重用性好，有利于信息资源的共享传播。

7.4.2 基于元模型的信息资源模型框架

装备需求论证信息资源建模采用基于元模型的信息资源建模方法，通过对不同层次信息资源元模型进行设计，可以实现不同层次装备需求论证信息资源的重用与共享。

　　根据装备需求论证信息资源的知识属性，装备需求论证信息资源分为原理性、实例性、规则性和基础性 4 类，是形成面向不同环节、不同层次信息资源的基础信息资源。因此，以信息资源类元模型为基础，可以按照原理性、实例性、规则性和基础性信息资源的分类，分别定义原理性信息资源元模型、实例性信息资源元模型、规则性信息资源元模型和基础性信息资源元模型，作为组合、派生出面向论证流程的信息资源的基础。因此，基于元模型的装备需求论证信息资源模型层次结构可表示为图 7-7 所示的形式。

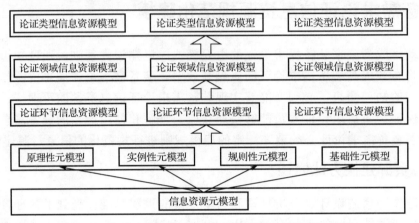

图 7-7　基于元模型的装备需求论证信息资源模型层次

　　论证环节信息资源可以用原理性元模型、实例性元模型、规则性元模型和基础性元模型中的一个或多个来表示；论证领域信息资源模型可以由一个或多个论证环节信息资源模型表示；论证类型信息资源模型可以由一个或多个论证领域信息资源模型表示。

7.4.3　信息资源元模型的定义

　　将装备需求论证信息资源元模型用三元组描述为 $M = \{Attri, Cons, Opt\}$。其中，Attri 表示信息资源属性；Cons 表示信息资源约束；Opt 表示信息资源操作。信息资源属性和信息资源约束描述了信息资源元数据及其相互关系，信息资源操作定义了信息资源元数据的元操作，用来描述信息资源模型的动态变化和建立过程。信息资源元模型的语义图如图 7-8 所示。

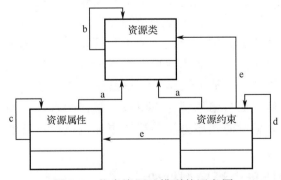

图 7-8　信息资源元模型的语义图

　　图中关系 a 表示信息资源类由信息资源属性和信息资源操作按照一定的规则聚合形成，如装备需求论证方案实例信息资源是由装备需求论证方案实例的相关属性及属性之间的相互关系定义的。关系 b 表示信息资源类之间的相互关系，一般包括聚合、继承和关联等多种关系，如某环节信息资源由原理性信息资源和实例性信息资源组成，则该环节信息资源与原理性信息资源、实例性信息资源之间存在聚合关系；如某通用性需求论证信息资源类与面向单一领域（或单一军兵种）的需求论证信息资源类之间存在继承关系，则面向单一领域（或单一军兵种）的需求论证信息资源类是通用性信息资源类的子类，以父类为基础扩展定义而成；信息资源类之间的关联关系说明信息资源类之间存在相互联系，如装备需求论证中的作战任务清单信息资源与装备系统功能信息资源之间就存在一定的映射关联。关系 c 表示信息资源属性之间的相互关系，也包括聚合、继承和关联关系，如信息资源属性可以由多项子属性组成，信息资源子类的属性由信息资源类属性派生而来等。关系 d 表示信息资源约束之间的相互关系，也包括聚合、继承与关联关系；关系 e 表示信息资源约束与信息资源类及信息资源属性之间的关系，信息资源约束既可以作用于信息资源类也可以作用于信息资源属性，如某项约束同时是某信息资源类及其属性的约束。

1. 信息资源属性的定义

信息资源属性是对信息资源相关特征的抽象，是区分不同信息资源本质内容的主要依据之一。信息资源属性表达是在对同类型信息资源综合分析的基础上，通过抽象定义信息资源属性类、属性参数及其类型实现的。以信息资源属性类为基础，可以派生出相应的信息资源属性子类及其属性定义。信息资源属性参数用来定义描述信息资源属性的要素集合，如信息资源属性 ID、信息资源属性名称、信息资源属性类型、信息资源属性取值、信息资源属性量纲、信息资源属性描述等要素。于是，信息资源属性可以表示为一个六元组：

$$Attri=\{aID, aName, aType, aValue, aDimension, aDescrip\}$$

其中，aID 表示信息资源属性 ID；aName 表示信息资源属性名称；aType 表示信息资源属性类型；aValue 表示信息资源属性取值；aDimension 表示信息资源属性量纲；aDescrip 表示信息资源属性的描述性解释。

以某型坦克的"最大机动速度"属性为例，用属性六元组可以表示为 Attri= {101，最大机动速度，浮点型，75，km/h，坦克在特定条件下所能达到的最高速度}。

2. 信息资源关系的定义

装备需求论证信息资源之间的关系主要包括包含、组合、引用和解释 4 种。

包含关系用于描述装备需求论证信息资源整体与部分的关系，如装备需求论证领域信息资源模型包含该领域相应环节的信息资源模型，记为 IncluRelationship(Res_1, Res_2)，表明信息资源 Res_1 与 Res_2 是一对多的关系，信息资源 Res_1 可以包含多个信息资源 Res_2。

组合关系用于描述装备需求论证信息资源的可组合关系，如由不同类型的两种信息资源按照一定的规则组合生成新的信息资源，记为 ComRelationship(Res_1, Res_2, Res_3)，表明信息资源 Res_1 可以由信息资源 Res_2 与 Res_3 通过一定的方式组合生成。

引用关系用于描述信息资源之间的关联关系，如在某信息资源中引用了其他信息资源中的相关内容，则需要通过引用关系说明这些信息资源之间的引用情况，记为 RefRelationship(Res_1, Res_2)，表明信息资源 Res_1 中引用了信息资源 Res_2 中的相关内容，并且信息资源 Res_1 与信息资源 Res_2 之间是一对多的关系。

解释关系是引用关系的特例，用于说明某信息资源中的部分内容在另一信息资源中进行了专门描述与说明，如论证信息资源中的相关概念（如"空海一体战"）在相应的概念信息资源体系中对该概念进行了专门描述，记为 ExpRelationship(Res$_1$,Res$_2$)，表明信息资源 Res$_1$ 中的部分内容在信息资源 Res$_2$ 中进行了解释性描述，并且任意一个信息资源 Res$_1$ 中的相关内容都可能在多个信息资源 Res$_2$ 中进行解释说明。

3. 信息资源操作定义

信息资源操作主要用于说明模型的读取、修改、删除、添加等。其中，读取（Get）用于获取信息资源对象的相关属性，不改变信息资源对象的属性取值；修改（Update）用于修改信息资源对象的属性；删除（Del）用于删除信息资源对象，包括信息资源的属性、关系等；添加（Add）用于添加信息资源对象，包括添加新的对象、信息资源属性和关系等。

7.4.4 信息资源模型的定义

1. 原理性信息资源元模型的定义

原理性信息资源是指导装备需求论证实践的相关理论、方法和流程，是装备需求论证人员理解、掌握并快速开展装备需求论证工作的知识基础，如原理性理论主要包括装备需求论证模式、装备需求论证方法论、不同类型的装备需求论证流程、不同环节的装备需求论证方法等内容。

原理性信息资源多以非结构化的自然语言描述为主，类似于建模与仿真领域的概念模型，重点是说明原理性信息资源的名称、约束条件、内容、流程、数学模型及其适用场合等。原理性信息资源元模型可以形式化定义为

PrinModel={pmID,pmName,pmType, pmContent,pmFlow,pmCondition,pmScope}。

其中，pmID 表示原理性信息资源元模型的标识；pmName 表示原理性信息资源元模型的名称；pmType 表示原理性信息资源元模型的类型，如论证理论、论证方法等；pmContent 表示原理性信息资源元模型的内容，通常以描述性文字为主；pmFlow 表示原理性信息资源元模型的原理流程，以帮助装备需求论证人员准确把握相关内容及其相互关系；pmCondition 表示原理性信息资源元模型的约束条件，规定了相应信息资源内容的作用条件；pmScope 表示原理性信息资源元模型的适用范围，规定了相应信息资源内容的应用场合和时机。

2. 实例性信息资源元模型的定义

实例性信息资源是与装备需求论证环节密切相关的事实性信息资源，包括装备需求论证环节直接使用的信息资源、装备需求论证环节产生的信息资源，以及由多个论证环节信息资源组合形成的论证信息资源等。

实例性信息资源的显著特征是可访问、可修改和结构化。在装备需求论证过程中，实例性信息资源可以被装备论证人员使用的论证工具访问，并能够根据装备需求论证实践要求修改相应的信息资源实例，这就要求装备需求论证实例信息资源必须具有较好的结构化特征，以方便计算机的访问与处理。

实例性信息资源以结构化的关系数据库描述为主，通常需要根据实例性信息资源的属性组成及其相互关系，构建装备需求论证实例信息资源之间的 E-R 图，并构建相应的数据结构。实例性信息资源元模型可形式化定义为 InstModel={inID,inName,inType,inAttri,inCondition,inScope}。

其中，inID 表示实例性信息资源元模型的标识；inName 表示实例性信息资源元模型的名称；inType 表示实例性信息资源元模型的类型，通常按照实例性要素特征的相似性，可以根据实例性信息资源的数据结构特征将所有实例性信息资源归纳为若干类；inAttri 表示实例性信息资源元模型的属性，通常包括一系列描述相应实例信息资源的特征及其定义，可表示为 inAttri={inaID,ina Name,inaType,inaValue,inaDimension,inaDescrip}，其要素定义与元模型定义中的属性 Attri 一致；inCondition 表示实例性信息资源元模型的约束条件，规定了相应信息资源内容的作用条件；inScope 表示实例性信息资源元模型的适用范围，规定了相应信息资源内容的应用场合和时机。

3. 规则性信息资源元模型的定义

规则性信息资源用于反映装备需求论证领域及其对象之间的规则和约束关系，主要包括部队的作战条令、编制体制、装备实力、技术标准、作战规则等。根据规则性信息资源与装备需求论证活动间的相互关系，可以分为两类，一是可以直接被装备需求论证环节访问、使用和修改的规则性信息资源，往往采用结构化的信息资源组织与描述方法；二是仅仅作为装备需求论证理论指导的规则性信息资源，往往采用非结构化的信息资源组织与描述方法。结构化规则性信息资源通常采用产生式规则进行信息资源组织与表示；非结构化规则性信息资源可采用与原理性信息资源元模型相似的形式化描述。下面重点介绍结构化规则性信息资源元模型的定义方法。

产生式规则是一个"if~then"形式的规则建模与解释系统，一般表示为

if 〈Condition1〉 and 〈Condition 2〉 and …and 〈Condition m〉，
   then 〈Conclusion 1〉 and 〈Conclusion 2〉 and…and 〈Conclusion n〉．

其中，规则的条件部分包含一个或多个前提条件，并且各个前提条件之间只有合取关系；结论部分表示规则的一个动作序列，即只有满足规定的条件，才能够产生相应的动作操作列表，通常以"命令"的形式存在。为控制规则逻辑的复杂程度，规定规则条件的合取逻辑关系应不大于 8，即组成规则的条件部分最多只能有 8 个子条件；规则的结论部分可以包括不超过 16 个子结论。

于是，规则性信息资源元模型可形式化表示为
RuleModel={ruID,ruName,ruType,ruStd,ruConcl,ruCondition,ruScope}。

其中，ruID 表示规则性信息资源元模型的标识；ruName 表示规则性信息资源元模型的名称；ruType 表示规则性信息资源元模型的类型，如仿真运行规则、作战交互规则、兵力编制规则等；ruStd 表示规则性信息资源元模型中规则表示的条件集合，可表示为 ruStd={rusID,rusName,rusType,rusValue,rusDimension, rusDescrip,rusRelation}，rusID、rusName、rusType、rusValue、rusDimension、rusDescrip、rusRelation 分别表示规则的标识、名称、类型、取值、量纲、描述与关系；ruConcl 表示规则性信息资源元模型中规则表示的结论集合，可表

示为 ruConcl={rucID,rucName,rucType,rucValue,rucDimension, rucDescrip, rucRelation}，rucID、rucName、rucType、rucValue、rucDimension、rucDescrip、rucRelation 分别表示结论的标识、名称、类型、取值、量纲、描述与关系；ruCondition 表示规则性信息资源元模型的约束条件，规定了相应信息资源内容的作用条件；ruScope 表示规则性信息资源元模型的适用范围，规定了相应信息资源内容的应用场合和时机。

4. 基础性信息资源元模型的定义

基础性信息资源主要用于描述支撑装备需求论证的相关基础性信息资源，如军事理论、军事思想、军事运筹、系统工程、装备知识、国际安全形势等与装备需求论证活动相关的知识。基础性信息资源可以理解为装备需求论证人员开展论证研究所必须了解或熟悉的有关内容，是装备需求论证人员科学文化素质的重要组成部分。

基础性信息资源多采用文本、图片、图像等形式描述，大多属于非结构化信息资源，可以形式化表示为 GroundModel={grid,grName,grType, grContent,grDescrip}。其中，grID 表示基础性信息资源元模型的标识；grName 表示基础性信息资源元模型的名称；grType 表示基础性信息资源元模型的类型，如文本、图表、图像等；grContent 表示基础性信息资源的内容；grDescrip 表示基础性信息资源的描述性说明。

5. 论证环节信息资源模型的定义

论证环节信息资源模型是面向装备需求论证环节的信息资源模型，是与特定装备需求论证环节密切相关的信息资源。装备需求论证环节信息资源记为 ProcessModel，ProcessModel={PrinModel,InstModel,RuleModel,GroundModel,PrRelation}，其中，PrRelation 表示环节信息资源 ProcessModel 中原理性信息资源元模型 PrinModel、实例性信息资源元模型 InstModel、规则性信息资源元模型 RuleModel 和基础性信息资源元模型 GroundModel 的组合关系，即装备需求论证信息资源模型是以原理性信息资源元模型 PrinModel、实例性信息资源元模型 InstModel、规则性信息资源元模型 RuleModel 和基础性信息资源元模型 GroundModel 为基础，根据装备需求论证环节信息资源 ProcessModel 的内容组成及其逻辑关系，由原理性信息资源元模型 PrinModel、实例性信息资源元模型 InstModel、规则性信息资源元模型 RuleModel 和基础性信息资源元模型 GroundModel 派生和组合形成的。

6. 论证领域信息资源模型的定义

论证领域信息资源模型是面向装备需求论证领域的模型，一般包括作战领域信息资源模型、能力领域信息资源模型、装备系统领域信息资源模型，并且根据军兵种专业划分情况，还可以将论证领域进一步分为军种或兵种领域，如陆军作战领域信息资源、空军能力领域信息资源、装甲兵系统需求信息资源等。论证领域信息资源模型是以论证环节模型为基础组合形成的，因此，论证领域信息资源模型 FieldModel 可表示为 FieldModel={ProcessModel$_1$,ProcessModel$_2$,…,ProcessModel$_m$,FiRelation}，其中，FiRelation 表示 m 个环节信息资源模型之间的组合关系。通过 m 个环节信息资源模型 ProcessModel 按照一定的组合规则形成论证领域信息资源模型 FieldModel。

7. 论证类型信息资源模型的定义

论证类型信息资源是面向装备需求论证任务类型构建的信息资源模型，通常有两种分类方法，一是分为装备体系需求论证信息资源、装备型号需求论证信息资源；二是分为装备发展战略需求论证信息资源、装备体制需求论证信息资源、装备规划计划需求论证信息资源、装备型号需求论证信息资源、专题需求论证信息资源、专项需求论证信息资源。

论证类型信息资源是以论证领域信息资源模型为基础构建的，装备需求论证领域信息资源模型是装备需求论证类型信息资源的重要组成部分，它们之间是整体与部分的关系。因此，论证类型信息资源模型 TypeModel 可表示为 TypeModel=$\{FieldModel_1, FieldModel_2, \cdots, FieldModel_n, TyRelation\}$，其中，TyRelation 表示 n 个领域信息资源模型之间的组合关系。通过 n 个领域信息资源模型 ProcessModel 按照一定的组合规则形成论证类型信息资源模型 TypeModel。

7.5 装备需求论证信息资源规范化组织

装备需求论证信息资源规范化组织是以装备需求论证信息资源模型为基础，研究装备需求论证信息资源的组织方法，其目的是提高装备需求论证信息资源组织与管理的有序性和规范性。

7.5.1 组织方法

装备需求论证信息资源服务于装备需求论证业务过程分析，是根据装备需求论证环节的信息资源需求确定的，因此，装备需求论证信息资源组织应采用面向环节的信息资源组织方法。

面向环节的信息资源组织方式符合装备需求论证业务过程的信息资源需求，便于按照装备需求论证业务过程中不同环节的信息需求有针对性地访问信息资源，并且按照业务流程中环节的组合方式，能够便利地将环节级信息资源快速组合成流程级信息资源，最大程度地实现装备需求论证信息资源的重组与重用。面向环节的信息资源组织方法及其服务原理如图 7-9 所示。

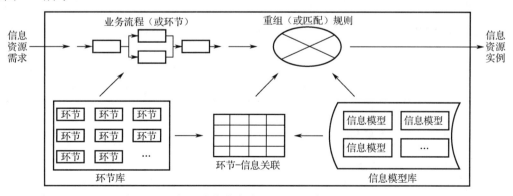

图 7-9 面向环节的信息资源组织方法及其服务原理

7.5.2 组织框架

装备需求论证信息资源采用"目录+表单"式的组织框架。一方面，按照装备需求论证信息资源的分类特征梳理装备需求论证信息资源实例，构建装备需求论证信息资源目录，以方便装备需求论证人员快速查找和定位所需的装备需求论证信息资源。另一方面，根据各类信息资源的知识属性，采取恰当的表单结构，描述装备需求论证信息资源的模型内容及要素，尽可能以半结构化或结构化的方式表示非结构化和结构化的装备需求论证信息资源，提高装备需求论证信息资源的可读性。装备需求论证信息资源的"目录+表单"式组织框架如图 7-10 所示。

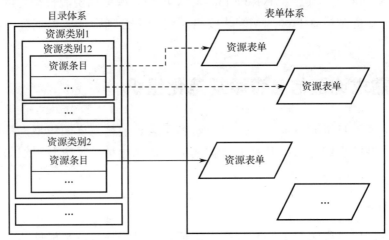

图 7-10　装备需求论证信息资源的"目录+表单"式组织框架

7.5.3 目录设计

按照装备需求论证信息资源的分类进行设计，并按照各层次、各类型信息资源元模型定义的要求，设计装备需求论证信息资源目标。装备需求论证信息资源目标设计主要包括两个方面的内容。

1. 信息资源条目分类及编码

装备需求论证信息资源条目编码按照类型信息资源、领域信息资源、环节信息资源的分类进行，其编码结构可示例性表示为表 7-5 所示的形式。

表 7-5　装备需求论证信息资源条目编码结构

1	2	3	4	5	6	7	8	9	10	11	12
类型信息资源分类		领域信息资源分类		环节信息资源分类			信息资源条目				

在装备需求论证信息资源条目编码结构中，采用 12 位的数字型编码方式，每位采用 0～9 数字表示。其中，第 1～2 位表示类型信息资源分类，如可定义"01"、"02"、"03"、"04"分别为装备发展战略需求论证信息资源、装备体制需求论证信息资源、装备规划计划需求论证信息资源、装备型号需求论证信息资源；第 3～4 位表示领域信息资源分类，如可定义

"01"、"02"、"03"分别表示作战领域信息资源、能力领域信息资源、系统领域信息资源等；第5~7位表示装备需求论证环节信息资源分类，如可定义"001"、"002"、"003"分别表示作战概念设计、作战任务需求分析、作战节点分析等环节；第8~12位表示装备需求论证信息资源条目，如"00001"、"02003"等。表7-6为装备需求论证信息资源条目编码示例。

表7-6 装备需求论证信息资源条目编码示例

序 号	编 码	含 义
1	010100003000	装备发展战略需求论证类信息资源的作战领域信息资源类的流水号为"03000"的信息资源条目
2	020201000331	装备体制需求论证信息资源类的能力领域信息资源类的流水号为"010"、论证环节的流水号为"00331"的信息资源条目

2. 信息资源条目特征的定义

信息资源条目特征的定义是为了能够根据装备需求论证信息资源的相关特征，从装备需求论证信息资源目录中快速定位信息资源。信息资源条目特征可以采用模板形式定义，如表7-7所示。

表7-7 信息资源条目特征模板

信息资源条目特征模板		
信息资源名称		
信息资源编码	信息资源版本	
关键词	知识属性	□原理性□实例性□规则性 □基础性
信息资源来源		
信息资源评价		
适用范围		
信息资源入库时间		
信息资源提供者		

7.5.4 表单设计

1. 表单建模优势

当前，装备需求论证由定性分析向定性分析与定量计算相结合的方向发展，并日益倚重定量计算在需求生成、评估和验证中的作用。定量计算要求数据具有结构化的组织结构和数值化的参数体系，以方便计算机访问与处理。一方面，装备需求信息资源作为装备需求分析的输出结果，结构化、参数化的装备需求论证信息资源结构有利于明确装备需求论证信息资源的要素组成及要求，也有利于设计支持装备需求论证计算机化的软件系统。另一方面，装备需求论证信息资源作为装备需求生成、评估与验证的输入，结构化、参数化的装备需求论证信息资源结构有利于对装备需求方案进行验证与评估，特别是基于体系仿真的装备需求评估与验证。

表单式数据结构以直观的表格形式，描述信息资源数据的要素组成及关系。装备需求论证信息资源表单化设计符合装备需求论证的发展趋势及其信息资源要求；同时，可以明确装备需求论证信息资源的要素组成及其相互关系，增强装备需求论证信息资源的可读性和可理解性，提高装备需求论证信息资源的可重用性。

2. 表单设计的步骤

装备需求论证信息资源表单设计的步骤如图 7-11 所示。

（1）信息资源要素及关系分析。研究信息资源条目的要素组成和关系，并依据关系提出各类型信息资源条目的要素组成和关系，形成装备需求论证信息资源结构化描述的基本框架。

图 7-11 信息资源表单设计的步骤

（2）要素名称及数据类型定义。依据军语及相关技术标准，规范各类要素的名称、含义及其数据类型，并建立要素数据字典。

（3）表单设计。采用二维表格，按照不同层次装备需求论证信息资源的要素组成及其关系，设计装备需求论证信息资源的表格结构。

3. 表单设计举例

作战活动需求是作战任务需求分析的标志性成果，包括作战活动的发生条件、指标要求两部分内容。采用表单式描述方法，作战活动需求可表示为通用条件表单、通用活动表单和作战活动表单 3 部分。

（1）通用条件表单描述影响作战任务完成的自然条件、社会条件和军事条件，包括各种条件的定义及其分类，是使命任务需求描述的基础表单。以自然条件中的"植被"为例，其基本结构如表 7-8 所示。

表 7-8 通用条件表单结构及示例

条件 编号	条件 名称	条件描述	条件定义		
			名 称	代 码	描述（可选项）
T1.1.1.6	植被	植物、树木和 灌木	丛林	A	热带雨林和有树木遮蔽的地区
			密林	B	草木丛生地区
			低密度绿地	C	草地和平原
			稀疏绿地	D	高山地带和半沙漠地带
			不毛之地	E	北极地区和沙漠地带

（2）通用活动表单描述完成各种典型作战任务的作战活动及其指标与量度，是使命任务需求描述的基础表单。以"下定作战决心"为例，其基本结构如表 7-9 所示。

表 7-9　通用活动表单结构及示例

任务编号	任务名称	任务描述	任务指标		
			名　称	量　度	描述（可选项）
HR2.2.8	下定作战决心	指挥员在指挥机关的协助下，对作战目的及行动做出基本决定的思维活动和工作过程	下定决心的过程正确与否	是/否	
			从受领任务到定下决心的时间	小时	
			作战目标确定的正确性	是/否	
			作战方向确定的正确性	是/否	
			作战力量编成的正确性占比	%	
			作战力量编配的正确性占比	%	
			…		

（3）作战活动表单是通用条件表单和通用活动表单的有机组合，描述了特定背景下完成特定作战任务的作战活动、实现条件及其指标和量度。以某机步师岛上阵地进攻作战立体突入阶段的"火力打击"行动为例，可表示为如表 7-10 所示。

表 7-10　作战活动表单示例

行动与动作			任务条件				任务指标			执行单元
行动名称	任务编号	任务名称	编号	名称	取值	代码	名称	取值	量度	
火力打击	HR1.4.2	按任务分发情报信息	T1.3.3	电磁效应	广泛的	A	能够将联合战役指挥机构、各军兵种机构指挥用户、战术兵团用户、战术兵团以下用户的需求属性层次、特点进行区分	是	是/否	炮兵群指挥所情报中心
			T2.2.8.2	军事系统的可靠性	中	B	能够按照优先等级有序分发情报信息	是	是/否	
			T2.3.7	通信的连续性	间歇通信	B	能够按专项情报需求在恰当时间将恰当的情报发送到恰当用户	是	是/否	
							完成一个批次态势图的分发时间	12	分钟	
							态势图分发的正确率	85	百分比	
							…	…	…	

行动与动作			任 务 条 件				任 务 指 标			执行单元
行动名称	任务编号	任务名称	编号	名称	取值	代码	名称	取值	量度	
	HR7.1.1	选择打击目标	T2.6.1	预先计划目标	部分计划	C	组织目标侦察的时间	1.5	天	炮兵群炮兵1营
			T2.6.3.2	目标机动性	无	A	对目标进行分类的时间	2	小时	
...										

第

8

章

面向用户的装备需求论证信息资源服务的柔性设计

以装备需求论证信息资源模型为基础，构建信息资源服务体系，实现信息资源对装备需求论证业务的有效支撑，是装备需求论证信息资源建设的根本目的。高效的信息资源服务方式能够帮助装备需求论证人员进行决策分析和评估优化，进而提高装备需求论证人员的工作效率和工作质量。以装备需求论证人员的灵活业务过程信息资源需求为出发点，以装备需求论证信息资源模型为基础，研究面向流程的信息资源柔性重组方法和面向用户的信息资源柔性服务方法，为构建满足多样化应用需求的装备需求论证信息资源服务模式提供支撑。

8.1 面向用户的柔性服务思想

由于论证类型及应用模式的灵活变化，装备需求论证人员对信息资源的需求内容及其描述结构都提出了新的要求。装备需求论证人员对信息资源的多样化应用需求，来源于不同类型、不同应用模式中装备需求论证流程的变化，而这种流程的变化引起装备需求论证业务功能的调整与变化，进而引起信息资源需求的灵活变化。

面向用户的信息资源柔性服务思想，正是围绕装备需求论证信息资源需求的灵活性与多样化提出的，它强调信息资源的分类、建模与组织管理都必须服从和服务于用户的业务实践，满足用户灵活的多样化应用需求。

在装备需求论证系统中，用户的信息资源需求主要体现为不同论证流程的信息资源需求。一旦论证环节发生变化或论证流程发生变化，相应的信息资源需求也将发生变化。由于论证环节和信息资源模型已经建有统一规范的模型，并且信息资源模型是采用面向环节的方法获取信息资源的，因此，面向用户的服务思想可以理解为面向论证环节（或流程）的服务思想，其核心是根据论证业务变化引起的业务流程变化，快速组合形成支撑论证环节（或流程）的信息资源，并以灵活多样的方式提供给装备需求论证人员。

实现装备需求论证信息资源的柔性服务，首先，需要根据业务流程的变化情况，以信息资源模型体系为基础，以环节-信息关联矩阵为依据，实现信息资源的有机重组，给出满足装备需求论证环节（或流程）的信息资源示例；其次，系统应将生成的信息资源实例以恰当的方式显示给论证人员，其基本结构如图8-1所示。

（1）面向流程的信息资源重组。信息资源重组是支持装备需求论证业务协同设计并提高装备需求论证工作效率的有效支撑，需要根据装备需求论证流程中环节的信息资源需求和组合特点，研究装备需求论证信息资源模型的柔性化结构及其组合方式，实现装备需求论证信息资源的有效集成与重组。主要内容包括面向柔性环节的信息资源模型柔性设计和面向流程的信息资源柔性重组两个方面，前者为信息资源重组提供了模块化、可重用的信息资源模型，后者实现了基于柔性化信息资源模型的信息模型组合。

（2）面向用户请求的信息资源拉取服务。装备需求论证人员根据自身承担的任务性质、特征和信息需求，依托装备需求论证网络化信息资源服务平台，向信息资源服务中心提出信息资源服务请求，信息资源服务中心根据用户提供的服务请求采用关键词检索或案例匹配的方式，从装备需求论证信息资源库检索目标信息资源并返回给用户。这种信息资源服务模式是传统的信息检索模式，信息检索的效率和质量主要依赖于装备需求论证人员的检索能力及其对装备需求论证信息资源库的熟知情况。在装备需求论证实践中，往往会由于装备需求论证人员不了解装备需求论证信息资源库的信息资源内容，而无法有效获取可用的信息资源。

（3）面向流程需求的信息资源推送服务。信息资源推送技术是近年来随着互联网技术的发展而兴起的一种依据用户请求或兴趣主动提供信息资源的服务模式，改变了传统的信息资源被动服务模式，可以大大提高装备需求论证信息资源的服务效率，帮助装备需求论证人员及时有效地获取可用的信息资源。在装备需求论证活动组织实施中，装备需求论证环节是装备需求论证人员分工协作的基础，围绕装备需求论证环节特征，适时、主动地提供信息资源服务，将减轻装备需求论证人员获取信息的压力，提高装备需求论证人员论证分析的科学性和有效性。

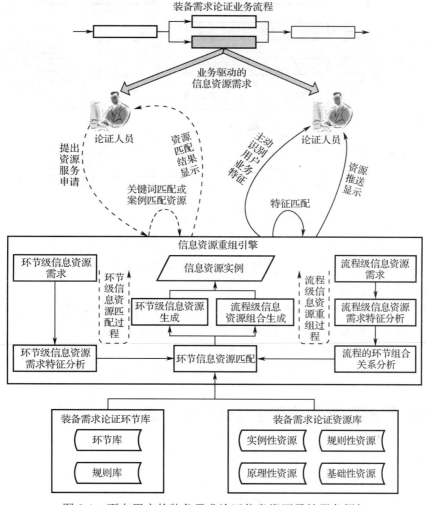

图 8-1 面向用户的装备需求论证信息资源柔性服务框架

8.2 面向流程的信息资源柔性重组

由 4.4 节介绍的"装备需求论证信息资源模型层次"和信息资源模型的定义可知，原理性元模型、实例性元模型、规则性元模型和基础性元模型可以表示为信息资源元模型的组合；而装备需求论证环节的信息资源模型可以表示为上述 4 种元模型的集合，论证流程（或子流程）的信息资源模型可以表示为论证环节信息资源模型的组合。信息资源模型通过元模型定义，实现了信息资源元数据的统一表达和重用，也提供了由元模型向简单模型、由简单模型向组合模型组合的机制和方法。因此，面向流程的信息资源柔性重组的关键是确定满足用户应用需求的业务流程及其组成环节的信息资源需求，并按照环节组合的规则与要求形成流程级的信息资源模型，其基本过程如图 8-2 所示。

由图 8-2 可知，面向流程的信息资源重组过程包括以下 3 个步骤：

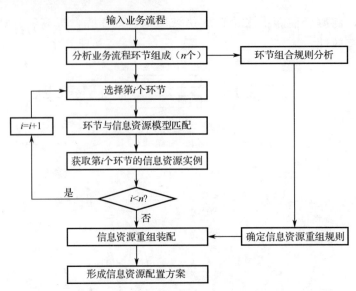

图 8-2　面向流程的信息资源重组过程

（1）流程环节组合分析。通过对装备需求论证流程的分析，确定装备需求论证环节的组成及环节之间的组合特征。

（2）环节信息资源匹配。依据面向环节的信息资源组织方法，依次确定任一组成环节的信息资源需求，形成满足装备需求论证流程的信息资源实例集合。

（3）信息资源按需重组。按照论证环节的组合特征，确定信息资源的组合规则，选择适当的信息资源元模型要素并进行组合，提出面向装备需求论证流程的信息资源实例。

8.3　面向请求的信息资源拉取服务方法

面向请求的信息资源拉取服务方法是根据用户的请求提供信息资源的服务机制，是用户主动索取信息资源、信息资源库被动提供信息资源的被动服务模式，也是最基本的信息服务方式，包括传统的图书馆书目检索和计算机化的信息检索服务等。由于装备需求论证理论、方法与实践发展的滞后性与分散性，目前装备需求论证信息资源体系和信息资源服务方式并不完善，尚没有形成比较系统、方便的装备需求论证信息资源服务响应机制。因此，以装备需求论证信息资源规范化和信息资源体系建设为基础，针对装备需求论证应用需求，提供方便、可用的装备需求论证信息资源响应机制，积极推动基于知识的装备需求论证实践，是实现装备需求论证信息资源与装备需求论证实践有效协同的重要方法之一。

常用的信息资源拉取服务包括属性检索、规则推理、案例推理、知识联想等方式。在面向流程的装备需求论证信息资源协同研究中，为了有效支持装备需求论证人员的信息资源获取需求，重点研究基于属性检索的信息资源服务方法和基于案例推理的信息资源服务方法。

8.3.1　基于属性检索的信息资源服务方法

基于属性检索的信息资源服务方法，将用户提供的信息资源属性特征作为检索信息资源的依据，通过对装备需求论证信息资源属性库的遍历，查找与属性相同或相近的信息资源条目，是信息资源服务领域最常见的一种信息资源服务方法，其基本原理如图8-3所示。

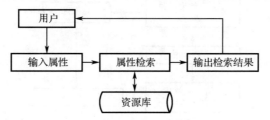

图 8-3　基于属性检索的信息资源服务方法

在进行装备需求论证信息资源体系组织时，以装备需求论证信息资源条目特征模板（如表 7-7 所示，包括信息资源名称、关键词、知识属性、信息资源评价、适用范围等属性）为基础，同时考虑装备需求论证信息资源的分类特征，设计提出装备需求论证属性数据库，为装备需求论证人员提供属性检索的可能途径。

基于属性检索的信息资源服务方法，主要采用"与"、"或"、"非"等混合运算，按照精确匹配和模糊匹配两种基本模式，通过对装备需求论证信息资源多个属性的有机匹配，获得与用户需求相同或相近的装备需求论证信息资源。由于该方法比较常见且实现机制比较简单，因此，对该方法的具体实现过程不做深入讨论。

虽然这种方法比较容易掌握，但并不意味着有高效的信息资源检索效率。因为这种方法是一种自助式的信息资源协同服务方法，要求装备需求论证具有相关领域比较丰富的知识且比较熟悉信息资源的结构与内容。否则，装备需求论证人员往往难以及时、准确地获取目标信息资源。

8.3.2　基于案例推理的信息资源服务方法

装备需求论证是一项智力密集型活动，不仅要求装备需求论证人员掌握丰富的多学科领域专业知识，还应具有比较丰富的论证经验。在长期的装备需求论证实践中，将装备需求论证成果和经验归纳整理成系统化的装备需求论证信息资源，对装备需求论证人员分析理解问题、提出解决途径、提高论证效率具有重要作用。基于案例推理的信息资源服务方法，就是着眼于装备需求论证成果与经验的启发性，在系统梳理装备需求论证成果与经验的基础上，通过分析装备需求论证问题的目标及相关特征，从装备需求论证信息资源库中查找与当前问题最接近的成功案例和经验知识，帮助装备需求论证人员快速形成解决问题的思路和方法，进而提高论证效率。

（1）基本原理。

案例推理是人工智能领域一种比较有效的知识推理方法，其通过当前问题与实例之间的相似性检测，根据实例所具有的事实和知识，推论出当前问题所应具有的事实和知识，是人类思维方式中的"类比"思维。它特别适合于解决没有很强的理论模型和领域知识不完全而难以定义或定义不一致但经验丰富情况下的推理，并且随着案例库的增长，可供借鉴的"经验"会越来越丰富，案例推理的可信度也越来越高，这无疑会提高案例推理的效率，其基本原理如图8-4所示。

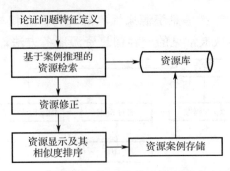

图 8-4 基于案例推理的信息资源服务方法

（2）信息资源特征定义。

信息资源案例以结构化方式表达了装备需求论证人员求解问题的经验，以一定的数据结构存储和识别装备需求论证信息资源实例和经验，包括论证问题的描述、论证实施过程和需求方案等内容。通过对装备需求论证问题的全面分析，可以提出装备需求论证信息资源的案例推理特征属性，如表 8-1 所示。

表 8-1 用于装备需求论证信息资源案例推理的特征属性

序 号	特 征 属 性	含 义
1	论证类别	包括体系需求论证、型号需求论证
2	装备类型	描述论证对象的装备特征，如装甲装备类、舰艇装备类等
3	信息资源层次	包括类型实例信息资源、领域实例信息资源和环节实例信息资源
4	任务目标	指装备需求论证要达成的主要目标
5	装备使命任务	指论证对象的使命任务要求
6	装备能力目标	指论证对象的作战能力总体要求
7	论证思想	指论证所采用的主要思想
8	论证方法	指论证所采用的主要方法，如定性方法、解析方法、仿真方法、体系结构方法等
9	任务背景	指装备需求论证任务的具体论证背景
10	…	…

通过对装备需求论证信息资源实例的特征定义，为基于案例推理进行装备需求论证信息资源检索提供了可能。

（3）信息资源检索与匹配。

案例检索与匹配是案例推理的关键，其根据用户提供的当前问题的主要特征，从装备需求论证信息资源库中查找与当前问题一致或相近的信息资源实例，并以此为原型给出当前问题可供参考的论证方法、论证过程和论证成果信息，以帮助装备需求论证人员快速确定解决问题的方法，并借鉴成熟的论证知识和经验。装备需求论证信息资源实例检索的实质是比较装备需求论证信息资源库中的备选实例与当前问题特征值之间的相似度，相似度越高，则匹配成功度越高。如果对应的特征属性之间的匹配度很高，则说明匹配当前问题与备选实例相似。因此，计算特征属性之间的匹配度成为装备需求论证信息资源实例检索的关键。

案例检索的方法主要有灰关联法、最近相邻法、基于微粒群的自学习距离测度等。由于在装备需求论证实践中，装备需求论证人员往往不能确定装备需求论证信息资源库是否具有相类似的信息资源实例，为提高装备需求论证信息资源检索匹配的成功率，装备需求论证信息资源实例检索采用基于灰关联的检索方法，比较不同特征属性的相似度，并根据不同案例相似度的大小，检索出与待解问题最接近的案例，如图 8-5 所示。

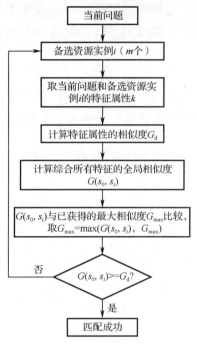

图 8-5 信息资源实例的检索与匹配过程

$$G(s_0, s_i) = \frac{1}{1 + \sqrt{\sum_{k=1}^{n} G_d^2(s_0(k), s_1(k))}}$$

首先，计算单个特征的相似度，可将当前问题 s_0 的第 k 个特征 $s_0(k)$ 与信息资源实例 s_i 的第 k 个特征 $s_i(k)$ 的相似度表示为

$$G_d = (s_0(k), s_i(k)) = \frac{1}{G_c(s_0(k), s_i(k))} - 1$$

式中，$G_c(s_0(k), s_i(k))$ 为 s_0 与 s_i 在特征向量的第 k 个特征上的关联系数，表示为

$$G_c(s_0(k), s_i(k)) = \frac{\min_i \min_k [w_k | s_0(k) - s_i(k) |] + \xi \max_i \max_k [w_k | s_0(k) - s_i(k) |]}{w_k | s_0(k) - s_i(k) | + \xi \max_i \max_k [w_k | s_0(k) - s_i(k) |]}$$

式中，ξ 为分辨系数，一般取 $\xi = 0.5$；w_k 为特征向量的第 k 个特征的权重，可采用层次分析法确定。

其次，在单个特征相似度计算的基础上，计算 s_0 与 s_i 的全局相似度，表示为

$$G(s_0, s_i) = \frac{1}{1 + \sqrt{\sum_{k=1}^{n} G_d^2(s_0(k), s_i(k))}}$$

然后，判断第 i 个信息资源实例与当前问题的相似度 $G(s_0, s_i)$ 与最低相似度阈值 G_d 的关

系。若 $G(s_0, s_i) \geq G_d$，则说明第 i 个信息资源实例为满足检索要求的信息资源实例。

最后，通过所有信息资源实例的遍历检索，得到所有能够满足检索要求的信息资源实例集合。

（4）信息资源显示与相似度排序。

根据信息资源推理的结果，将与特征属性综合相似度比较接近的信息资源实例显示出来，并标出每个信息资源实例的相似度大小，以便装备需求论证人员准确把握检索出的装备需求论证信息资源的可用性。

（5）信息资源案例存储。

装备需求论证人员将当前问题的特征、求解过程及其需求方案以案例的形式存储到装备需求论证信息资源实例库中，以丰富装备需求论证信息资源实例。

8.4 面向流程的信息资源推送服务方法

面对日益复杂的装备需求论证研究内容和日益丰富的装备需求论证信息资源，装备需求论证人员需要占有大量的信息资源，以支撑装备需求论证任务的顺利完成。但是，装备需求论证人员往往需要花费大量的精力搜集、识别有用的信息资源，而无法集中主要精力开展装备需求论证问题研究；并且由于信息的不对称，装备需求论证人员往往无法准确获知装备需求论证信息资源的结构与内容，导致搜索效率低下。同时，逐渐丰富完善的装备需求论证信息资源库，也常常因为缺乏明确的应用需求，而导致装备需求论证信息资源的极大浪费。因此，着眼于提高装备需求论证信息资源服务的针对性和有效性，以满足装备需求论证实践需求为目标，分析装备需求论证信息资源与装备需求论证实践的关联关系，研究面向装备需求论证流程的信息资源服务方法，改变原有的"人找信息资源"服务模式，形成"信息资源找人"的主动服务模式，进而提高装备需求论证信息资源的综合效益。

8.4.1 基本框架

面向流程的信息资源主动推送服务，以装备需求论证任务分解的业务流程为基础，通过分析各个流程环节的信息资源需求，从装备需求论证信息资源库挖掘、整理与信息资源需求相一致的信息资源实例，并根据信息资源调整更新情况及时、准确地将各个论证环节所需要的基本信息资源传递给环节用户。面向流程的信息资源主动推送服务框架如图 8-6 所示。

从用户的角度看，首先，通过用户角色访问控制机制，认证用户身份；其次，根据用户身份，确定用户协同论证的操作权限，即需要完成的装备需求论证活动（或环节）。

从信息资源服务的角度看，首先，由信息资源服务中心通过用户角色库获取不同用户的操作权限及其对应的装备需求论证环节；其次，分析装备需求论证环节的操作要求和信息资源需求，确定论证环节的信息资源需求特征集合；然后，采用恰当的信息资源匹配算法，从装备需求论证信息资源库获取与之相匹配的论证信息资源，并形成规范、有序的信息资源组织方式与内容；最后，利用网络技术将环节信息资源推送到相应的用户客户端，供用户装备需求论证研究使用。

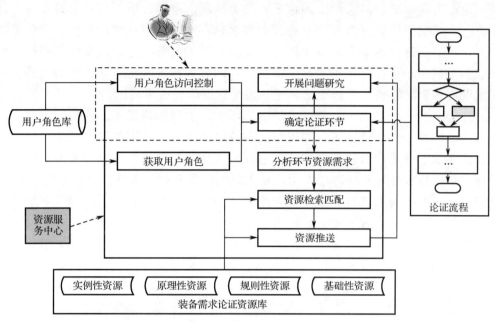

图 8-6　面向流程的信息资源主动推送服务框架

由于装备需求论证信息资源获取采用了面向环节的获取方法（见 7.3 节），装备需求论证信息资源与装备需求论证环节之间存在天然的关联性。因此，根据论证流程环节特征确定装备需求论证信息资源需求，具有较高的可行性。

8.4.2　环节信息资源需求分析

装备需求论证环节的论证对象、论证内容、论证特点、论证方法、论证工具及与其他论证环节的关系，是确定装备需求论证信息资源需求的主要依据。

（1）论证对象。按照论证对象的专业属性，可分为陆军、空军、海军、火箭军及其相应的军兵种专业装备；按照论证对象的复杂程度，可分为装备体系和装备型号，就装备型号而言，有复杂型号装备和简单型号装备之分；按论证对象所处的论证阶段，一般可分为发展战略需求论证、体制需求论证、规划计划需求论证、型号需求论证、专题需求论证等。视角不同，针对特定论证对象的论证信息资源需求也不同，在进行信息资源推送服务时应能够根据论证对象的不同有针对性地提供信息资源。

（2）论证内容。论证内容是区分论证环节的重要依据，也是确定论证环节信息资源需求的重要依据。按论证内容所属的领域，可分为作战领域的论证内容、能力领域的论证内容、系统领域的论证内容等；按论证内容的粒度，可分为面向类型的论证内容、面向领域的论证内容、面向环节的论证内容等。不同论证内容对信息资源的需求也不同。

（3）论证特点。由于论证目标及时间、进度、经费等约束条件的差异，不同的论证任务所反映出的论证特点往往具有较大差异。对于论证周期长、论证目标要求高的论证任务，一般论证过程组织更加严密，论证方法综合多样，采用定性与定量相结合、逻辑分析与仿真实验相结合的方法论证数据和论证结论数据精度高。因此，提供论证信息资源服务时，也应充分考虑各类论证任务的论证特点，做到有的放矢。

（4）论证方法。装备需求论证通常采用类比推理、逻辑分析、仿真实验及多方法综合的论证方法，不同的论证方法对信息资源的需求也不同。以类比推理为例，在装备需求论证过程中，主要通过分析国内装备建设差距和国外同类装备的先进战术技术指标，同时结合我国装备发展建设目标，采用"拿来主义"式的装备需求确定方法，对国内外同类装备的发展建设资料要求较高，否则无法为装备需求论证研究提供帮助。

（5）论证工具。论证工具与论证方法密切相关，不同的论证工具通常仅支持有限的几类论证方法。但是，由于论证工具建设目的与背景的差异，不同的装备需求论证工具对信息资源描述要求、信息资源描述结构及信息资源关系等的要求往往具有差异。在进行装备需求论证信息资源服务时，应考虑不同论证工具的信息资源需求特点。

（6）论证环节之间的关系。装备需求论证环节包括串联、并联、反馈等多种关系，但是任意环节都存在前导或后续环节。相邻环节之间的承接关系以相应环节的输入/输出数据接口为基础。在进行装备需求论证信息资源服务时，若能够准确了解各环节的相邻环节，就能够比较准确地提供与该环节输入/输出信息要求相同或相近的信息资源，从而能够帮助装备需求论证人员准确把握当前问题的研究。

通过上述 6 个方面的环节信息资源需求分析，可以基本明确需要推送的装备需求论证信息资源的特征。为便于实现装备需求论证信息资源特征的量化与匹配，采用向量空间模型 VSM（Vector Space Model）来定义装备需求论证信息资源需求，即 $U = \{(c_1, w_1), \cdots, (c_n, w_n)\}$。其中，$c_i$、$w_i$ 分别代表信息资源需求特征及其权重，并且将需求特征权重按照从大到小的顺序排列。

于是有 $C_i = \{c_1, c_2, \cdots, c_n\} = \{$装备专业属性，装备复杂性，论证阶段，论证内容的粒度，论证内容的领域，论证特点，论证方法，论证工具，前导论证环节，后续论证环节，$\cdots\}$。

8.4.3　信息资源匹配

信息资源匹配是指根据装备需求论证环节的资源需求特征，从装备需求论证信息资源库中查找与之相同或相近的信息资源信息，其原理与基于案例推理的信息资源服务方法类似，具体过程不再展开。

8.4.4　信息推送与显示

1. 论证角色-论证环节矩阵分析

装备需求论证任务分解的结果应构建论证角色-论证环节矩阵，明确不同论证组织以特定的论证角色参与指定论证环节。通常，论证角色-论证环节矩阵应在装备需求论证任务分解阶段完成，并将结果存储在装备需求论证全局数据库中，供装备需求论证人员登录认证和信息资源推送时使用。

2. 信息资源推送与显示

依据论证角色与论证环节的关系，通过网络技术，及时、准确地将特定论证环节信息资源需求按址发送到相应的论证用户终端。为便于装备需求论证信息资源推送服务，通常可在装备需求论证用户终端安装特定的信息接收程序，以利于接收实时推送的信息资源。

应用篇

第9章 装备需求论证模型管理

模型作为装备需求论证过程中最主要的软件资源，其管理的成功与否直接决定模型服务的质量。装备需求论证模型建设不是模型的简单堆积，随着装备需求论证工作的日益繁重和模型的快速增长，如果大量的模型资源未能得到科学、规范的管理，一定会造成模型的重用率不高，模型的资源发生流失等现象。因此，应当及时提高装备需要论证模型的管理水平，建立规范化、标准化、科学化的模型资源管理体系，以提高模型自身的价值。从面向领域特征的模型开发要求出发，构建装备需求论证模型全寿命周期管理体系，研究装备需求论证模型管理的总体架构和相关关键技术，并设计与开发装备需求论证模型管理系统，以实现模型资源的全寿命周期管理，提高装备需求论证模型的建设与服务水平。

9.1 模型体系构建

根据装备需求论证模型构建需求和设计要求，考虑装备需求论证模型空间，设计提出如图 9-1 所示的装备需求论证模型体系框架，具体包括装备需求论证流程模型、环节模型和方法模型。

（1）流程模型。装备需求论证基本流程是比较统一、规范的业务流程，应能够覆盖各种应用需求的装备需求论证流程要求。以装备需求论证基本流程为基础，适应不同类型的应用需求，分析提出装备体系需求论证流程、装备型号需求论证流程、面向具体应用的需求论证流程、专题任务需求论证流程等。

（2）环节模型。环节模型是组成装备需求论证流程各个环节的模型，由于装备需求论证流程具有多种应用的适应性，要求环节模型应具有较高的重用性。在构建时，应按照环节的应用领域及其主要功能进行区分，如从应用领域将环节模型分为任务需求分析类、能力需求分析类、体系需求分析类、型号需求分析类和需求方案类等。每类模型按照功能进一步进行区分，如能力需求分析类模型按功能分为作战能力构想模型、作战能力指标体系构建模型等。

（3）方法模型。方法模型是装备需求论证模型体系中较为基础的模型，不具有任何装备需求论证的业务特征，如基于 QFD 的需求映射模型、评估指标体系构建模型，这些模型通常可以是组成环节模型的重要部分。

9.2 主要策略

为保证装备需求论证模型的一致性与有效性，采用基于全寿命周期的装备需求论证模型管理策略。这既是贯穿模型提出到模型确定的完整过程，是保证装备需求论证模型成果与模型需求、领域活动需求相一致的重要手段，也是保证装备需求论证模型版本一致的重要手段。基于全寿命周期的装备需求论证模型管理策略主要突出 4 个领域的重点管理，即领域需求管理、模型需求管理、模型构建管理、模型评审管理。

9.2.1 领域需求管理

根据装备需求论证的领域特征，结合装备需求论证业务的流程及其环节组成特点，提出装备需求论证业务模型的种类和数量，是基于全寿命周期的装备需求论证模型管理的首要环节。由于装备需求论证业务的专业性和复杂性，装备需求论证模型的提出应在建模与仿真技术专家的指导下由装备需求论证领域的专家提出，构建包括建模与仿真专家、装备需求论证专家、装备需求论证管理人员共同组成的领域模型需求分析团队。

领域模型需求分析团队的核心使命任务是分析装备需求论证业务流程和特点，利用先进的建模与仿真技术，提出能够有效支撑装备需求论证业务工作的计算机模型，其工作质量决定着装备需求论证模型的质量和有效性。因此，领域需求管理阶段应重点突出以下 3 个方面的工作：

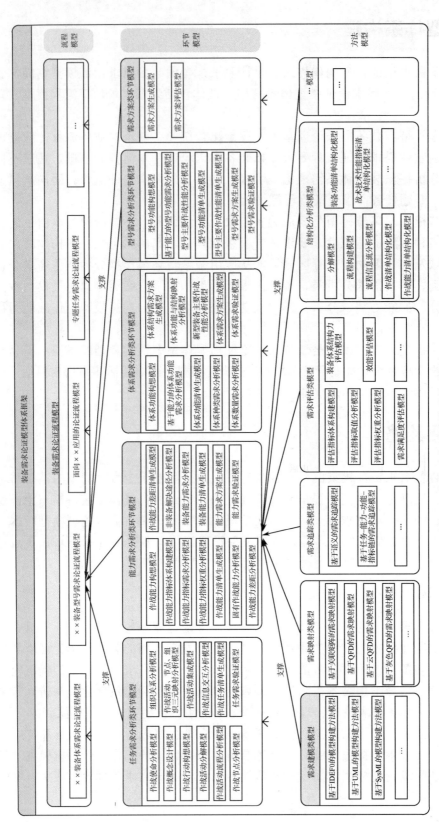

图9-1 装备需求论证模型体系框架

（1）规范行业术语，制定相关标准规范。规范和协助组织在装备需求领域中实现知识及系统需求规约内容，实现统一领域的术语字典，针对本系统作为领域工程依据的规范和标准协助制定或者选择。

（2）构建/修订装备需求论证模型体系框架。装备需求论证模型体系框架是装备需求论证模型建设的基础和系统建设的重要依据。在构建/修订过程中应接受来自各方的意见、建议。

（3）接受装备建设机关的反馈意见。领域需求管理是模型管理的起点，但其必须要接受武器装备发展的牵引，领域设计专家将直接与机关领导进行沟通，了解装备建设的现实需求，解决装备需求论证存在的问题。

9.2.2　模型需求管理

如果将装备需求论证模型体系框架比作一棵树，那么模型组件结构分支就好比是树干和树枝，而模型就好比是树上的树叶。在领域需求管理中，好比构建一棵没有叶子的树。在模型需求管理中，就需要以领域需求分析为基础，制定模型需求，完成模型需求指南的制定和修订。

模型需求分析人员通常应具备论证工程化背景的相关经验，熟练掌握领域分析方法，熟悉模型设计及重用知识，熟练掌握模型需求获取的方法和工具，并具备类比、关联、抽象合作交流能力。模型需求管理的主要任务包括两个方面：

（1）建立模型体系框架。模型体系框架是装备需求论证模型组成、分类及其关系的描述，通过结构化的管理功能，实现对装备需求论证模型体系的构建与管理。

（2）制定或修订模型需求指南。领域分析人员按照领域专家制定的模型体系框架，对模型进行合理的粒度划分，增加或修改模型需求指南。对新增或修改的模型项目，需要定义其功能，找出其领域特征，给出其设计视图、制定其接口规范，并对接相应标准进行模型复合匹配初始验证，具备模型的重复判断、基于标准化模板的功能定义、模型领域特征及模型接口规范的定义、模型参数量纲匹配等。

9.2.3　模型构建管理

模型构建管理是指对模型目录表中的模型进行编程实现（主要指计算机模型）。此项工作应主要由领域设计实现人员来完成。领域设计实现人员应由有经验的软件设计人员来担任。他们应熟悉软件设计方法；应熟悉软件重用和领域设计方法；应有一定的该领域经验，以便与领域分析人员进行交流。模型构建管理人员的任务包括以下3个方面：

（1）控制整个模型的设计过程。模型的开发是一个相对独立的软件功能模块的实现，其开发过程需要严格按照软件工程的开发要求或遵循军用软件开发标准，进行严格的模型设计流程控制，以便保障模型组件开发的质量。

（2）根据模型目录表中对模型功能的定义，采用合适的解决算法对模型进行功能实现。服务系统将提供统一的模型组件开发语言和开发平台，并协助领域设计实现人员完成模型调用视图的填写。

（3）对模型的准确性和一致性进行验证。模型的准确性是模型实现的根本要求，一个模型设计完成后，除需要领域设计实现人员自测试外，模型资源管理还将提供基础的模型接口调用及运行测试功能。

9.2.4　模型评审管理

模型评审管理是装备需求论证模型全寿命周期管理中的最后一个流程，负责对模型的基本管理功能。这部分工作主要由模型审核人员或称为专门的模型管理人员来完成，他们应具有充足的领域知识和熟悉整个装备需求论证模型体系。模型审核人员的工作任务包括以下 3 个方面：

（1）模型评审。模型评审方式为专家评审。专家评审就是组织领域专家，集中对新开发的模型进行评审，评审的重点包括模型是否符合装备需求论证模型体系建设的要求、模型是否已经存在、模型的建设单位是否专业对口、模型的实施视图是否正确、模型的可靠性与先进性更加先进、模型粒度与服务的建设需求相符合。

（2）模型版本管理。随着时间的推移，使用装备需求论证模型制作工具开发的模型数量将越来越多。在模型开发的初期，由于数量不多，版本也不复杂，因此模型开发的客户端不会感觉到模型管理方面的问题，但是随着模型数量和版本数量的增加，模型制作客户端必将会希望模型制作工具能够帮助完成模型的管理工作。装备需求论证模型管理实现的目的就是为模型开发用户提供一个基本的模型管理功能，包括模型的新增、修改、删除、查询和版本登记等操作。

（3）模型注册提交。装备需求论证模型开发完成后，用户需要将模型通过网络提交到模型管理系统中进行模型注册。模型注册的内容包括模型名称、模型编号、版本号、关键字、密级、所属军（兵）种专业、应用层次、适用范围和内容、所支持模拟应用类型、模型属性、建模语言抽象程度、模型描述形式、项目简介（模型功能）、简化假设、研制单位、负责人、研制者、审定人、上级主管单位、批准时间、模型登记时间、模型文件列表等。装备需求论证模型的注册采取二次注册允许多次修改的方式。系统对用户的每次修改进行权限审核，并且对每次修改的内容进行登记。

9.3　基本架构

采用 Web Service 技术，提出基于 Web Service 的装备需求论证模型管理总体架构。

9.3.1　Web Service 优势分析

SOA 作为一种面向服务的应用体系架构，任务业务功能都被作为一个服务来实现，通过服务之间定义的结构和合约实现不同应用程序功能的联系。Web Service 是实现 SOA 的最佳技术之一，通过提供一种高效、无缝的通信方式实现各种应用之间的联系，具有自适应、自描述、模块化的显著特征。一旦部署，其他应用程序就可以按照规则发现和调用该 Web Service。

Web Service 通过 HTTP 协议提供一组操作，并构建基于标准 XML 的消息传递机制，使用 WSDL（Web Service 描述语言）描述服务所需要的各种细节。同时，使用基于 XML 的数据传输格式，通过 SOAP（简单对象访问协议）进行网络服务访问，实现系统之间具有松耦合、跨平台和跨语言的显著优势。

Web Service 的体系架构如图 9-2 所示，包括服务注册中心、服务提供者和服务请求者 3 方，通过三方之间的交互实现服务的发布、查找和绑定。服务提供者向服务注册中心发布注册请求，服务注册中心将发布的服务注册到中心的一个目录上。当服务请求者需要调用该服务时，首先向服务注册中心发出服务查找请求，然后由服务注册中心返回查找的结果信息，接着服务请求者根据返回的查找结果，调用服务提供者提供的服务，从而实现服务请求者对服务的直接调用。

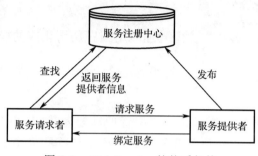

图 9-2　Web Service 的体系架构

9.3.2　架构设计

根据 Web Service 体系架构及其运行过程，结合装备需求论证模型的管理策略，可构建装备需求论证模型管理系统总体架构，如图 9-3 所示。

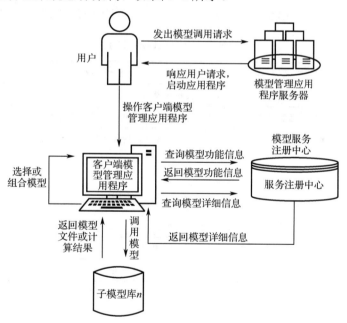

图 9-3　基于 Web Service 的装备需求论证模型管理系统总体架构

基于 Web Service 的装备需求论证模型管理过程包括 4 个步骤：

（1）请求调用模型。

用户根据模型应用需求向模型管理应用程序服务器发出模型调用请求，模型管理应用程序响应用户请求，并启动客户端模型管理应用程序。

（2）查询模型注册信息。

根据模型的特征信息，用户利用模型管理应用程序向服务注册中心查找相应的模型，并确定符合查询条件的模型集合。

（3）模型选择与组合。

用户根据模型的复杂程度，从符合条件的模型集合中选择模型或进行模型组合，形成满足用户需求的最终模型，并返回服务注册中心登记的模型访问路径、调用参数、传输协议和返回结果等信息。

（4）模型调用。

根据返回的模型信息，客户端模型管理应用程序调用相应的模型。

9.4 关键技术

以基于 Web Service 的装备需求论证模型管理框架为基础，着眼于实现装备需求论证模型的有序管理和高效利用，重点研究模型存储、模型选择和模型版本等方面的管理技术。

9.4.1 基于两级字典库的模型存储管理技术

根据模型的复杂程度，装备需求论证模型体系包括 3 个层次，即本体元模型、环节元模型、流程模型。不同层次的模型都可以参考本体元模型结构，提出模型的属性描述模板，包括模型名称、调用名称、模型代码、模型版本、模型类型、应用领域、模型功能、模型参数集合、模型开发者、模型开发时间、模型修改时间、模型审定时间等信息，其含义如表 9-1 所示。

表 9-1　模型模板属性的含义

序　号	名　　称	含　　义
1	模型名称	模型的名称，通常用中文短语表示
2	调用名称	模型的调用名称，通常采用英文字符串表示，符合匈牙利命名法要求
3	模型代码	模型的编码，在模型库中，模型代码应保持唯一，是检索和定位模型的唯一标识
4	模型版本	给出当前模型的版本信息，如 Ver1.0、Ver1.3
5	模型类型	模型的种类，包括本体元模型、环节元模型、流程模型实例 3 类
6	应用领域	模型的适用领域，与模型能够解决的领域问题密切相关，主要包括通用型、任务领域、能力领域、系统领域、技术领域、评估领域等
7	模型功能	对模型的功能进行比较详细的描述
8	输入参数集合	明确模型输入参数的个数和类型，并明确输入参数的取值要求
9	输出参数集合	明确模型输出参数的个数和类型，并明确输出参数的取值要求
10	模型开发者	给出装备需求论证模型的开发者信息
11	模型开发时间	给出装备需求论证模型的开发时间信息
12	模型修改时间	给出装备需求论证模型的修改时间信息
13	模型审定时间	给出装备需求论证模型的审定时间信息
	...	

为实现对装备需求论证模型的有效管理，应根据装备需求论证模型属性的层次，分为两级字典库，即将描述模型特征的相关属性信息作为一级字典库，而将描述模型特征属性取值范围的相关信息作为二级字典库，基本结构如图 9-4 所示。

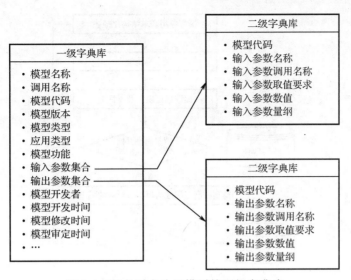

图 9-4 装备需求论证模型的两级字典库

由于模型输入参数、输出参数数量的不同，在一级字典库与二级字典库之间是 1:n 的映射关系，即当某模型的输入参数或输出参数有多个时，该模型在存储时，其对应 1 个一级字典库和多个二级字典库，每个二级字典库对应 1 个输入参数或输出参数。

9.4.2 基于搜索树的模型选择技术

（1）基本思路。

模型查询和模型组合是装备需求论证模型库系统的重要功能，如何根据应用需求从模型库中选择出合适的模型，是其面临的主要问题。在传统的模型管理过程中，通常采用人机交互的方式，由用户根据模型目录或通过模型属性信息匹配进行模型选择，具有较强的主观性，不利于模型的自动选择和自动组合。而在模型组合过程中，由于假定模型能够在一定的规则约束下按需求自动组合，用户的主观作用已无法发挥作用，更加强调模型的自动选择和自动组合。因此，在装备需求论证模型库系统中，应构建按需自主选择的模型选择技术，其基本思路如图 9-5 所示。

① 模型应用需求结构化描述。将模型的应用需求，采用结构化的方式进行描述。

② 确定模型类别。从模型需求中，确定模型的类别信息，如通用型、专用型等。

③ 提取模型属性及属性值。从结构化的模型需求中，提炼出模型的属性及属性值，分别建立模型属性集合和模型属性值集合。在构建模型属性和属性值集合时，应保持属性的顺序与要求的顺序一致，以便于基于搜索树进行遍历查找。

④ 搜索属性并比较属性匹配度。根据模型需求信息，从一级字典库中按照与属性的匹配程度选择相匹配的模型集合，进而得到匹配度较高的模型及对应的模型编号。

⑤ 搜索确定最终模型。以已经得到的模型集合为基础，根据模型需求中明确的属性取值，从二级字典库中，匹配选择取值最接近的模型，并输出模型和模型编号。通常，匹配程度最好的模型将作为模型选择的最终结果。

一旦模型选择结果确定，一方面可以利用模型库系统的模型显示功能，将已确定的模型及相关信息显示给用户；另一方面，可以按照模型组合的相关要求，作为模型组合的基本组件。

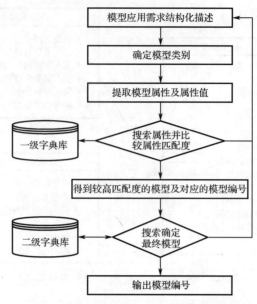

图 9-5　基于搜索树的模型选择基本思路

（2）搜索树的构建。

构建搜索树是模型选择的关键，即根据模型的分类特征和属性及模型属性的取值信息分别构建搜索树。

① 一级字典搜索树。根据一级字典中的模型分类信息，构建模型的搜索树，如图 9-6 所示。

② 二级字典搜索树。根据模型属性及其取值情况，如输入参数和输出参数及其取值情况，构建二级字典搜索树，如图 9-7 所示。

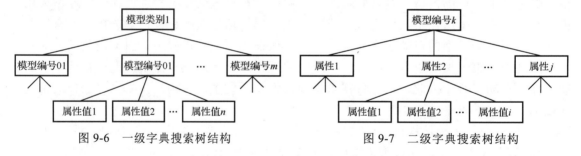

图 9-6　一级字典搜索树结构　　　　图 9-7　二级字典搜索树结构

（3）属性匹配算法。

模型属性及属性值的匹配采用基于灰关联的匹配方法，通过比较模型需求与模型属性之间的相似度，并根据匹配相似度的高低，确定最接近模型需求的模型，作为模型选择的最终结果。通常，匹配程度越高，模型被选中的概率就越高。具体过程略。

9.4.3　版本管理技术

装备需求论证模型的进化受建模人员的认知水平、装备需求论证业务的成熟程度、建模技术和应用需求的制约。通常，随着人们认知水平的提高，装备需求论证业务水平的不断成熟，模型的逼真度、可信度会逐渐提高，直到能够完全满足建模对象的功能要求为止。建模技术是影响模型稳定的重要因素，由于当前信息技术的发展非常迅速，技术的更新换代更加常见，原来采用即有技术体制构建的装备需求论证模型可能已经不能在新的技术体制中得以应用，要求按照新的技术体制重新构建模型。同时，装备需求论证应用的多样化特征使装备需求论证模型会随着应用需求的变化不断调整模型的功能和结构。因此，在装备需求论证模型管理方面，应建立版本管理机制，记录模型的更改和变化情况，追踪模型的更改和变化历程，满足多种形态的模型管理要求。

1. 版本管理机制

模型版本管理应以基型模型为基础，通过保存不同进化需求的模型，最终形成能够管理模型更改和变化历程的模型管理机制。通常，基型模型是指经过审定首次入库的装备需求论证模型，是后续模型发展进化的基础。当前，根据模型库中模型的发展情况，后续也可以将新的模型作为基型模型；此时，版本低于当前基型模型的同类模型应从模型库中删除。图9-8给出了装备需求论证基型模型与模型版本的关系。

2. 基于标记的模型版本管理方法

在装备需求论证模型管理过程中，随着版本数量的不断增加，准确识别版本差异显得越来越困难，亟须丰富版本的描述信息，帮助用户在不打开模型的情况下能够快速地了解版本的基本信息及其与基型模型之间的关系。为此，可以采用给模型版本增加特征标记信息的方式，增强模型版本信息的描述能力。于是，在装备需求论证模型版本管理中，提出基于标记的模型版本管理方法。

基于标记的模型版本管理方法的关键包括两部分内容：一是模型版本标记结构的设计；二是基于标记的模型版本管理过程设计。

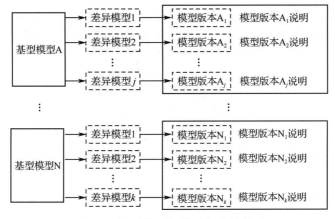

图9-8 基型模型与模型版本的关系

（1）模型版本标记结构设计。

模型版本标记采用面向对象的知识描述方法，即将模型的版本信息作为一个对象，封装能够表征模型版本特征信息的相关属性、模型演进情况及与基型模型的差异等信息。因此，可将面向对象的模型版本结构定义为如图9-9所示的结构。模型版本结构中各属性的含义如表9-2所示。

版本标记对象	
版本对象ID	版本号
基型模型编号	当前模型编号
提交者	前版本
后版本	版本概况

图9-9 面向对象的模型版本结构

表 9-2　模型版本结构中各属性的含义

序　号	属 性 名 称	属 性 含 义
1	版本对象 ID	版本对象的唯一标识
2	版本号	标识对象的版本，通常采用数字型编码表示，能够唯一确定某个对象的版本数据
3	当前模型编号	标识当前版本的模型编号，是将模型版本信息与模型关联起来的唯一信息
4	基型模型编号	标识当前版本模型对应的基型模型的编号，便于比较当前模型与基型模型之间的差异
5	提交者	标识当前版本信息的提交人员
6	前版本	明确前一版本的版本号
7	后版本	明确后一版本的版本号
8	版本概况	简要概述该版本模型的基本情况及与基型模型之间的差异情况，还包括该版本模型提出的基本构想和技术应用情况等信息

（2）管理过程设计。

以模型版本标记为依据，从版本添加、版本删除、版本修改和版本追溯 4 个方面设计提出模型版本管理的基本方案。

① 版本添加。版本添加是指根据装备需求论证模型的演化情况，为最新版本的模型创建版本对象，并将之存储在版本数据库中，其基本过程如图 9-10 所示。首先，根据模型版本结构，创建一个版本数据结构，并设置版本对象 ID、版本号、当前模型编号、基型模型编号、提交者、前版本、后版本、版本概况等信息。其次，从当前版本索引区中查找该对象标识，判断该对象标识是否存在，若存在，则一直向后查找，直到最新的历史版本为止，并将该对象标识添加到最新的历史版本之后，同时设置两者之间的关系；若不存在，说明是新建对象版本，则直接将该对象标识添加到版本信息数据库。

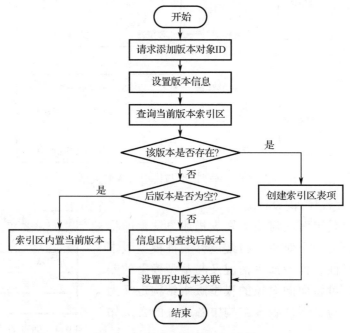

图 9-10　版本对象的添加过程

② 版本删除。版本删除是指将版本数据库中已经存在的版本对象删除，其基本过程如图 9-11 所示。首先，根据删除请求中明确的版本对象 ID，从当前版本索引区中查找；其次，将查找到的版本对象与当前版本对象比较，删除当前版本对象，并重新设置前、后历史版本的关联关系。

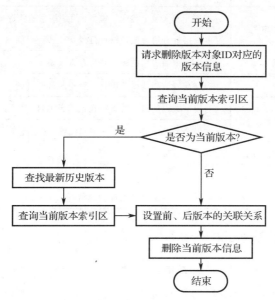

图 9-11　版本对象的删除过程

③ 版本修改。版本修改包括两种情况：一是保留修改前的版本，并将修改后的版本作为新的版本对象存入版本信息数据库；二是替换修改，即用修改后的版本对象替换原来的版本对象。

④ 版本追溯。版本追溯包括正向追溯和逆向追溯两种。前者是根据历史版本之间关联关系形成的关系链，由基型模型对应的版本对象沿着模型的演化顺序，依次追溯后续的历史版本。后者是由较新的历史版本对象向前追溯较旧的历史版本对象。

9.5　管理系统

9.5.1　功能组成

模型管理平台主要由模型体系结构管理、模型建设（模型项目申报、过程监理、模型审查、注册入库等）、模型申请、模型维护管理、系统管理、模型查询统计等模块组成。模块的组成与功能说明如表 9-3 所示。

表 9-3　模型管理平台模块的组成与功能说明

序　号	模 块 组 成	功 能 说 明
1	模型体系结构管理	按照装备需求论证模型体系框架和模型分类标准建立模型体系树状结构
2	模型建设—模型项目申报	填写《装备需求论证模型立项论证报告》并提交

序　号	模　块　组　成	功　能　说　明
3	模型建设—过程监理	显示模型建设过程的阶段、节点等信息，实现过程事件记录；以甘特图、统计报表等过程监控工具，可实现工作提醒
4	模型建设—模型审查	模型开发人员上传送审模型，组织模型验收评审人员对送审模型进行评审，设置审查指标分值分配，统计打分均值和评审结论
5	模型建设—注册入库	验收评审通过后的模型项目存入模型库
6	模型申请	提交在线或离线服务申请，获得服务验证码
7	模型维护管理	对模型数据的维护管理，包括基于项目的导出、数据备份等功能
8	系统管理	实现全系统的编码规则、编码配置、规则管理、节点管理、模型类型、日志审计、人员管理、角色管理等
9	模型查询统计	可按照模型的基本信息、要求、描述内容、能力说明、要素信息进行查询，并可对模型的信息与分类提供多角度统计

9.5.2　模型体系结构管理

平台将按照装备需求论证模型体系框架和模型分类，建立模型体系树状结构。

模型体系的树状结构上，用户可以图形化方式插入结点、删除结点和改变结点关系的操作，也可采用列表形式，由用户新增、修改或删除模型体系结构树上的数据。模型体系结构管理模块功能划分如表 9-4 所示。

表 9-4　模型体系结构管理模块功能划分

一　级　功　能	二　级　功　能	三　级　功　能
模型体系结构管理	模型体系结构数据库的创建	
	树状结构方式管理模型体系结构	新增结点，建立正确上下级结点关系，自动生成编码
		编辑结点，建立正确上下级结点关系
		删除结点，建立正确上下级结点关系

模型体系结构管理主要分为模型体系结构浏览和模型编辑两部分。具有浏览权限的用户仅可以浏览模型体系结构树和模型信息列表，而不能对模型体系结构树和模型信息进行修改；系统管理员不仅可浏览模型体系结构树和模型列表，还可编辑模型体系结构树和模型。如图 9-12 所示为模型体系结构管理功能界面，其中，左侧为模型体系结构树，按照层次关系将各类模型有机组织起来；右侧为模型信息列表，描述了选定模型的基本信息。

9.5.3　模型建设管理

模型建设管理以项目管理模式，通过流程驱动实现模型管理服务全过程的信息化支撑。模型建设管理的步骤包括模型项目申报、进程监理、模型审查、注册入库 4 个部分，如表 9-5 所示。由于篇幅关系，此处不对功能展开说明。

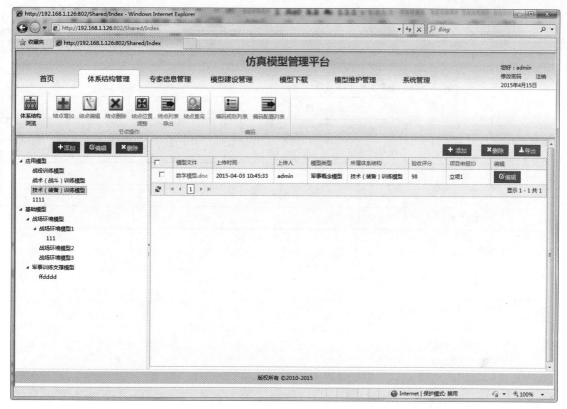

图 9-12 模型体系结构管理界面

表 9-5 模型建设管理模块功能划分

一 级 功 能	二 级 功 能	三 级 功 能
模型建设	项目申报	项目申报模板下载
		项目申报导入申请单
		项目申报添加
		项目申报编辑
		项目申报删除
		项目申报以 word 格式导出
		项目申报导出列表
		项目申报添加节点
		项目申报查询和统计
	项目申报	项目申报列表的打印
		项目申报审核
	进程监理	显示与保存模型项目的基本信息包括事件内容、计划开始时间、计划结束时间、备注
	模型审查	模型的添加
		模型的编辑
		模型的删除
		模型输入参数的添加、删除、修改

续表

一 级 功 能	二 级 功 能	三 级 功 能
模型建设	模型审查	模型输出参数的添加、删除、修改
		模型文件在线浏览
		模型审查记录查询和导出
		模型的打分
		模型的审核
	注册入库	模型注册入库
		模型查询
		模型导出

装备需求论证柔性系统作为辅助开展装备需求论证业务的计算机系统，能够为规范装备需求论证行为、提高装备需求论证质量、提升装备需求论证效益提供有力保障。同时，通过构建装备需求论证柔性系统，也可以进一步检验装备需求论证柔性系统柔性设计理论与方法的有效性。

第 **10** 章 装备需求论证柔性系统实现

10.1 系统总体设计

10.1.1 功能设计

对装备需求论证部门而言，其根本职能是根据世界安全形势的动态变化和军队发展规律的动态演变，及时、科学、准确地提出未来武器装备的发展需求与现有武器装备的调整优化建议，为装备发展建设部门提供有力的决策支持，进而保障武器装备的科学、有序发展。

从用户角度看，装备需求论证柔性系统的直接用户是装备需求论证部门及其论证人员，是进行装备需求论证任务的具体实施人，是装备需求论证柔性系统功能需求分析的主要对象之一，其应用需求无疑是装备需求论证柔性系统功能设计的主要依据。装备发展建设部门是实施装备需求论证任务研究的主体，指导装备需求论证机构有针对性地开展论证研究工作，是装备需求论证柔性系统的间接用户，对于装备需求论证柔性系统的总体功能用途具有方向性的战略影响，也是装备需求论证柔性系统功能设计的主要依据。

从领域角度看，装备需求论证领域范围的不断拓展、装备需求论证理论的不断完善、装备需求论证方法的推陈出新，以及装备需求论证组织实施模式的调整优化，对于构建装备需求论证柔性系统提出了更高的要求，要求装备需求论证柔性系统不仅能够满足当前的装备需求论证功能需求，还应着眼于未来领域发展需要有针对性地进行功能的预先设计。

从技术角度看，随着信息系统和网络技术的广泛应用，依托网络化的信息系统开展多个装备需求论证部门、多个研究类型、多个活动层次的装备需求论证联合协同成为可能，利用信息系统开展领域分析、流程设计、角色管理和信息资源访问成为现代信息系统的标配（基本）模块，其丰富的界面功能和灵活的接口访问方式，为提高装备需求论证人员的工作效率提供了基础支撑。

通过对用户、领域、技术等方面功能需求的综合分析，可以将装备需求论证柔性系统的主要功能归纳为以下 5 个方面。

（1）丰富、完善的装备需求论证业务研究功能。装备需求论证柔性系统构建的根本目的是采用信息技术和软件工程技术，构建由业务模型驱动的装备需求论证辅助系统，实现定性方法、定量方法、信息资源和人的智慧的有机结合，形成计算机支持下的、以数据为中心的装备需求论证模式，改变原有的以人为中心的、计算机辅助计算和生成文档的装备需求论证模式，提高装备需求论证的科学化、定量化和高效化水平。因此，装备需求论证柔性系统的首要功能是满足装备需求论证在需求分析、需求建模、需求评估、需求验证等方面的功能要求，为装备需求论证人员提供基本的需求论证功能。

（2）灵活的装备需求论证流程个性化定制功能。流程设计是装备需求论证组织实施的依据，也是优化装备需求论证软硬件资源配置的重要方法。随着装备需求论证需求的多样化和差异化，允许装备需求论证实施部门根据项目研究需求灵活设计工作流程，允许装备需求论证人员根据装备需求论证功能灵活选择论证方法，成为增强装备需求论证柔性系统灵活性和适应性的重要途径。因此，装备需求论证柔性系统应具备允许装备需求论证部门灵活进行流程设计并合理选择论证方法的功能。

（3）多层次、多方式的装备需求论证资源服务功能。巧妇难为无米之炊，丰富、完善的装备需求论证资源恰如做饭的大米,包括装备需求论证相关的理论、方法、法规、标准、领域知识和论证成果等,是进行需求分析、对比、评估等研究工作的基础。离开了装备需求论证资源的支持,装备需求论证实践将面临"无法下手"的尴尬局面。因此,装备需求论证柔性系统应具备丰富的结构化、半结构化信息资源,并能够满足多个层次的信息资源应用需求,保证装备需求论证人员能够及时、准确、便捷地获取到有用的论证资源。

(4)全要素、全寿命周期的装备需求管理功能。不同论证主体研究内容的一致性、不同论证环节数据的一致性、不同论证阶段数据的一致性,是进行装备需求论证方案管理的基本目标,也是确保装备需求论证活动有序开展和成果质量的关键措施。因此,装备需求论证柔性系统应针对装备需求的关键要素管理需求,从装备需求论证全寿命周期出发,研究各个阶段、各类环节之间的数据管理需求和管理方式,提高全要素、全寿命周期的装备需求数据管理功能,以保证装备需求论证数据的一致性。

(5)多层次角色权限管理功能。层次分明、职责明确的角色权限管理是多组织部门参与的装备需求联合论证管理的重要方面,也是有效组织和监控装备需求论证组织实施过程的有效方法。装备需求论证部门或个人按照预先设定的用户权限开展相应的装备需求论证任务,明确了不同论证部门或个人的任务界面,有利于装备需求论证部门或个人集中精力围绕主体核心问题高效开展工作。因此,装备需求论证柔性系统应设计层次分明的角色权限管理功能,并以装备需求论证流程设计为依据,实现装备需求论证业务活动的有效管理。

10.1.2 流程设计

系统流程设计是对装备需求论证柔性系统使用流程的宏观设计,以指导装备需求论证人员正确使用系统的相关功能。装备需求论证柔性系统流程如图10-1所示。

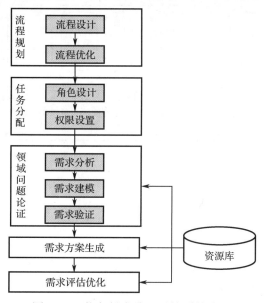

图 10-1 装备需求论证柔性系统流程

(1)流程规划。装备需求论证组织实施部门依据装备需求论证任务分解情况,采用装备需求论证柔性系统的流程编辑工具,设计装备需求论证组织实施流程;并采用系统提供的流程优化方法,尽可能减少流程之间的反馈信息,降低装备需求论证协同的复杂性。

（2）任务分配。根据装备需求论证任务分解情况和组织实施流程，综合考虑各军兵种装备需求论证部门的论证优势，按流程环节选择确定合适的装备需求论证角色组成。同时，设计各装备需求论证角色的环节访问权限，明确装备需求论证角色的研究内容和工作界面。

（3）领域问题论证。装备需求论证部门按照角色权限访问相应的环节功能模块，并按照问题的研究方法，进行装备需求的分析、建模与验证等研究，明确提出赋予本角色论证任务的结论与数据。

（4）需求方案生成。根据各装备需求论证角色的论证结论，提出装备需求论证方案。

（5）需求评估优化。利用系统提供的装备需求评估功能进行装备需求方案的综合评估，明确不同需求方案的优劣排序，并给出不同需求方案的调整优化建议。

10.1.3　结构设计

要实现装备需求论证柔性系统的柔性设计目标，需要相应的方法和工具实现面向不同应用模式的流程柔性构建和信息资源的柔性服务支持。因此，本章构建了包括应用层、功能层、模型层和技术层的装备需求论证柔性系统体系结构框架，如图 10-2 所示。

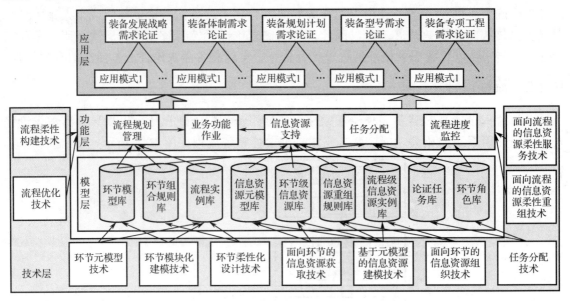

图 10-2　装备需求论证柔性系统体系结构框架

应用层定义了装备需求论证柔性系统可能解决的论证问题，包括各种不同应用模式的装备需求论证任务。功能层主要围绕实现应用层的不同应用需求实现装备需求论证业务流程及其相应功能，包括流程规划管理、业务功能作业、信息资源支持、任务分配和流程进度监控等，这些功能以模型层的各类可重用的模型资源为基础组合形成。模型层是实现装备需求论证柔性系统柔性的基础元件，包括环节模型库、环节组合规则库、流程实例库、信息资源元模型库、环节级信息资源库、信息资源重组规则库、流程级信息资源库、论证任务库、论证角色库等。技术层主要介绍了支持装备需求论证柔性系统柔性设计的关键技术，包括支持模型层建模的环节元模型技术、环节模块化建模技术、环节柔性化技术、面向环节的信息资源获取技术、基于元模型的信息资源建模技术、面向环节的信息资源组织技术，以及面向功能层的流程柔性构建技术、流程优化技术，面向流程的信息资源柔性重组技术和面向流程的信息资源柔性服务技术等。

10.1.4 接口设计

装备需求论证柔性系统各子系统之间的接口交互如图 10-3 所示，交互内容如表 10-1 所示。

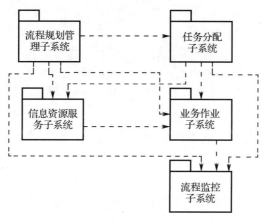

图 10-3　装备需求论证柔性系统内部数据交互

表 10-1　装备需求论证柔性系统内部数据交互矩阵

输　　入	输　　出				
	流程规划管理 子系统	任务分配 子系统	业务作业 子系统	信息资源服务 子系统	流程监控 子系统
流程规划管理 子系统		论证流程及其组成 环节的功能、关系	论证流程及其 组成环节的功能、 关系	论证流程及其 组成环节的功能、 关系	论证流程及其 组成环节的功能、 关系
任务分配 子系统			环节-机构-权 限关联矩阵	环节-机构- 限关联矩阵	环节-机构-权 限关联矩阵
业务作业 子系统					不同机构完成 不同环节任务的 进度情况
信息资源服务 子系统			面向流程或面 向环节的信息资 源推送信息		
流程监控 子系统					

10.2　流程规划管理子系统

流程规划管理子系统主要负责装备需求论证环节模型维护、流程设计与流程优化 3 项功能，为装备需求论证组织实施部门维护流程环节模型并开展流程设计提供工具支撑。

10.2.1 环节模型维护工具

装备需求论证组织实施部门通过环节模型维护工具实现对装备需求论证环节属性及符号的增加、修改等编辑功能，其基本结构如图10-4所示。

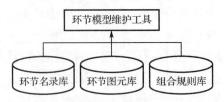

图 10-4 环节模型维护工具结构

（1）环节名录库。环节名录库存储装备需求论证环节及其描述信息，包括装备需求论证环节的名称、标识、功能、约束条件、方法、输入、输出等内容。除"标识"属性外，其他属性多采用描述性的数据类型。

（2）环节图元库。环节图元库存储装备需求论证环节的图元符号，包括装备需求论证环节名称、标识、图元符号等信息。在流程设计时，系统可以辅助用户设计更加个性化的环节图元符号，并替换到环节图元库中。

（3）组合规则库。组合规则库存储与装备需求论证环节匹配的相关规则，包括接口匹配规则和流程组成规则两类。采用产生式的规则描述方法，将环节组合规则描述为结构化的规则库。

10.2.2 流程设计工具

流程设计工具是装备需求论证组织实施部门规划装备需求论证流程的软件模块，它基于 Microsoft Visio2007 软件进行二次开发，实现了装备需求论证环节的拖拽选择和流程的动态构建，功能界面如图10-5所示。

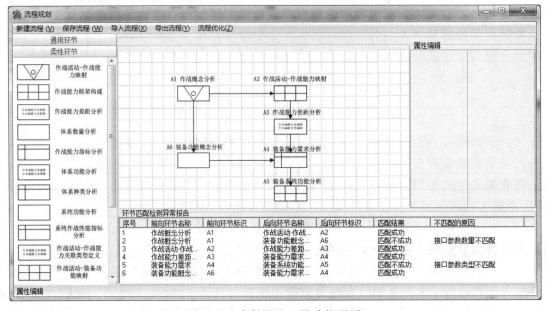

图 10-5 流程设计工具功能界面

（1）基于 Visio 软件框架，构建装备需求论证环节图元管理功能。以 Microsoft Visio2007 软件框架为基础，通过对 Microsoft Visio2007 VBA 函数的二次开发，将装备需求论证环节图元放置在左侧的形状选取模块中。同时，按照环节是否具有柔性，将相应的环节图元分为通用环节和柔性环节两部分进行管理，以便于装备需求论证人员的选择使用。

（2）基于 Visio 软件框架，实现流程绘制功能。以 Microsoft Visio2007 中图形元素的连接方式和连线设置为基础，构建装备需求论证流程环节的连接关系，保证了流程绘制中图元之间的可连接性，并且最大程度地符合人们的使用习惯。

（3）流程环节自动检测功能。流程环节拖拽操作时，将环节图元的顶部和左部连接部位定义为环节的输入接口，将环节图元的底部和右部连接部位定义为环节的输出接口。在环节组合时，根据环节图元之间的连线关系自动确定两个环节的匹配关系，并根据环节组合算法判断环节匹配关系成功与否，并将匹配信息显示在环节匹配检测报告中。

（4）环节图元属性的实时修改功能。构建流程时，装备需求论证人员可以根据项目需求和本部门领域知识，修改相应图元的名称、编号及尺寸信息。

10.2.3　流程优化工具

流程优化工具是辅助装备需求论证人员进行流程优化的功能模块。当论证流程环节较多，环节交互关系相对比较复杂时，通过人的直观分析通常难以有效优化流程过程，需要借助于流程优化工具构建 DSM 矩阵进行流程优化。流程优化工具的主要功能包括 DSM 矩阵构建、流程优化和流程重绘 3 项功能。首先，DSM 矩阵构建中采用二维表格构建装备需求论证流程的 DSM 矩阵，如图 10-6 所示。其次，采用后台流程优化算法，优化矩阵流程，尽可能减少流程之间的反馈关系。最后，依据优化结果，在流程编辑工具中重新绘制已经优化的流程模型。

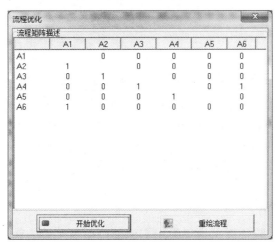

图 10-6　装备需求论证流程的 DSM 矩阵

10.3　任务分配子系统

任务分配子系统主要依据规划好的装备需求论证流程，选择确定能够胜任论证任务的装备需求论证部门和个人，并为其赋予相应的系统操作权限，主要包括角色设计和权限设计两项功能。

10.3.1　角色设计工具

角色设计工具主要为装备需求论证组织实施部门提供任务分配的功能。通过构建环节与组织矩阵，明确参与任务的装备需求论证组织组成及其主要任务，并通过设定环节与组织机器地址的关系构建各组织参与系统研究的物理连接，为依托系统开展联合协同论证奠定基础。角色设计工具如图10-7所示。

图10-7　角色设计工具

角色设计工具提供合约建立和合约解除两项功能。合约建立功能，实现装备需求论证环节与装备需求论证组织的关联，并将相应的关联信息存储到数据库中。合约解除功能，解除已经建立的装备需求论证环节与组织的合约关系。在角色设计中，为了便于装备需求论证组织独立、高效地开展工作，通常每个论证环节仅可赋给一个装备需求论证组织；而一个装备需求论证组织却可以承担多个论证环节的任务。

10.3.2　权限设计工具

权限设计工具主要为装备需求论证组织实施部门提供有效的任务访问权限功能。通常，可将装备需求论证组织的权限分为项目组长、子流程管理员、组员和数据管理员4类。

（1）项目组长：一般由装备需求论证组织实施部门或其代理人担任，负责项目的流程设计、任务分配，以及对项目全过程的管理和监督任务。

（2）子流程管理员：负责由多个环节组成的某个流程的管理任务，用于协调子流程中各环节论证人员的研究进度、信息需求等，并负责子流程的整体研究进度、质量和效益。

（3）组员：负责装备需求论证环节论证任务的组织或人员。任意参与装备需求论证环节研究工作的组织或个人均享有组员权限。

（4）数据管理员：对装备需求论证全过程提供技术支撑和数据维护支持，协助项目组长完成装备需求论证任务。其权限与项目组长基本相同，但是对某些关键内容的操作，应受到一定限制，如流程规划、需求方案生成等。

10.4 业务作业子系统

10.4.1 系统结构

业务作业子系统是完成装备需求论证领域问题研究的业务系统，主要实现需求分析、需求建模、需求评估等功能。业务作业子系统是装备需求论证柔性系统的核心业务系统，其系统结构如图 10-8 所示，包括功能层、支撑层两部分。

其中，支撑层包括基础支撑、应用支撑和数据支撑，基础支撑以系统集成应用的商用软件为主，应用支撑是在商用软件数据库和自行设计的模型基础上，通过集成开发形成的专用构件，数据支撑主要包括核心数据模型和外部资源数据，为武器装备需求开发工具提供数据支撑；功能层直接面向用户，是用户直接使用的软件模块，要求界面友好。

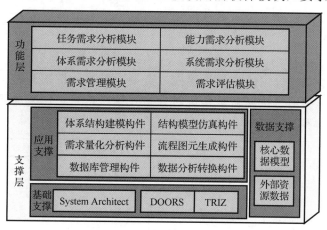

图 10-8　业务作业子系统结构

10.4.2 实现方法

在装备需求论证领域，部分商用软件（如 System Architect、DOORS、Raphsody 等软件）已经在装备需求论证实践中得到了广泛的应用，并探索出一系列成功的应用经验。因此，业务作业子系统实现时，应采用"集成+开发"的系统模式，即采取"领域功能定制开发，通用功能系统集成"的系统构建策略。首先，基于 HLA/RTI，构建了分布式装备需求论证业务作业子系统。其次，集成商用成熟通用功能模块（如 System Architect 的需求建模功能、DOORS 的需求管理功能、TRIZ 的冲突分析功能等），快速完成装备需求论证业务作业子系统研制，主要特点如下：

（1）软件功能按照装备需求论证的逻辑流程设置，使得软件的数据流程符合当前装备需求论证的业务流程。

（2）软件的需求开发功能包括领域功能模块和通用功能模块两类。领域功能模块主要围绕业务流程，开发实现支撑武器装备体系需求开发的信息支持模型、映射模型、评估模型、验证模型等；通用功能模型主要是根据武器装备体系需求开发的需要，集成需求建模工具 System Architect 和发明问题解决理论工具 TRIZ，前者用于构建使命任务分析、能力需求分析、需求方案分析中分解模型、流程模型和部分映射模型，后者用于武器装备体系性能指标与技术水平的冲突消解分析。同时，基于 System Architect 体系结构数据库和 SQL Server2005 数据库，实现模型之间的数据交换，保证系统功能的完整性和需求开发的一致性。

（3）软件的需求管理功能集成需求管理工具 DOORS，通过需求模型实体与需求条目的关联，建立需求模型与需求条目之间的跟踪关系，实现需求开发全过程的需求变更管理。

10.5　信息资源服务子系统

随着装备需求论证对象复杂程度的不断提高和装备需求论证要素的逐渐增多，装备需求论证人员对装备需求论证信息资源的需求范围越来越广，需求内容的准确度也越来越高。为了实现对装备需求论证过程涉及的相关领域知识的有效管理和共享使用，设计开发了信息资源服务子系统。

10.5.1　结构设计

信息资源服务子系统提供信息资源建模、查询、维护、请求与推送等功能，并通过信息资源集中服务引擎和信息资源目录实现对分布式领域信息资源库的访问。信息资源服务子系统结构如图 10-9 所示。

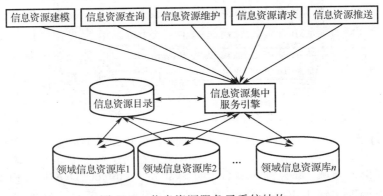

图 10-9　信息资源服务子系统结构

信息资源服务子系统通过信息资源建模、查询、维护、请求和推送服务实现对装备需求论证信息资源的有效管理和访问控制，并提供对装备需求论证研究的信息资源支持。其中，信息资源建模提供以信息资源元模型为基础的装备需求论证信息资源描述功能，是新增信息资源类别和信息资源实例的主要途径。信息资源查询通过集中式信息资源目录的方位，查找分布式信息资源库中的相关信息资源。信息资源维护提供对装备需求论证信息资源目录及其分布式信息资源的更新操作。信息资源请求提供按用户信息资源请求显示信息资源内容的功能，包括按信息资源属性的关键词查询方式和基于案例推理的信息资源匹配方式，目的是根据用户信息资源需求提供尽可能准确的信息资源数据。信息资源推送提供根据论证环节推送相关信息资源的功能，它以论证环节的信息资源需求为依据，通过对分布式数据库相关信息资源的整合分析，并按照信息资源内容与论证环节信息资源需求相关度的高低，主动向承担相应论证环节任务的用户推送相关信息资源数据。信息资源集中服务引擎主要负责对信息资源建模、信息资源查询、信息资源维护、信息资源请求和信息资源推送等模块数据请求的统一处理，直接面向信息资源数据库，并将符合用户特征的信息资源传递给用户。

10.5.2　实现方法

信息资源建模、查询、维护是面向信息资源管理者的功能，而信息资源请求与信息资源推送是面向论证用户的功能，这两类功能的实现方法有所不同。

（1）面向管理者的信息资源管理功能实现。集成信息资源建模、信息资源查询、信息资源维护 3 项功能，采用 B/S 或 C/S 模式实现对装备需求论证信息资源目录及其分布式信息资源的增加、查询及维护功能。

（2）面向使用者的信息资源服务功能实现。为了方便装备需求论证人员对信息资源的获取，包括信息资源请求和信息资源推送的信息资源服务功能，应集成在装备需求论证业务作业子系统，以便用户更加直接地访问和浏览相关信息资源。如图 10-10 所示为信息资源推送功能界面。

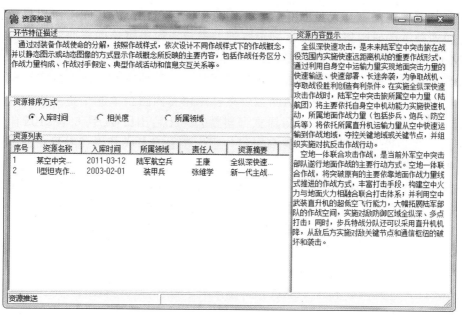

图 10-10　信息资源推送功能界面

10.6　流程监控子系统

流程监控子系统主要为装备需求论证组织实施部门提供项目研究进度显示功能，如

图 10-11 所示。

图中状态显示为绿色，表明环节任务已正式启动；状态显示为蓝色，表明环节任务已经完成，并将研究成果提交给系统数据库；状态显示为黄色，表明环节任务在开始时间后还未正式启动；状态显示为红色，表明环节任务逾期未完成。通过对流程环节任务的动态监控，有利于装备需求论证组织实施部门了解任务研究的整体情况。

图 10-11 进度监控显示

第 11 章 装备需求论证柔性系统应用情况

以某装甲突击系统需求论证为例，以装备需求论证柔性系统原型软件为支撑，通过构建面向某装甲突击系统的装备体系需求论证流程、面向型号的需求论证流程，评估装备需求论证环节模块、组合算法和软件系统功能满足任务要求的情况，检验装备需求论证柔性系统的柔性程度，进而验证装备需求论证柔性系统柔性设计理论与方法的可行性与有效性。

11.1 研究背景

11.1.1 论证内容

随着信息技术的不断发展，武器装备网络化、一体化发展趋势明显，要素融合、行动联合、效能聚合成为现代战争的基本特征。为适应现代战争发展要求，着眼于完成作战任务提升武器装备作战效能，成为当前各军兵种装备发展的重要抓手。以坦克为主体的装甲突击系统作为陆军地面突击的主体力量，自第二次世界大战以来，始终占据着陆军地面突击作战的核心地位。但是，随着信息技术和作战理念的不断发展，现代联合作战对装甲突击系统中各种类型武器装备的作战运用方式提出了新的要求，需要以现代战争作战需求为牵引，研究新的历史条件下陆军装甲突击系统的作战需求，进而提出其作战能力要求和主要作战性能指标，为改进和提升装甲突击系统提供依据。

某装甲突击系统包括突击装备（坦克、步兵战车、装甲输送车）、侦察装备（多功能装甲侦察车）、指挥通信装备（装甲指挥车、综合通信车）、保障装备（装甲抢救车、装甲抢修车、维修工程车、补给车）等。根据某装甲突击系统的组成可知，既需要对该装甲突击系统进行整体需求论证，也需要对该装甲突击系统中的任一装备型号进行需求论证。其中，该装甲突击系统整体需求论证是一种装备体系需求论证，重点是提出该装甲突击系统的功能需求及其装备种类与数量需求；装备型号需求论证的重点是提出装备型号的作战性能指标需求方案。

根据 3.5 节所述的基于能力的装备需求论证的内容可知，在装甲突击系统需求论证中，不管是装备体系需求论证，还是装备型号需求论证，其论证内容都包括作战概念分析、作战任务需求分析、作战能力需求分析、装备系统需求分析（包括体系需求和型号需求两种）4 个方面。

11.1.2 论证思路

体系化是现代武器装备发展的主要特征，也是装甲突击系统需求论证必然要考虑的重要条件。为此，在进行装甲突击系统需求论证时，按照先体系需求论证再型号需求论证的原则，首先，从装备体系需求论证的角度，设计提出装甲突击系统的论证目标、流程和相关要求；其次，从装备型号需求论证的角度，在装甲突击系统需求范围内，进一步创新各类装备型号的作战运用概念与运用方式，进而提出各类装备型号的需求论证目标、流程和相关要求。

装备体系需求论证与装备型号需求论证存在较大差异。一方面，装备体系需求涵盖装备型号需求，是装备型号需求论证的依据和边界条件，装备型号需求应满足装备体系需求的要求。另一方面，装备型号需求论证是装备体系需求论证的深化和细化，它以装备体系需求论证中的作战任务需求、作战能力需求、体系功能需求为牵引，进一步细化装备型号的作战运用概念和运用过程，进而提出装备型号的作战任务需求、作战能力需求和作战性能指标需求。与装备体系需求论证相比，装备型号需求论证的对象比较单一、内容相对集中、模型粒度更细。

11.1.3　总体方案

由于装甲突击系统的装备种类较多，在装备需求论证时往往需要分解成多个论证小组分工协作，共同完成所有论证工作。在这些论证工作中，既包含装备体系需求论证，也包括装备型号需求论证，并且不同的装备型号需求论证机构可能采用不同的装备需求论证流程。因此，在装甲突击系统需求论证时，提出"1+X"的论证总体方案，即依托装备需求论证柔性系统原型软件，提出 1 种装备体系需求论证流程，并按照流程重组原型软件的功能组成和功能流程，用于辅助装甲突击系统体系层次的需求论证；根据装甲突击系统装备种类的不同，提出 X 种装备型号需求论证流程，并按照流程重组原型软件的功能组成和功能流程，用于支撑各类装备型号的需求论证。

在该实例中，取 X=2，即两种装备型号需求论证流程，一种为面向坦克的装备型号需求论证流程，另一种为面向装甲指挥车的装备型号需求论证流程。

11.2　典型流程规划

按照装备需求论证柔性系统的流程，首先进行装甲突击系统体系层次和型号层次的论证流程规划。

11.2.1　面向装甲突击系统需求论证流程规划

根据装甲突击系统需求论证的目标与内容，利用装备需求论证柔性系统原型软件，给出面向装甲突击系统的需求论证流程，如图 11-1 所示，包括作战使命分析、作战概念分析、作战活动分析、作战任务清单生成、作战能力指标体系构建、作战能力指标分析、体系种类分析、体系数量分析、装备需求方案生成 9 个环节，可以论证提出装甲突击系统的作战任务需求、作战能力需求和装备体系种类数量需求。

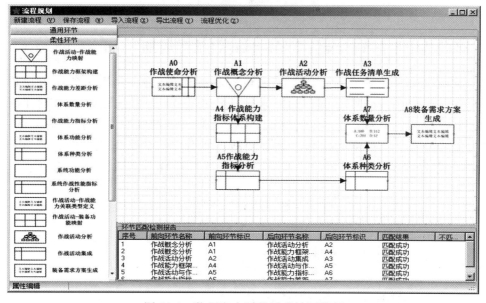

图 11-1　装甲突击系统需求论证流程

11.2.2 面向坦克的装备型号需求论证流程规划

根据装甲突击系统中坦克需求论证的目标与内容，利用装备需求论证柔性系统原型软件，给出面向坦克的需求论证流程，如图 11-2 所示，包括作战概念分析、作战活动分析、作战活动集成、作战能力框架构建、作战能力指标分析、作战能力差距分析、装备能力需求生成、装备作战性能指标分析、装备需求方案生成、装备需求评估 10 个环节，可以论证提出坦克的任务需求、能力需求和作战性能需求。

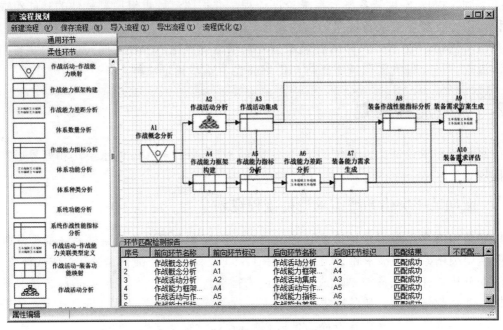

图 11-2　坦克需求论证流程

11.2.3 面向装甲指挥车的装备型号需求论证流程规划

根据装甲突击系统中装甲指挥车需求论证的目标与内容，利用装备需求论证柔性系统原型软件，给出面向装甲指挥车的需求论证流程，如图 11-3 所示，包括作战活动分析、作战节点分析、作战信息交互分析、作战任务清单生成、作战能力指标体系构建、作战能力指标分析、作战能力清单生成、功能需求分析、装备作战性能指标分析、装备需求方案生成 10 个环节，可以论证提出装甲指挥车的任务需求、能力需求和作战性能需求。

与坦克需求论证流程相比，装甲指挥车需求论证时，更加注重对装甲指挥车与其他指挥信息系统之间的信息接口分析，因此，在作战任务清单生成的基础上，突出了作战节点分析与作战信息交互分析两个环节。

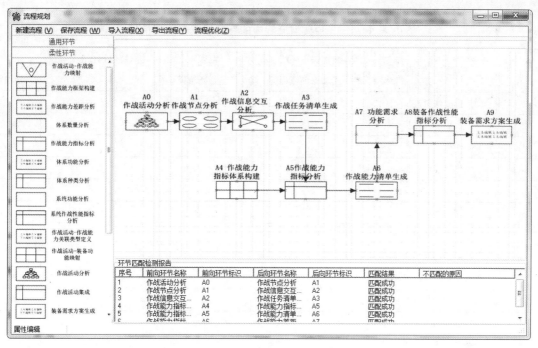

图 11-3　装甲指挥车需求论证流程

11.3　系统柔性实现情况

主要验证在不同论证流程中柔性环节的实现情况和面向不同流程（或环节）的信息资源服务实现情况。

11.3.1　柔性环节及其接口实现

装备体系需求论证与装备型号需求论证既有相似性又有差异性。一方面，在作战任务需求分析、作战能力需求分析方面，其论证内容基本一致，仅仅是论证对象的差别，装备体系需求论证的对象是多种装备有机组合形成的装备体系；而装备型号需求论证重点针对某种装备展开论证，其论证对象是特定的某型装备。另一方面，在系统需求论证方面存在较大差异，装备体系需求论证的重点是提出装备体系的种类、数量和规模要求；而装备型号需求论证的重点是在装备体系需求范围内提出特定装备的功能及其主要作战性能指标需求。因此，在装备体系需求论证流程设计和装备型号需求论证流程设计中，会存在较多的柔性环节，即某个环节既可以作为装备体系需求论证的环节，又可以作为装备型号需求论证的环节。

因此，可根据不同装备需求论证流程的构建结果，通过检查柔性环节的输入/输出接口预定义的满足情况，验证装备需求论证流程是否具有顺畅、合理的数据流，进而说明装备需求论证流程的可用性。

（1）不同流程中的环节组成及其柔性指标。

通过对上述 3 种流程环节组成及其柔性性质的分析，给出如表 11-1 所示的环节组成与选用情况。

表 11-1　3 种典型流程中的环节组成与选用情况

序　　号	环 节 名 称	装甲突击系统 需求论证流程	坦克需求 论证流程	装甲指挥车需求 论证流程	环节 标识
1	作战使命分析	√			
2	作战概念分析	√	√		★
3	作战活动分析	√	√	√	★
4	作战节点分析			√	
5	作战信息交互分析			√	
6	作战活动集成		√		
7	作战任务清单生成	√		√	★
8	作战能力框架构建		√		
9	作战能力指标体系构建	√		√	★
11	作战能力指标分析	√	√	√	★
11	作战能力差距分析		√		
12	装备能力需求生成		√		
13	作战能力清单生成			√	
14	体系种类分析	√			
15	体系数量分析	√			
16	功能需求分析			√	
17	装备作战性能指标分析		√	√	★
18	装备需求方案生成	√	√	√	★
19	装备需求评估		√		

由表 11-1 可知，在上述 3 种流程中，共用到 19 个基本环节，其中有 7 个环节同时出现在两种流程中，为柔性环节，在不同的流程中，其基本功能保持一致，但是由于前向、后向连接关系发生了变化，其输入/输出接口应该具有不同的实现结构。

（2）柔性环节的接口定义及实现情况。

重点以"作战能力指标分析"环节为例，研究该环节在 3 种不同流程中的接口实现情况。如图 11-4 所示为"作战能力指标分析"环节在 3 种流程中前向、后向环节的连接情况。其中，在装甲突击系统需求论证流程和装甲指挥车需求论证流程中同时出现了"作战能力指标体系构建"环节，由于这两种论证流程仅仅是针对的论证对象不同（体系和型号），而相邻两个环节的论证内容相同，因此具有相同的数据接口。

通过查找装备需求论证环节描述可知，作战活动集成、作战能力框架构建、作战能力指标体系构建、作战任务清单生成 4 个前向环节的输出内容如表 11-2 所示。其中，"作战活动集成"、"作战任务清单生成"的输出结果均为作战任务的集合，其差别在于"作战活动集成"后作战任务名称、条件与指标描述在规范化程度上较低，并且相关数据与其他数据模型之间存在较多的数据关系；而"作战任务清单生成"是以"作战活动集成"结果为基础，按照规范化的数据结构生成的作战任务集合，其数据关系相对比较简单，主要为作战任务名称、条件与指标要求之间的关系，因此，其输出内容基本相同。"作战能力框架构建"、"作战能力指标体系构建"的输出结果不尽相同，但输出结果的数据结构基本相同。"作战能力框架构建"的输出结果往往比较粗略，是对装备作战能力的粗略构想，包括作战能力指标、作战能力指标关系两项内容；而"作战能力指标体系构建"的输出结果为装备作战能力指标体系，同样包括作战能力指标、作战能力指标关系两项内容，差别主要体现在作战能力指标的详细程度。装备作战能力指标体系的概念模型如图11-5所示。

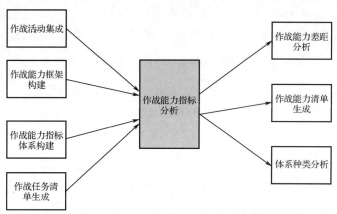

图 11-4　3 种流程中"作战能力指标分析"环节的前向、后向连接情况

表 11-2　"作战能力指标分析"前向环节的输出内容

序	环 节 名 称	输　出
1	作战活动集成	经过综合集成处理的作战任务集合
2	作战能力框架构建	即作战能力构想、主要作战能力要求，通常是对主要作战能力的宏观、抽象描述
3	作战能力指标体系构建	作战能力指标体系
4	作战任务清单生成	作战任务清单，包括作战任务的名称、条件及指标要求等内容

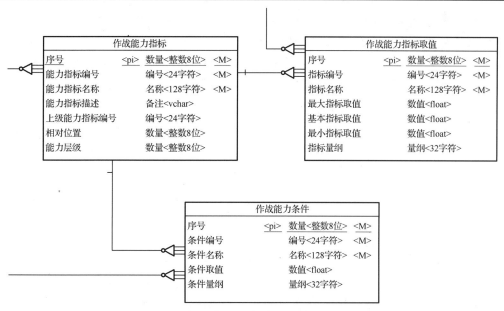

图 11-5　装备作战能力指标体系的概念模型

作战能力差距分析、作战能力清单生成、体系种类分析 3 个后向环节的输入内容如表 11-3 所示。其中，"作战能力差距分析"的输入内容之一为作战能力指标需求方案，即作战能力指标体系及其指标的取值要求，是"作战能力指标分析"的输出结果；"作战能力清单生成"的输入为作战能力指标体系、作战能力指标需求方案，也是将"作战能力指标分析"的输出结果采用规范化数据结构重新描述的结果；"体系种类分析"的输入之一是"装备体系功能清单"，由于功能与能力是从不同角度表征装备的两个指标，所以它们之间存在天然的内在联系，通过能力-功能矩阵，很容易根据作战能力需求提出装备功能要求，因此，"作战能力指标分析"的输出结果在一定程度上可以满足"体系种类分析"的输入要求。

表 11-3 "作战能力指标分析"后向环节的输入内容

序	环 节 名 称	输 入
1	作战能力差距分析	作战能力指标需求方案、固有作战能力指标取值方案
2	作战能力清单生成	作战能力指标体系、作战能力指标需求方案
3	体系种类分析	装备体系功能清单、功能与种类映射字典库

通过上述分析可知，"作战能力指标分析"的输入/输出接口能够满足其对应的前向、后向环节的连接要求，并能够满足前、后环节之间的数据流要求。

11.3.2 信息资源服务柔性实现

由前面所述可知，根据不同机构承担论证任务所对应的环节（或流程特征），系统能够根据用户特征和论证任务特点，从信息资源库中自动检索具有参考价值的信息资源，并通过主动推送服务提交给论证机构，供论证机构实施论证任务时参考。下面结合装甲突击系统需求论证实例，主要从环节、流程两个层面研究装备需求论证柔性系统原型软件的信息资源柔性服务功能的实现情况。

（1）面向环节的信息资源服务。

以装甲突击系统需求论证中的"作战能力指标分析"环节为例，研究装备需求论证柔性系统原型软件中面向环节的信息资源服务功能。

根据装甲突击系统需求论证的特点和内容，以体系层次的装甲突击系统需求论证为例，"作战能力指标分析"环节及其用户特征如表 11-4 所示。

表 11-4 "作战能力指标分析"环节特征

要 素	内 容
信息资源需求层次	环节
论证对象	装甲突击系统
所属军种	陆军
论证类型	装备体系需求论证
论证内容	作战能力指标体系
论证方法	矩阵分析法、解析计算法、运筹学方法等

运行过程中，装备需求论证柔性系统原型软件会根据该环节的特征，从结构化的信息资源库中获得与之最相近的信息资源，并按照相似度从高到低的顺序显示在用户信息资源

界面。如图 11-6 所示为"作战能力指标分析"环节的信息资源推送结果。

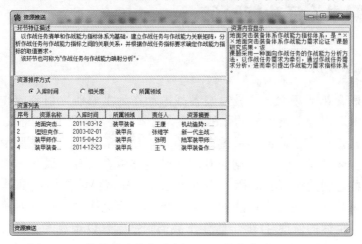

图 11-6　"作战能力指标分析"环节的信息资源推送结果

（2）面向流程的信息资源服务。

以装甲突击系统需求论证中的作战任务需求分析为例，是由作战使命分析、作战概念分析、作战活动分析、作战任务清单生成 4 个环节组成的装备需求论证子流程。

根据装甲突击系统需求论证中作战任务需求分析的内容和特点，结合组成子流程的 4个环节的特征及其组合关系，装备需求论证柔性系统原型软件能够从两个层次自动检索相应的信息资源并推送给用户。

首先，用户根据信息资源库中的信息资源特征，获取与作战任务需求相类似的信息资源，并按照相似度由高到低的顺序将相似度大于规定阈值的信息资源显示在信息资源推送结果界面上；其次，根据组成子流程的各个环节的特征，获取与每个环节特征的相似度满足阈值要求的信息资源，按照"先类型、后相似度由高到低"的顺序，将满足各个环节相似度阈值要求的信息资源依次显示在信息资源推送结果界面上。在信息资源推送结果界面上，先显示流程层次的信息资源，后显示环节层次的信息资源。如图 11-7 所示为作战任务需求分析子流程的信息资源推送结果。

图 11-7　作战任务需求分析子流程的信息资源推送结果

11.4 坦克需求论证功能验证

11.4.1 作战概念分析

坦克的作战概念包括两类，一是以装备战术动作为主要研究内容的作战概念；二是以装甲合成分队战术运用为主要内容的作战概念。前者主要反映了作战需求对坦克系统结构、功能变革的需求，是坦克个体或小系统之间的"格斗"需求；后者主要反映了作战需求对陆军装备体系的整体要求，强调坦克的发展应满足陆军合成分队装备体系的发展要求，注重坦克与其他装备之间的协调和均衡，不以单独追求作战性能指标水平最高为目标。

根据现代战争陆军地面突击作战的发展趋势，就坦克而言，可以明确提出两种作战需求，一是以坦克为主体的侦察-打击一体化作战需求；二是以坦克为主体的陆军装甲合成分队全纵深突击作战。

（1）侦察-打击一体化作战概念。

长期以来坦克主要依赖上级的文电情报，通过自身的观察瞄准系统搜索、识别、打击目标，受自然条件和装备观察器材的制约，坦克往往难以在更短时间内、更广范围内发现和打击目标，亟须在目标侦察手段和打击能力上进行提升。侦察-打击一体化作战概念是以坦克为打击平台、以空中无人机为侦察平台、以空中其他侦察装备为补充，通过信息链路实现目标发现、识别、打击的一体化。侦察-打击一体化作战概念属于以装备战术动作为主要研究内容的作战概念，重点是对侦察-打击系统的装备构成（坦克、无人机及其他空中侦察平台等）及其作战运用方式进行构思设计，其作战概念图如图11-8所示。

图 11-8　侦察-打击一体化作战概念

（2）全纵深突击作战。

纵深攻击作战是坦克的主要使命，也是陆战场实现作战企图并取得作战胜利的关键。但是传统上装甲合成分队的纵深突击，由于受火力、情报信息、防护等方面因素的制约，依然是线性推进的纵深攻击模式，难以充分发挥坦克的快速突击效果，亟须从战术和技术上进行创新研究，探索装甲合成分队全纵深突击作战。装甲合成分队全纵深突击作战除正面突击外，还应进一步强化装甲合成分队的翼侧突击和迂回突击能力，充分发挥坦克的快速机动能力、强大的毁伤能力和坚固的防护能力。全纵深突击作战的作战概念图如图11-9所示。

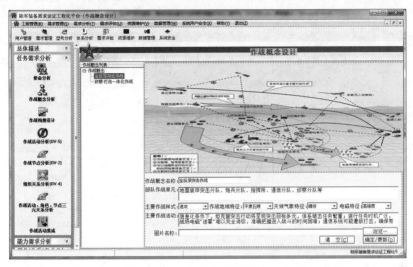

图 11-9　陆军装甲合成分队全纵深突击作战概念图

11.4.2　作战活动分解

作战活动分解采用系统集成的需求建模软件 SA 进行分析，主要包括作战活动组成分析和作战活动流程分析两个步骤。

（1）作战活动组成分析。以陆军装甲合成分队全纵深突击作战为例，其作战活动的分解结构如图 11-10 所示，采用 IDEF0 方法，按照自顶向下的分解策略，描述了完成全纵深突击作战不同层次的活动组成情况。

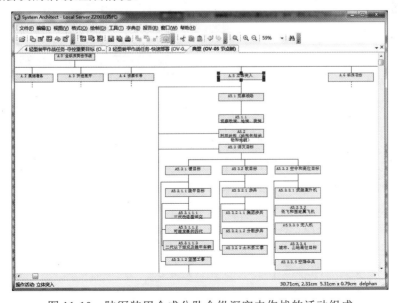

图 11-10　陆军装甲合成分队全纵深突击作战的活动组成

（2）作战活动流程分析。根据作战活动之间的时间逻辑、协同关系和信息流向，构建作战活动流程模型，并通过时间逻辑、协同关系和信息流向的全面分析，进一步优化作战活动组成。以装甲合成分队指挥信息系统作战运用为例，包括指挥控制、情报侦察、电子对抗和综合保障等活动，通过对它们之间的时间逻辑、协同关系和信息流向的分析，可构建如图 11-11 所示的作战活动流程分析模型。

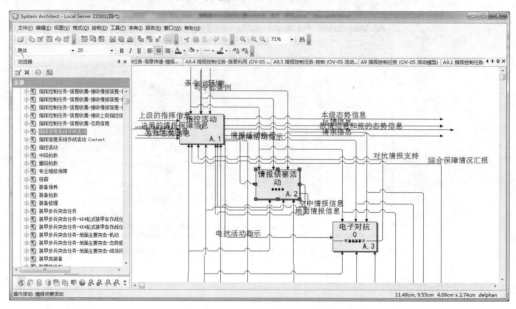

图 11-11   装甲合成分队指挥信息系统作战活动流程模型

11.4.3   作战活动集成

使命任务需求分析过程中，由于作战概念及作战活动的多样性，在不同的作战概念中或相同作战概念的不同作战行动中，往往会出现大量含义相近的作战活动指标。但是，由于作战活动分解过程中，作战活动描述的不一致性，导致作战活动名称及其指标存在重复、二义性及不一致的问题，不利于科学构建作战任务需求体系。因此，需要根据分解得到的作战活动集合，采用合适的方法，按照一定的规则，对分解得到的作战活动集合进行作战活动及其指标的去冗余、综合处理，以得到一套相对比较完整、无二义性的作战任务需求清单。

作战活动集成的功能界面如图 11-12 所示。首先，根据作战活动分析模块中获得的作战活动集合，按照作战活动之间的层次关系，显示作战活动集成模块的左侧，当选定一条作战活动时，显示选中的作战活动的条件信息和指标信息，供装备需求论证人员分析时参考。其次，装备需求论证人员根据待集成的作战活动，通过对作战活动名称及其指标的对比分析，将集成后的作战活动名称及其指标信息保存在右侧的作战活动集成操作区。在作战活动集成过程中，由于存在多个作战活动或指标需要集成为一个作战活动或指标，此时集成前后的作战活动之间是一对多的关系，装备需求论证人员需要根据集成前的作战活动指标信息权衡确定集成后的作战活动指标信息。

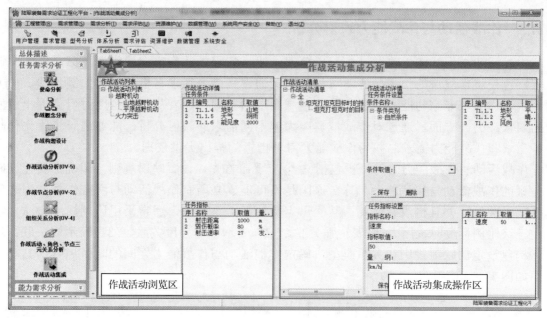

图 11-12　作战活动集成的功能界面

11.4.4　作战能力构想

作战能力构想是装备需求论证组织实施机构对坦克宏观能力的粗略描述，目的是从能力的角度，提出特定作战概念的大体能力目标。同时，根据坦克的作战运用过程，提出坦克的作战能力指标体系。图 11-13 为作战能力构想模块的软件操作界面。由于作战能力构想活动具有渐进成熟的特征，该模块允许装备需求论证人员根据研究进展动态地调整和优化作战能力指标体系。

图 11-13　作战能力构想模块的软件操作界面

11.4.5 作战活动与作战能力映射分析

作战活动与作战能力映射是进一步梳理作战任务需求并确定作战能力指标需求的关键步骤，也是将作战域的作战任务需求与能力域的作战能力需求有机统一的关键步骤。一方面，由于作战域专家与能力域专家专业领域要求的不同，两者从不同角度对坦克提出了发展的要求；另一方面，通过对作战域与能力域不同需求的映射分析，能够进一步优化作战任务需求和作战能力需求，并为作战能力需求指标的提出提供依据。

作战活动与作战能力映射分析包括 3 个步骤：首先，设置映射规则，即确定要建立映射关系的作战活动与作战能力名称，原因是不可能建立所有作战活动与所有作战能力之间的全映射关系，并且也没有必要；其次，定义映射关系类型，通常采用比例标度方法，如采用三级比例标度时，用"1"表示强关联，"2"表示中等强度关联，"3"表示弱关联；最后，构建设定的映射规则和关系类型，确定作战活动与作战能力之间的映射矩阵。其功能界面如图 11-14 所示。

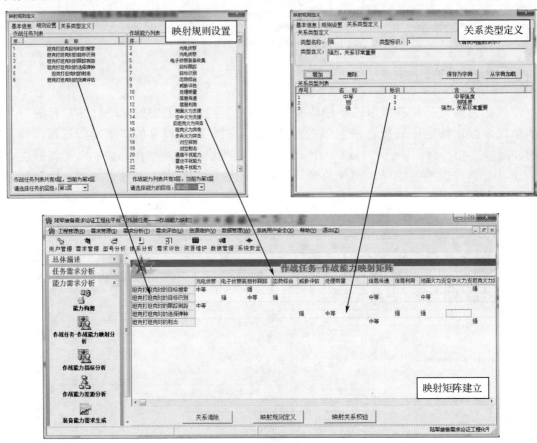

图 11-14　作战活动与作战能力映射分析功能界面

11.4.6 作战能力指标分析

作战能力指标分析是指根据关联的作战活动指标需求及其关联关系,提出作战能力的指标名称及其指标取值。通常作战能力与作战活动之间是多对多的关联关系,关联强度也不同。因此,在提出作战能力指标时,应先研究关联强度大的指标,再研究关联强度弱的指标,并尽可能使指标名称的含义更接近于关联强度大的指标名称含义。同时,指标取值时,仍然要以关联强度大的指标为主,并采用恰当的算法,从多个关联强度不同、取值大小不同、取值类型不同的指标中合理确定作战能力指标的最终取值。

作战能力指标分析功能界面如图 11-15 所示。当装备需求论证人员在左侧选择一条作战能力时,其关联的多个作战活动及其条件、指标信息将显示在右侧的文本框中,供用户权衡决策使用。

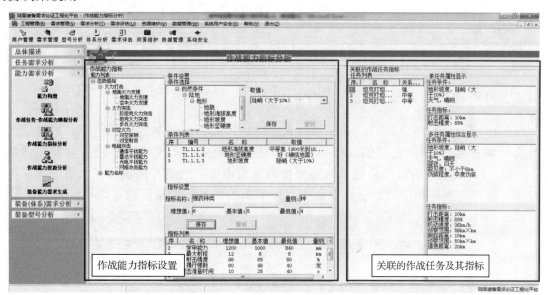

图 11-15　作战能力指标分析功能界面

11.4.7 作战能力差距分析

作战能力差距分析是根据作战能力需求和当前部队整体建设水平,提升部队发展建设差距和武器装备发展建设差距的重要步骤。按照前述步骤所提出的作战能力需求及其指标,逐条分析以确定作战能力的差距情况及其差距存在的原因和未来的补差措施。其中,将需要通过发展装备解决的作战能力指标列为坦克必须要达到的能力目标;而不存在差距或需要通过其他非装备途径解决差距的作战能力指标,则认为当前现役的坦克作战性能指标已经满足作战要求,可将现役坦克的作战性能指标直接列为坦克的作战性能指标。图 11-16为作战能力差距分析的软件界面。

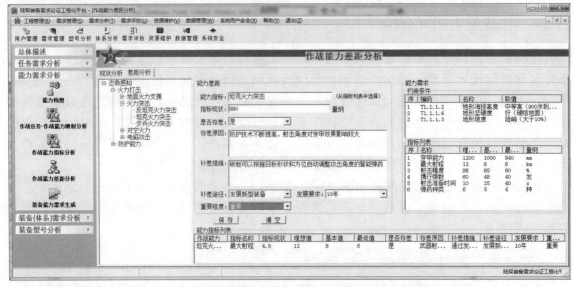

图 11-16　作战能力差距分析的软件界面

11.4.8　装备功能及作战性能需求分析

根据作战能力差距分析的结果，可以直接确定坦克需要发展的能力需求。根据能力需求及武器装备能力-功能之间的匹配原则，可以提出坦克的系统功能需求及其作战性能指标。图 11-17 为坦克的系统功能及其部分作战性能指标。当装备需求论证人员选择左侧的功能条目时，右侧将相应地显示该功能条目所要求的作战性能指标数据。

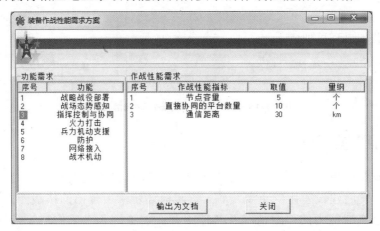

图 11-17　坦克的系统功能及其部分作战性能指标

11.5　应用效果评价

在 2.1.5 节提出的装备需求论证柔性系统柔性度量标准包括敏捷性、有效性与稳定性 3 个方面。在上述系统柔性流程实现情况、坦克需求论证功能验证的基础上，重点围绕敏捷性、有效性与稳定性 3 个指标，对装备需求论证柔性系统原型软件的柔性特征进行综合评价，进而说明装备需求论证柔性系统柔性设计理论与方法的有效性与可行性。

（1）敏捷性评估。根据本例提出的 1 种装备体系需求论证流程和两种装备型号需求论证流程可知，原型软件能够支撑这 3 种流程的构建，并且柔性环节的输入/输出接口能够满足不同流程中的功能数据流要求，验证了装备需求论证流程构建方法和柔性环节的组合方法。就本例而言，装备需求论证柔性系统原型软件具备一定的敏捷性。

（2）有效性评估。有效性评估主要通过系统柔性实现情况和坦克需求论证功能验证来说明。一方面，柔性环节能够适应不同论证流程的组合要求，其模块化、柔性化设计结构具备较高的可信度；面向环节和流程的信息资源柔性服务，通过环节或流程特征的匹配，验证了基于元模型的信息资源共享重用方法和面向流程的信息资源柔性服务方法。另一方面，按照坦克需求论证流程，原型软件能够重组给出满足坦克需求论证的功能软件模块及其流程，并能够基本支撑坦克需求论证内容的论证。分析结果表明，装备需求论证柔性系统原型软件的功能有效。

（3）稳定性评估。稳定性评估主要考核原型软件各功能模块保持应有工作功能的能力。在坦克需求论证过程中，在由上一环节转入下一环节的过程中，下一环节对应的功能模块有时会出现"数据导入错误"或"数据类型不一致"等提示，表明该原型软件在柔性环节的接口设计与实现方面依然存在缺陷，稳定性不足。

通过上述分析表明，装备需求论证柔性系统原型软件具备一定的柔性特征，支撑该软件的柔性设计理论与方法也具有一定的可行性与有效性。但是，由于本实例仅对流程构建、装备型号需求论证功能进行了验证分析，没有开展大量的装备需求论证实践，即使分析结果表明装备需求论证柔性系统具备一定的柔性，也仍然不能"以偏概全"地由本例给出"装备需求论证柔性系统原型软件具备完全的敏捷性、有效性和稳定性"。因此，后续还应该大量开展装备需求论证应用实践，进一步检验装备需求论证柔性系统原型软件的功能和数据流程，为改进和提高装备需求论证柔性系统原型软件提供依据。

参 考 文 献

[1] 赵卫民，等. 武器装备论证学[M]. 北京：兵器工业出版社，2008.

[2] 李明. 武器装备发展系统论证方法与应用[M]. 北京：国防工业出版社，2000.

[3] 张宝书. 陆军武器装备作战需求论证概论[M]. 北京：解放军出版社，2005.

[4] 张兵志，郭齐胜. 陆军武器装备需求论证理论与方法[M]. 北京：国防工业出版社，2013.

[5] 郭齐胜，董志明，樊延平，等. 装备需求论证工程化理论与技术[M]. 北京：国防工业出版社，2016.

[6] 王凯，孙万国，崔颠波，等. 武器装备军事需求论证[M]. 北京：国防工业出版社，2008.

[7] 何远明，曲爱华. 军事信息系统体系结构框架[M]. 北京：海潮出版社，2010.

[8] 梁振兴，沈艳丽，李元平，等. 体系结构设计方法的发展及应用[M]. 北京：国防工业出版社，2012.

[9] 国防科学技术大学信息系统与管理学院. 体系结构研究[M]. 北京：军事科学出版社，2011.

[10] 王智学，陈国友，陈剑，等. 指挥信息系统需求工程方法[M]. 北京：国防工业出版社，2012.

[11] 张维明. 军事信息系统需求工程[M]. 北京：国防工业出版社，2011.

[12] 水藏玺，吴平新，刘志坚. 流程优化与再造[M]. 3 版. 北京：中国经济出版社，2013.

[13] 何克清，何扬帆，王冲，等. 本体元建模理论与方法及其应用[M]. 北京：科学出版社，2008.

[14] 王满玉，蔺美青，高玉良. 基于算子的武器装备作战效能评估柔性建模方法与应用[M]. 北京：国防工业出版社，2012.

[15] 李巧丽. 基于能力的装备需求论证结构化方法研究[D]. 北京：装甲兵工程学院，2008.

[16] 甘得泉. 柔性产品平台设计理论及其应用[D]. 河北工业大学，2010.

[17] Planeaux J B. Beyond the Task Force CONOPS the Path to a Capabilities-based Modernization Framework for the Air Force[D].Alabama:Air War College Air University, 2003.

[18] Joint Chief of Staff. CJCSI 3170.01E: Joint Capabilities Integration and Development System[R]. U.S.A.: Joint Chief of Staff, 2007.

[19] DoD CIO.Global Information Grid（GIG） Architecture Version2[R]. U.S.A.: DoD CIO, 2003.

[20] DoD Architectures Working Group. DoD Architecture Framework Version2.0[S]. U.S.A.: DoD, 2009.

反侵权盗版声明

　　电子工业出版社依法对本作品享有专有出版权。任何未经权利人书面许可，复制、销售或通过信息网络传播本作品的行为，歪曲、篡改、剽窃本作品的行为，均违反《中华人民共和国著作权法》，其行为人应承担相应的民事责任和行政责任，构成犯罪的，将被依法追究刑事责任。

　　为了维护市场秩序，保护权利人的合法权益，我社将依法查处和打击侵权盗版的单位和个人。欢迎社会各界人士积极举报侵权盗版行为，本社将奖励举报有功人员，并保证举报人的信息不被泄露。

举报电话：（010）88254396；（010）88258888

传　　真：（010）88254397

E-mail：　dbqq@phei.com.cn

通信地址：北京市海淀区万寿路 173 信箱

　　　　　电子工业出版社总编办公室

邮　　编：100036